다윗에게 배우는 생각과 말의 법칙

생각과 말을 디자인하면 인생이 101% 바뀐다

나관호 지음
크리스천커뮤니케이션연구소 기획

BM 성안당

Foreign Copyright:
Joonwon Lee
Address: 127, Yanghwa-ro, Mapo-gu, Chomdan Building 6ᵗʰ floor,
         Seoul, Korea
Telephone: 82-70-4345-9818
E-mail: jwlee@cyber.co.kr

다윗에게 배우는 생각과 말의 법칙

생각과 말을 디자인하면 인생이 101% 바뀐다

2017. 4. 28. 1판 1쇄 인쇄
2017. 5. 8. 1판 1쇄 발행

지은이 | 나관호(크리스천커뮤니케이션연구소)
펴낸이 | 이종춘
펴낸곳 | **BM** 주식회사 **성안당**
주소 | 04032 서울시 마포구 양화로 127 첨단빌딩 5층(출판기획 R&D 센터)
      | 10881 경기도 파주시 문발로 112 출판문화정보산업단지(제작 및 물류)
전화 | 02) 3142-0036
      | 031) 950-6300
팩스 | 031) 955-0510
등록 | 1973. 2. 1. 제406-2005-000046호
출판사 홈페이지 | www.cyber.co.kr
ISBN | 978-89-315-8071-6 (03230)
정가 | **15,000원**

이 책을 만든 사람들
책임 | 최옥현
진행 | 김정인
본문 디자인 | 김희연
표지 디자인 | 박원석
홍보 | 박연주
국제부 | 이선민, 조혜란, 김해영, 고운채, 김필호
마케팅 | 구본철, 차정욱, 나진호, 이동후, 강호묵
제작 | 김유석

■ **도서 A/S 안내**

성안당에서 발행하는 모든 도서는 저자와 출판사, 그리고 독자가 함께 만들어 나갑니다.
좋은 책을 펴내기 위해 많은 노력을 기울이고 있습니다. 혹시라도 내용상의 오류나 오탈자 등이 발견되면 "좋은 책은 나라의 보배"로서 우리 모두가 함께 만들어 간다는 마음으로 연락주시기 바랍니다. 수정 보완하여 더 나은 책이 되도록 최선을 다하겠습니다.
성안당은 늘 독자 여러분들의 소중한 의견을 기다리고 있습니다. 좋은 의견을 보내주시는 분께는 성안당 쇼핑몰의 포인트(3,000포인트)를 적립해 드립니다.
잘못 만들어진 책이나 부록 등이 파손된 경우에는 교환해 드립니다.

"절대 긍정, 절대 희망으로 승리하십시오"

하나님은 '절대긍정', '절대희망'의 원천이십니다. 우리는 하나님의 사고방식과 말씀을 통해 승리하는 자화상을 가질 수 있습니다. 그러므로 4차원 영적 세계에서 중요한 것은 '생각과 말'입니다. 인간은 행동하기 전에 먼저 생각하고 생각한 것을 말로 표현하기 때문에 '생각과 말'은 곧 그 사람의 존재를 나타내는 것입니다.

나관호 목사는 어린 시절부터 여의도순복음교회에서 성장하여, 교회신문 편집부장과 신학교 교수 등을 맡아 성실하게 사역하였습니다. 이 책에서 그는 다윗과 골리앗의 싸움을 자화상의 대결로 봅니다. 실제로 소년 다윗은 골리앗과 싸우기 전 이미 '생각과 말'을 통해 능력의 하나님이 함께 싸워 주시는 자화상을 가진 결과, 거인 골리앗을 이길 수 있었습니다. 아무리 절망적인 상황에서도 "할 수 있다"는 긍정적인 믿음의 '생각과 말'을 하면 그에 합당한 열매를 얻게 됩니다. 이 책은 우리의 삶에 절대적인 영향을 주는 '생각과 말'의 중요성을 잘 표현하고 있습니다. 이 책을 통해 믿음 안에서 승리하는 삶을 사시기를 축원합니다.

_조용기 (여의도순복음교회 원로목사)

"'말과 생각'은 나의 모든 사역을 이끌어가는 뿌리"

나의 목회 사역과 방송 사역에서 가장 중요한 포인트는 '생각과 말'이었습니다. 하나님은 우리의 생각을 통해 말씀하시고, 그것을 말로 선포하기 원하십니다.

나는 설교를 준비할 때 깊은 생각과 묵상을 합니다. 극동방송을 운영할 때도 마찬가지입니다. 방송이야말로 '생각과 말'의 결과물이므로 편성, 기획, 방송대본 등 모든 것이 생각에서 나옵니다. 그것을 아나운서나 PD들이 말로써 나타내어 방송 선교가 되는 것입니다. 이처럼 '생각과 말'은 나의 모든 사역을 이끌어 가는 뿌리입니다.

그런 점에서 '생각과 말'이라는 이 책의 테마 자체가 매우 흥미롭습니다. 저자가 오래 전 투병생활을 통해 '생각과 말'의 능력을 강렬하게 체험했다는 점에서 생생한 느낌마저 줍니다. 이 책에서 그런 영적인 흐름이 느껴집니다. 아무쪼록 이 책을 통해 많은 성도들이 '생각과 말'을 훈련하고 그것을 통해 하나님께 영광이 되는 삶을 사시기 바랍니다.

_김장환(목사, 극동방송 이사장)

"삶의 성패는 그의 마음과 생각, 그가 하는 말에 달려있습니다"

대부분의 사람들은 개인의 삶의 성패는 그를 둘러싼 주변 환경에 의해 결정된다고 생각합니다. 하지만 실상은 그렇지 않습니다. 개인의 삶의 성패는 그의 마음과 생각 그리고 그가 하는 말에 달려 있습니다. 다시 말해, 삶의 성공 여부는 개인의 외적 요인에 있다기보다 내부에 있습니다. 그러므로 우리는 삶을 살아가는 동안 주변 환경을 바꾸려고 하기 이전에 우리의 내면을 돌아보고 가다듬어야 합니다.

나관호 목사님의 저서 『생각과 말을 디자인하면, 인생이 101% 바뀐다』는 전문적인 연구와 학자들의 견해 그리고 저자의 경험을 풍부하게 기술하면서, 우리에게 생각과 말의 중요성을 인식하게 해줍니다. 그리고 생각과 말을 바꾸기 위한 실제적 지침들을 일목요연하게 정리하면서 적용을 돕고 있습니다. 생각과 말이 바뀌면, 삶이 바뀌고 인생이 바뀝니다. 이 책을 읽는 모든 독자들이 긍정과 희망의 생각을 하고, 적극적이고 창조적인 말을 하여, 하나님이 주시는 형통의 삶을 누리시길 소망합니다.

_이영훈(여의도순복음교회 담임목사)

"인생 문제의 핵심을 간파하는 책!
지혜의 원천 성경으로 인도하는 책"

나관호 목사님이 쓰신 『생각과 말을 디자인하면, 삶이 101% 바뀐다』는 인생 문제의 핵심을 다루고 있습니다. 탁월한 책은 인생 문제의 핵심을 간파하고 해결책을 제시해 주는 책입니다. 저자는 인생 문제의 핵심을 '생각과 말'에서 찾았습니다. 또한 '생각과 말'을 변화시킬 수 있는 원천을 '성경'에서 찾았습니다.

지혜는 원천에 머무는 능력입니다. 저자는 우리를 거듭 지혜의 원천인 성경으로 인도합니다. 우리를 승리의 원천이신 하나님께로 인도합니다. 그런 까닭에 이 책을 읽는 동안 나의 가슴이 뛰는 것을 경험했습니다.

이 책은 승리의 책이요, 소망의 책입니다. 이 책은 믿음의 책이요, 긍정의 책입니다. 이 보배로운 책을 인생 승리자가 되기 원하는 분들에게 소개하고 싶습니다.

_강준민(LA 새생명비전교회 담임목사)

"하나님은 우리의
'생각과 말'을 통해 일하십니다."

'생각과 말'은 인간을 구분 짓는 가장 중요한 요소입니다. '생각과 말'은 사람의 속에서 나오는 것이므로 상대방의 '생각과 말'을 들어보면 그 사람이 어떤 사람인지 알 수 있기 때문입니다. 저 역시 과학자로서 연구를 시작할 때도, 장로로서 하나님을 인식할 때도 생각에서부터 출발합니다. 생각으로 하나님을 바라보고, 입술로 믿음을 고백합니다.

그래서 '생각과 말'은 우리의 모든 신앙과 삶의 출발이라고 생각합니다. 사실 기도와 간구도 우리의 '생각과 말'에서 나오는 것이 아니겠습니까? 하나님은 우리의 '생각과 말'을 통해 역사하시고 일을 하십니다.

이 책은 그런 면에서 중요한 부분을 만져 주었다고 생각합니다. 특히 다윗이라는 인물을 통해 '생각과 말'에 대한 중요성을 이끌어 냈다는 점에서 독특한 책이라고 생각합니다. 다윗과 골리앗의 싸움도 '생각과 말'의 싸움임을 묵상 중에 깨달았다는 저자의 고백에 동감합니다. 이 책을 읽는 모든 독자들의 '생각과 말'이 하나님 안에서 훈련되어, 하나님의 뜻을 이루는 도구가 되시기를 바랍니다.

_정근모(한국전력공사 고문/전 명지대학교 총장)

"인간의 '생각과 말'은 창조력이 있어, "인생은 선택하는 대로 됩니다."

하나님의 형상대로 창조된 인간은 하나님의 축소판입니다. 그래서 인간의 '생각과 말'이 창조력을 갖는 것입니다. 단지 다른 것이 있다면 인생에는 끝이 있다는 점입니다. 인생은 'B to D'라고 합니다. B는 Birth(태어남)이고 D는 Death(죽음)입니다. 즉, 인생이란 태어나서 죽는 것입니다. 그럼 B와 D 사이에는 무엇이 있을까요? C가 있습니다. C는 바로 Choice(선택)입니다. 즉 인생은 선택하는 대로 되는 것입니다. 미소를 지으면서 행복을 선택하면 인생은 행복해지는 것이고, 인상을 쓰면서 불행을 선택하면 불행해지는 것입니다.

저자는 폐결핵에 걸려 죽을 목숨인데도 긍정을 선택했습니다. 그 결과 하나님의 살아있는 말씀을 통해 죽음을 이기고 승리했습니다.

이런 체험을 바탕으로 저자는 리더십의 대표주자인 다윗이라는 인물을 통해 '생각과 말의 법칙'을 찾아냈습니다.

'생각과 말'은 마음의 소리이며 창조의 소리이고 실로 무한한 힘을 지닌 에너지입니다. 목사님의 책을 통해서 하나님께서 우리에게 선물하신 '생각과 말'을 창조적으로 사용하는 즐거움을 맛볼 것입니다. 일독을 권합니다.

_최염순(카네기연구소장)

"우리 시대 크리스천에게
꼭 필요한 책!"

저의 천직인 방송 일과 생활은 '생각과 말'로 이루어집니다. 저는 항상 더 좋은 프로그램을 진행하기 위해 고민하고 생각합니다. 생각을 반복하다 보면 더 나은 아이디어가 생깁니다. 제가 저에 대해 말하는 것이 좀 쑥스럽지만 저는 방송가에서 예의 없는 사람으로 평가 받지는 않습니다. 그것은 제가 크리스천으로서 저의 모든 행동과 말 한마디가 예수님을 대변할 수도 있다는 생각 때문에 늘 조심하고, 겸손하게 행동하려고 노력하기 때문입니다.

그래서 나관호 목사님께서 말과 생각을 주제로 『생각과 말을 디자인하면, 인생이 101% 바뀐다』라는 책을 내신다는 연락을 받고 너무 기뻤습니다. 우리 시대에, 더구나 크리스천들에게 꼭 필요한 책이라고 생각했기 때문입니다. 저도 가끔은 방송 생활에 지칠 때는 힘들다는 생각이 앞섭니다. 그러면 부정적인 말을 하게 됩니다. 그렇게 되면 몸도 더 처지고 의욕을 잃어버리는 경험을 합니다. 그럴 때마다 이 책에서 말하는 것처럼 의지적으로 긍정적인 생각과 적극적인 말을 하면서 슬럼프를 이겨냅니다.

이 책을 읽는 독자들도 '생각과 말'의 영역이 훈련되어 삶을 행복하게 만들어 가시기를 바랍니다. 기쁘게 이 책을 추천합니다.

_박수홍(방송인, MC/ SBS '미운우리새끼'/ JTBC '슈퍼리치'진행)

"감사는 그 자체가 기도"

아이작 월튼(Izaak Walton)은 "하나님이 거하시는 곳은 두 곳이다. 하나는 천국이요, 다른 하나는 겸손하고 감사하는 심령이다"라고 말했고, 찰스 스펄전(Charles Spurgeon)은 "하늘을 향한 감사의 생각은 그 자체가 기도다"라고 말했습니다. 감사는 아무리 해도 지나친 것이 아니라고 생각합니다. 문서선교를 하기 위해 책을 낼 때마다 산고와 산통을 겪고 아이를 출산한 산모의 마음입니다. 산모는 아이가 출산된 순간 고통과 아픔을 잊고, 누가 뭐래도 아이를 최고의 선물로 여기는 것처럼, 나 또한 그런 마음입니다. 그렇게 잉태에 대한 감사와 출산에 대한 고통을 함께 맛보았습니다. 항상 집필 과정은 합력해 선을 이루시는 하나님의 손길이었습니다. 순간마다 지혜를 주시고 좋은 만남의 길로 인도해 주신 하나님께 감사를 드립니다. 하나님께 가장 큰 감사를 올려 드립니다. 임마누엘!!!!!

그리고 추천의 글을 써주신 여러분께 감사를 전합니다. 죽음 앞에서 기도로 일어서게 해 주셨던 믿음의 아버지 조용기 목사님, 세밀한 관심과 격려를 아끼지 않으시는 김장환 목사님, 교회학교 선배요, 믿음의 멘토이신 이영훈 목사님, 저수지 같은 영감을 쏟으라고 격려해 주신 강준민 목사님, 항상 온유한 성품으로 대해 주시는 정근모 장로님, 믿음으로 기쁘게 추천해 주신 자기계발 전문가 카네기연구소 최염순 소장님, 깊은 성원과 관심으로 항상 사랑의 응원을 보내 주시는 방송인 박수홍 선생님에게 감사를 전합니다.

또한, 항상 더 이상 울지 말고, 힘내라고 격려와 위로를 해주신 한세대 김성혜 총장님께 감사를 드립니다. 그리고 늘 기도로 후원해 주시는 인생과 신앙의 상담자이신 순복음성동교회 박의섭 목사님과 항상 응원해 주시고 깊은 사랑마음으로 위로해 주시는 아홉길사랑교회 김봉준 목사님께 감사를 드립니다. 또한, 믿음의 의리로 대해주시는 순복음중동교회 김경문 목사님, 복음의 진리를 나눠주신 여의도순복음김포교회 김삼환 목사님, 제자의 삶에 대해 깨닫게 해주신 순복음도봉교회 김용준 목사님께 감사를 전하며, 기도와 응원가로 격려해준 친구들과 지인 여러분께도 감사의 마음을 전합니다. 그리고 믿음의 동역자인 성안미디어그룹 이종춘 회장님과 이준원 사장님께 감사를 전하며, 편집책임을 맡아준 최옥현 상무님과 김정인 차장님을 비롯한 성안당 모든 식구들에게 고마운 마음을 전합니다. 특히 천국에서 기도해 주고 계시는 어머니에게 마음 깊은 곳에서 큰절을 드리며, 감사의 마음을 전합니다.

_파주출판단지에서

나관호

11

"생각과 말의 개혁,
신앙과 인생 진보를 이루는 첫걸음"

우리는 신앙과 삶, 인생길에서 난제를 만나면, 해법을 찾기 위해 '예수님이라면 어떻게 하셨을까?'라는 질문을 스스로에게 던진다. 그런데 문제는 그 질문을 던져 놓고 또 고민을 한다. 예수님 같은 논리와 통찰력이 없기 때문이다. 가령 해법이 생각났다 하더라도 찾아낸 해법이 정말 예수님의 마음과 맞는지 또 점검해야 한다.

예수님의 제3의 대답

성난 서기관과 바리새인들이 간음 현장에서 잡힌 여인을 끌고 와서 모세의 율법대로 돌로 치려고 하면서, 예수님의 생각을 물었다(요한복음 8:4 - 5). 그들은 '돌로 치라'든지 아니면, '살려 주라'든지 둘 중 하나의 대답을 원했다. 어떤 대답이든 예수님을 꼬투리 잡을 셈이었다. 그런데 예수님의 대답은 초월적이었다. 제3의 대답이었다.

너희 중에 죄 없는 자가 먼저 돌로 치라(요한복음 8:7)

어느 날은 바리새인들이 예수님을 말의 올무에 걸리게 할 목적으로 식민 통치자 가이사에게 세금을 바쳐야 하는지 의견을 물어 왔다(마태복음 22:17). 예수님은 이렇게 대답했다.

"가이사의 것은 가이사에게, 하나님의 것은 하나님께 바치라"(마태복음 22:21)

제3의 해법이었다. 예수님은 '이것 아니면 저것'이 아니라 더 깊은 생각에서 나온 초월논리와 통찰력으로 문제를 보셨다. 그런데 우리는 이런 예수님의 수준을 따라가기 힘들다. 예수님을 닮아 가겠다는 것은 바람직한 목표요 선택이다. 그러나 목표가 너무 높다. 목표가 1등이라면 지금 나의 성적표가 어디인가가 중요하다. 30등이 1등이 되기 위해서는 10등쯤으로 목표를 세우고 출발하면 언젠가는 1등이 될 수 있는 것 아닌가?

다윗, 신앙과 인생 진보의 역할 모델

신앙과 인생도 예수님을 닮기 위한 중간 단계 목표를 세우면 어떨까? 예수님에게서 나오는 논리와 통찰력을 따라갈 수 없다면, 다

13

른 역할 모델을 찾아보면 어떨까? 우리와 같이 문제 앞에 고민하고, 위협 앞에 두려워했던 인물. 또한 우리처럼 허물과 죄를 지니고 있었던 영웅을 찾아 예수님의 자리에 넣고 역할 모델을 삼는다면 우리의 마음이 좀 편해질 것 같다. 나는 그런 인물이 '다윗'이라고 생각한다. 사실 다윗은 예수님도 인정한 역할 모델이다.

다윗은 열등감의 환경에서 자랐고, 시기와 질투로 죽음의 위험에 처하기도 했다. 굶주림과 두려움, 고뇌, 자식을 잃고 슬픔에 빠지기도 했으며, 때론 너무 기뻐 옷이 벗겨지는 것도 모르고 춤을 추기도 했다. 그리고 남의 아내를 취했고, 전쟁에 패하기도 했으며, 아들 압살롬에게 쫓겨나기도 했다. 또한 조롱과 저주를 받았고, 거짓에 속았으며, 하나님이 멀리 계신 것처럼 느끼기도 했다. 꿈이 좌절되기도 했다. 다윗이 실수를 했고, 죄를 지었음에도 불구하고 하나님은 다윗을 마음에 합한 자라고 축복하셨다. 그리고 후대의 모든 왕이 따라야 할 모본으로 다윗을 선정했다. 다윗은 실제로 예수님 다음 가는 리더십 모델이라 할 수 있다. 그렇다면 우리가 예수님을 닮아가는 중간 단계 자리에 다윗을 역할 모델로 삼아도 부족함이 없다. 하나님 마음에 합한 자, 다윗은 생을 마감하는 마지막 순간에 일생 동안 하나님이 자기의 '혀'를 통해 말씀하셨다는 고백을 한다. 그만큼 다윗에게는 말이 중요했다. 실제로 다윗의 시편은 '생각과 말'의 고백이다. 하나님을 향한 마음, 인생의 깨달음, 성공의 법칙 등은 생각이라는 통로를 통해서 나온 것이다. 그리고 그것은 말로 표현되었다.

중요한 영성 습관, '생각과 말'

크리스천은 '영성과 훈련'이라는 '거룩한 사슬'에 묶여 '거룩한 부담감'을 너무 많이 가지고 산다. 영적인 것이라고 해서 무조건 많이 먹는다면 체하기 마련이다. 소화시키는 데 무리가 없을 정도로 차근차근 먹고 운동(적용)하는 것이 좋다.

초기 신앙에서 가장 중요한 영성 습관은 '생각과 말'의 영역이다. '생각과 말'이 하나님에 의해 바르게 훈련된 사람은 성숙된 길을 걷게 된다. 사람을 판단할 때도 그 사람의 '생각과 말'을 보면 가치를 알 수 있는 것처럼 신앙도 마찬가지다. '생각과 말'의 개혁, 즉 디자인은 신앙의 진보라는 큰 열매를 맺는 첫걸음이다.

계룡산에서 기도하다가 정신이 나간 사람, 성경을 읽다가 자칭 메시아라고 응답 받았다는 사람은 영적 체증은 물론, 영적인 암까지 진행된 사람들이다. 그런 사람의 대부분은 초기 신앙생활이 잘못되었기 때문이다. 그 잘못은 '생각과 말'의 영역이다. 잘못된 생각, 빗나간 말이 그들을 그렇게 만들었다.

이제 당신 앞에 벌어진 상황에 다윗이 발견한 '인생 형통의 법칙'을 적용해 보자. 성경에서 뽑은 '생각과 말'의 법칙을 1.3%씩 적용해 보자. 작아 보이는 1.3%도 반복되어 쌓이면, 놀라운 힘이 된다. 영성의 진보도, 삶과 인생 개혁의 출발도 1.3%로 시작하는 것이다. 신앙의 성숙과 진보를 위해, '성경 한 장 읽기', '기도 10분하기', '하루 한 가지 기뻐할 이유와 감사제목 찾기', '할 수 있다, 하면 된다. 해보자. 생각하고 말하기', '골리앗을 이긴 다윗처럼 이기는 생각과 말하기' 등 작은 실천부터 하는 것이다. 이것들 중에서 하나부터 시작하면 된다. 그렇게 1.3%씩 반복되어 쌓인 영성이 많은 양의 성경을 소화시키고, 오랜 시간 기도를 가능하게 하고, 항상 기뻐하며 감사하는 믿음을 만들고, 긍정적이고 적극적이고 창조적인 신앙생활을 가능하게 한다.

인생길에서 훈련될 영역, '생각과 말'

삶과 인생의 진보도 '생각과 말'의 디자인에서 나온다. 그 걸음은 큰 걸음이 아니라 어린 아이 같은 걸음마로부터 시작된다. 삶 속에서도 '하루 한 가지 감사하기', '부정적인 생각과 말 체크하기', '할 수 있어, 하면 되지. 생각하고 말하기', '성공 자아상, 생각과 마음에 그리고 시인하기', '행복한 날이라고 생각하고 말하기', '콤플렉스 부정하기', '자기 단점보다 장점 찾기', '비교의식 버리기', '없는 것보다 가진 것 바라보고 행동하기', '듣는 습관 만들기' 등등 제시한 것들이 부담이 되지 말아야 한다. 그리고 제시한 것들이 가지 수가 많다고 생각하지 말아야 한다. 그것도 고정관념이고 부정적인 생각이다. 긍정으로 생각하고 이것들 중에서 하나부터 시작하면 좋을 것이다. 그리고 자신이 더 적극적으로 바꿔야 할 부분을 찾으면 더 좋다.

이렇게, 인생길에서도 '생각과 말'은 다스림 받고 훈련되어져야 할 영역이다. 정치인, 기업가, 학자, 노동자, 종교인, 일반인 중에서 아름다운 생각과 살리는 말로 승리한 삶을, 빗나간 생각과 거짓되고 거친 말로 인해 실패한 사람들을 보게 된다. 그것은 '생각과 말'이 삶과 인생을 만들어가기 때문이다. 마음은 한 번에 두 가지 생각을 하지 못한다. 그래서 '한 생각'이 삶과 인생의 길을 열기도 하고, 소통을 막아 닫게도 한다. 좋은 일이든 나쁜 일이든, 처음 일어난 '한 생각'에서 비롯된다. 그래서 첫 생각을 잘 관리하고 디자인하면 승리하고 성공하고, 큰 어려움도 미리 막을 수 있는 것이다.

'분명히', 생각한 대로, 말한 대로 심겨진 씨앗은 열매를 만들어낸다. 이것은 일종의 법칙이다. 법칙이란, 변하지 않는 것이며 누구에게나 적용되는 것이며 대입하면 답, 즉 결과가 나온다. 삶과 인생은 '생각과 말'로 시작되고, '생각과 말'로 다듬어지고 만들어진다. '생각과 말'이 삶과 인생의 전부라 해도 과언이 아니다. 그래서 '생각과 말'을 아름답게 디자인하면, 삶과 인생이 101% 바뀌고 변화되는 것이다. 왜 101%일까? 역전된 삶과 인생이 100%라면, 거기에 더 나아가 '꿈과 비전'을 가진 '새로운 삶과 인생이 출발'되었기 때문에 '101% 인생'인 것이다. 101%를 꼭 기억하자.

'생각과 말', 어떻게 디자인해야 할까!

생각을 행동으로 옮기기 위한 3가지 걸음마 - ACT

1. A(Accepting): 걸음마가 필요하다는 것을 인정하고 받아들인다.
2. C(Choose): 가장 적용하기 쉬운 실천 과제 하나를 선택한다.
3. T(Taking Action): 선택된 실천 과제를 하나씩, 한 걸음씩 행동으로 옮긴다.

'성경'과 만난 '생각과 말'에는
치유의 능력이 있다

하나님의 말씀이 내 생각 속에 임하고,
말로 선포하자 믿음이 자랐고,
평안과 기쁨 속에서 기적이 일어났다.
말씀은 살아 움직이는 날 선 검이 되어 질병을 물리쳤다.

학창 시절 체험했던 '살아 있는 성경의 힘'은 내 인생의 전환점이
되었다. 죽음과 마주한 순간 "하나님의 말씀은 살아 있으며 말씀이
곧 하나님이시다"라는 것을 온몸으로 경험했다. 내 '생각과 말'이
성경과 만나 살아 움직이면서, 인생길에 빛이 되어주었다. 죽음 앞
에 한 사람도 예외 없이 자유로울 수 없는 것이 인간이다. 우리에
게 죽음은 가까운 이웃이 아니라 낯선 사람이다. 죽음은 우리의 허
락을 구하지 않는다. 하루하루가 누군가에게는 마지막 날이다.

그러나 그곳에 절망만이 있는 것은 아니다. 야구에서 9회 말 투
아웃에 터진 역전 홈런처럼 드라마틱한 스릴과 희망과 사랑의 메

시지가 있다. 사도바울은 "사망아 너의 이기는 것이 어디 있느냐. 사망아 너의 쏘는 것이 어디 있느냐"(고전 15:55)면서 죽음을 꾸짖었다. '생각과 말'을 바꾸고 새롭게 디자인하면 죽음이 다르게 보인다. 로렌스(Lawrence)는 『하나님의 임재 연습』에서 "죽음을 생각하지 않은 사람들에게만 죽음은 슬픈 것이다"고 했다. 윌리엄 로우(William Law)는 "우리가 세상의 것을 누리며 살기 때문에 영원한 죽음의 실체를 보지 못한다"고 했다.

'죽음'이라는 거인을 만나다

고등학교 3학년 때 대학입시를 앞두고 많은 시간을 책과 함께 했다. 그러던 어느 토요일, 학교 식당에서 점심을 먹고 나오는데 갑자기 입안에서 짠맛이 느껴졌다. 그런데 물컹거리는 것이 좀 이상했다. 입속에 상처가 났나 싶어 침을 뱉어 보니 뱉을 때마다 선지같은 붉은 피가 가득했다. 피를 보자 갑자기 현기증이 나면서 심장이 가쁘게 뛰었다. 무엇을 어떻게 해야 할지 몰라서 잠시 멍하니 서있었다. 나는 하나님을 찾았다.

"하나님! 이 피가 뭐예요? 내가 왜 이러지요?"

학교 담벼락에 몸을 기대고 앉았다. 다시 침을 뱉어 보았다. 역시 피가 가득히 쏟아지면서 기침이 나기 시작했다. 가지고 있던 손수건이 피로 물들었다. 친구들이 볼까봐 억지로 몸을 숨기고 기침을 계속했다. 머리는 울리고 목은 갈라지듯 아팠고 가슴이 멍하고 쓰려 왔다. 순간 '죽음'이라는 단어가 머리에 맴돌았다.

'내가 이렇게 죽는 건가?'

죽음이라는 거인은 내 생각과 마음속에 절망의 화살을 쏘았다. 1년 반 전에 천국에 가신 아버지 생각이 제일 먼저 떠올랐다. 갑작스런 아버지의 죽음으로 내가 감당하기 힘들었는데 나도 이제 가는가 보다 생각했다. 하늘을 보니 구름도 아름다워 보였고 나무들이 부르는 것 같았다. 그리고 세 살 때 돌아가신 할머니의 임종을 지켜보던 그때의 기억도 생생하게 떠올랐다. 이런 저런 생각이 스쳐 지나가면서 죽음에 대한 실체가 느껴졌다.

'죽음이란 어떤 것일까? 죽으면 그냥 끝나는 것이지 아무 것도 소용없겠구나. 예수님을 믿으니 죽으면 천국 가겠지.'

거인은 나에게 지금 당장 죽음을 인정하라고 도전했다. 나는 죽음을 인정하고 싶지 않았다. 그렇지만 죽음은 현실 아닌가?

그렇게 죽음을 생각하며 몇 시간을 담벼락에 기대어 지난 시간들을 회상했다. 친구들과 수련회에 갔던 생각, 성령 세례를 받고 춤을 추었던 생각, 그리고 깊은 관심을 보여 주셨던 교회 선생님이 생각났다. 그러나 내 주위에 아무도 없는 것 같은 공허함이 들었다. 나 혼자만 지구상에 있는 느낌이었다. 그런데 마음이 불안하지는 않았다. '그래, 죽으면 천국 가는 것 아닌가. 죽음은 끝이 아니야. 새로운 시작이지.' 나는 긍정적으로 죽음을 바라보기 시작했다.

"하나님, 내 몸에 이상이 생겼나 봅니다. 도와주세요. 어떻게 하죠? 아직 살아갈 날이 많은 것 아닌가요? 하나님 손에 올립니다."

평안이 머리부터 발끝까지 나를 감싸다

집에 도착해 가까운 종합병원에 혼자서 찾아갔다. 아버지를 하늘나라에 보낸 지 1년 반밖에 되지 않은 때여서 어머니가 놀라실 것 같아서 혼자서 병원을 찾았다. 엑스레이를 찍고 기다리고 있는데 이상하게도 마음이 너무 편안했다. 의사가 말했다.

"학생, 폐결핵인데."

그 말을 듣는 순간 이상하게도 머리부터 평안함이 내려와 발끝까지 덮었다. 마치 끈끈한 젤리가 흘러내리는 것 같았다. 마음속에 기쁨이 넘쳐났다.

"대학은 다음에 가고 쉬어야겠어."

"전 대학에 가야 하는데요?"

"몸이 이 지경이니 쉬면서 치료 받고, 다음에 대학에 가도록 해야지. 무리하면 안 돼."

집에 도착해 하나님께 감사기도를 드렸다.

"하나님, 평안과 기쁨을 주셔서 고맙습니다. 나에게 하나님의 사랑과 감사의 흔적을 남겨 주시니 감사합니다. 하나님의 손으로 저를 고쳐 주셔서 의사 선생님을 전도하게 도와주세요."

먹어야 할 약이 어찌나 많은지, 한 번 먹을 때마다 한 주먹씩 들이 삼켜야만 했다. 그날 밤 어머니에게 조심스럽게 내 병에 대해 말씀드렸다. 어머니는 깜짝 놀라며 얼굴이 사색이 되시더니 이내 눈물이 고이셨다. 늦둥이 아들이 죽음 앞에 섰다는 사실이 큰 충격이셨다. 아버지를 먼저 천국에 보내시고, 더구나 내 위로 핏덩이 4남매를 하늘나라로 떠나보내지 않았던가. 나는 어머니를 위로해 드렸다.

"하나님이 고쳐 주실 겁니다. 하나님의 뜻이 있겠지요."

"너를 하나님께 드린다고, 기도했었는데 이런 일이 생기다니."

밤만 되면 기침이 심해졌다. 새벽까지 잠을 수십 번씩 깨야 했다. 기침을 하면 가슴과 목이 너무 아파 고통스러웠다. 어떤 때는 피가 너무 나와 기도가 막혀 숨이 넘어갈 정도였다.

살아나는 생각과 믿음의 말을 나에게 선포하다

주일이 되어 교회 고등부 예배에 참석했다. 기침이 나올까 봐 조심스러웠다. 그날의 예배는 유난히 진지하게 드렸다. 죽음이라는 세계에 내가 한 걸음 다가섰기 때문이었을 것이다. 담임 목사님도 고등학교 시절 폐결핵으로 고생하다가 하나님이 고쳐주셔서 건강하게 되었다는 것을 알게 되었다. 서점에서 조용기 목사님의 책 몇 권을 샀다. 긍정적인 생각을 가지고 믿음의 말을 해야 한다는 말씀을 들었다. 거울을 보면서 "나는 건강하다. 결코 가난하지 않다. 나는 할 수 있다"고 말했다는 목사님의 글을 읽고 나도 그렇게 해 보기로 마음먹었다.

하나님께서 고쳐 주실 것이라는 믿음과 확신이 있었지만 기침은 계속되었다. 날이 어두워지면 기침이 더 심해졌다. 밤마다 피를 쏟는 일은 되풀이되었고, 그럴 때면 식구들은 모두 긴장했다. 대학 입시일은 다가오는데 걱정스러웠다. 여전히 마음은 평안과 기쁨이 자리하고 있었지만 기침하고 피를 쏟는 증상은 변화가 없었다. 죽음이라는 단어가 떠오를 때마다 건강한 모습으로 운동장에서 축구와 농구를 하는 모습을 생각하며 "나는 결코 죽지 않는다. 하나님이 고쳐 주신다. 나는 건강하다"고 되뇌었다.

성경 말씀을 '죽음의 거인'에게 던졌다

며칠 후 어머니와 함께 기도원을 찾았다. 하나님 앞에 나의 앞날과 미래를 맡기기 위해서였다. 기도원에서 만난 어느 여전도사님으로부터 성경 말씀을 붙잡고 기도해야 된다는 말을 들었다. 그녀는 나에게 이사야 41장 10절과 이사야 53장 5절 말씀을 읽고 암송하고 기도할 때마다 읽고 기도하라고 말해 주었다. 성경 말씀은 하나님의 약속이니 믿기만 하면 기적이 나타난다고 했다.

두려워 말라 내가 너와 함께 함이니라. 놀라지 말라. 나는 네 하나님이 됨이니라. 내가 너를 굳세게 하리라 참으로 너를 도와주리라 참으로 나의 의로운 오른손으로 너를 붙들리라(이사야41:10)

그가 찔림은 우리의 허물을 인함이요 그가 상함은 우리의 죄악을 인함이라. 그가 징계를 받으므로 우리가 평화를 누리고 그가 채찍에 맞음으로 우리가 나음을 입었도다(이사야 53:5)

그분의 말대로 나는 이 말씀을 되풀이하면서 암송했다. 아침, 저녁으로 성경 말씀을 읽고 기도할 때마다, 틈이 나는 대로 말씀을 암송했다. 마치 소가 되새김질 하듯이 외고 또 외었고 어떤 때는 소리쳐 외쳤다. 그때 이후 지금까지 그 말씀은 나의 평생을 인도하는 지팡이가 되고 있다. 그렇게 소리 높여 외친 이유는 질병에 대한 분노와 내 자신에 대한 안타까움 때문이었을 것이다. 나는 거울을 보면서 이사야서의 말씀과 긍정적인 고백을 스스로에게 던졌다. 내 머리 속에는 이미 치유 받아서 기뻐하는 모습이 그려졌다. 예수님의 손이 나를 안수하는 생각과 예수님의 큰 손이 나의 가슴을 만져 주는 그림을 그려 보았다.

그러나 기침과 각혈은 여전했다. 그렇지만 지금 눈에 보이는 현실을 인정하지 않았다. 나는 성경 말씀에 더 매달렸다. 보이는 피는 허상이요. 예수님께서 채찍에 맞으심으로 내가 낫게 된다는 말씀을 실상으로 받아들였다. 머릿속으로는 이미 깨끗하게 치유를 받고 건강하게 살아가는 그림이 그려졌다. 나는 이렇게 외쳤다.

"나는 건강하다. 나는 하나님의 사랑 받는 존재다. 나는 고침 받았다."

"질병아 사라져라. 사망아 나는 너와 상관이 없다."

성경 말씀이 꿀처럼 달았다

그렇게 3개월쯤 지난 어느 날 아침이었다. 기도를 마치고 거울을 보며 이사야 말씀과 치유에 대한 고백을 몇 번인가 외쳤는데 갑자기 머리 위로부터 평안이 쏟아져 내렸다. 폐결핵 판정을 받고 체험했던 그 평안과 같았다. 실제적으로 끈끈한 젤리가 흘러내리듯 평안이 천천히 위에서 내려와 배에 가득 차올라왔다. 그리고 마음속에 기쁨이 넘쳐나면서 바위라도 손으로 내리치면 깨질 것 같은 강한 힘이 솟아났다. 정말이지, 바위가 있었으면 깨졌을 것이다. 순간 내 마음 속에는 하나님이 치유하신다는 믿음이 강하게 뿌리 내렸다. 그 느낌은 참으로 말로 표현하기 어렵다. 성경 말씀이 머리부터 발끝까지 나를 만지는 것 같았다. 나는 확신이 넘쳐났고 기쁨과 감사의 눈물이 뜨겁게 흘렀다.

"그래 난 살 수 있어. 나는 죽지 않아. 내가 왜 죽어. 난 아직 죽을 때가 아니야. 예수님이 채찍으로 맞으신 것은 나를 위해 맞으신 거야. 하나님이 치료해 주실 거야."

나는 긍정적인 고백을 했다. 나는 이불에 얼굴을 묻고 한없이 울었다. 그날부터 성경 말씀이 어찌나 달고 맛있던지 학교 수업 시간에도 무릎 위에 성경을 올려놓고 읽었다. 몇 주 만에 성경책은 손때가 시커멓게 묻었고 너덜거렸다. 특히 시편 말씀은 꿀같이 달았다. 시편 1편과 23편을 교과서 표지마다 기록했다. 나는 말씀 속에 완전히 빠져 버렸다.

어느 날은 수업 시간에 윤리 선생님에게 경고(?)를 받았다. 대학 입시를 얼마 앞두고 있는데 공부보다 성경에 빠져 있으니 선생님이 보기에는 이해가 되지 않는 행동이었을 것이다. 친구들도 이상하게 보았다. 하지만 당시 나에게는 성경을 읽지 않으면 견딜 수 없는 갈급함이 있었다.

폐결핵이 사라졌다

어느덧 시간이 흘러 그해 12월 말이 되었다. 교회 고등부 졸업 예배가 있던 날, 나는 졸업 예배를 마치고 대예배에 참석하고 싶어 자석에 이끌리듯 대성전으로 발길을 옮겼다. 그날 설교는 믿음과 치유에 관한 말씀이었다. 예배 시간 내내 모든 설교 내용이 나를 향한 메시지로 들렸다. 어찌나 눈물이 나던지 성가대의 찬양에도, 사도신경을 고백할 때도, 기도할 때도, 설교 중에도 눈물이 펑펑 쏟아졌다.

설교가 끝나고 목사님께서 몸이 아픈 사람은 아픈 곳에 손을 대라고 하셨다. 나는 믿음으로 가슴에 손을 대고 목사님의 기도에 귀를 기울였다. 나는 가슴 구석구석마다 손바닥을 가져갔다. 그런데 마음 깊은 곳에서 치유의 큰 확신이 나를 사로잡았다. '고침 받았다'는 말로밖에 표현되지 않는 마음이 강하게 들었다. 하나님의 치유에 대한 확신이 온 몸에 가득찼다.

예배를 마치고 정말 병이 나았는지 나를 진단했던 병원으로 갔다. 그런데 주일이라서 나를 진료했던 담당 의사가 없었다. 내 질병을 아는 의사가 내가 치유된 것을 보아야 전도할 수 있을 것 같아 다음날 다시 병원을 찾아갔다.

"선생님, 엑스레이 좀 찍어 주세요."

"무슨 일로? 몸이 더 이상해?"

"아니 그게 아니고 다 나았습니다."

"허허허. 학생이 의사인가!"

자세히 설명할 수 없어서 나는 나중에 말씀드릴 테니 일단 엑스레이 사진을 찍어 달라고 부탁했다. 나는 결과가 나오기까지 병원 화장실에 들어가 기도를 했다. 얼마 후 엑스레이 결과가 나왔다.

"이상한데. 균들이 활동을 멈췄네. 다 나았네."

"그렇죠. 선생님! 다 나았지요!."

"희한하네. 이상한데. 어떻게 된 거지?"

나는 하나님이 하신 것이라고 말했다. 의사가 이해를 하든 못하든 그것이 문제가 아니었다. 나는 하나님이 하신 일만을 말하면 되었다. 그래서 그간에 체험했던 이야기보따리를 풀어 놓았다. 그리고 의사에게 복음을 전했다. 그런데 의외로 복음을 받아들였다. 하나님은 하나님을 믿는 사람들의 믿음을 통해 치료해주실 수도 있다'는 말을 의사 스스로 했다. 하나님은 나를 통해 기적을 보여 주심으로써 의사를 전도하게 해달라는 나의 기도를 들으셨던 것이다.

성경만이 삶과 인생의 답이다

나는 그렇게 살아있는 말씀을 통해 죽음을 이기고 승리했다. 하나님의 말씀이 내 생각 속에 임하고 말로 선포하자 믿음이 자랐고, 평안과 기쁨 속에서 기적이 일어났다. 말씀은 살아 움직이는 날 선 검이 되어 질병을 물리쳤다. 어떤 이는 우연이라고, 약이 고쳤다고 또 어떤 이는 말도 안 된다고, 신비주의라고 말할 수도 있다. 이해한다. 그런데 나도 말하고 싶다. '젊은 날 죽음 앞에 서 보았느냐'고…. 죽음 앞에 당면하면 살기 위해 무엇이든 하게 된다. 나는 하나님의 약속을 믿은 것이다.

살아계신 하나님은 믿음으로 시작된 내 '생각과 말'을 통해 치유의 능력을 나타내셨다. 이처럼 '성경 말씀은 강력한 힘과 능력'이 되어 나를 살려냈고, 내 삶과 인생을 101% 바꿨다. 죽음에서 살아났고 하나님 나라 선포의 최전방에 서게 되었고, 하늘나라 군사를 세우고 가르치는 자리에 있게 되었으니, 내 인생이 역전된 것이다. 나는 100%를 넘어 꿈과 비전을 가진 '101% 인생'이 되었다. 성경은 답을 알고 있다. 성경만이 삶과 인생의 답이다.

성경의 치유력을 경험하기 위한 걸음마
1. 성경 말씀이 하나님의 약속이라는 것을 신뢰한다.
2. 치유에 관련된 약속의 말씀을 찾아 읽고 암송하고 묵상한다.
3. 치유와 관련된 말씀을 자신을 향해 매일 10분씩 던진다.

CONTENTS

1부

‘생각과 말’을 다스리면
인생이 형통하다

1장
생각을 조절하고
말의 힘을 키우라

생각을 디자인하면
인생의 질이 바뀐다

하나님은 쌀은 주시지만
밥을 지어주시지는 않으며,
레몬을 주시지만 레모네이드는
우리가 만들어 먹어야 한다.

생각을 통해 상상 여행을 떠나 보자. 침대에 누워서 미국 일리노
이주 사우스배링턴에 있는 윌로우크릭 교회와 레이크 포레스트에
있는 새들백 교회를 구경한다. 잠시 후에는 디즈니랜드에서 놀이
기구를 타고 할리우드에 가서 톰 크루즈(Tom Cruise)를 만난다. 또한
텍사스에서 추신수 선수의 경기와 미네소타에서 박병호 선수의 메
이저리그 경기를 관람한다. 그리고는 뉴욕 브로드웨이로 가서 뮤
지컬 캣츠를 보고, 월스트리트에 있는 뉴욕 증권거래소를 구경한
후 트리니티 교회를 지나 9.11참사 현장 세계무역센터 건물이 있
었던 '그라운드 제로'(ground zero)를 본다. 몸을 한번 뒤척인 후 호주로

여행을 떠나 오페라하우스에 들렀다가, 유럽으로 떠나 파리의 에펠탑을 본다. 또한 스페인의 투우 경기를 관람하고 영국 프리미어 리그 손흥민과 기성용 선수의 축구 경기를 관람한다. 다시 숨을 돌리고 달나라와 별나라 그리고 우주 속으로도 날아갈 수 있다.

이처럼 생각은 시공간을 초월한다. 생각은 자기만이 제어할 수 있는 무궁한 존재로 통제하지 않으면 넘지 말아야 할 한계를 넘어설 수 있기에 생각은 다스려지고 관리되어야 할 인생 디자인의 영역이다. 생각의 디자인은 해야 할 생각과 하지 말아야 할 생각을 조절하고, 확장시켜 조화롭게 아름다움을 만드는 것이다. 생각을 어떻게 디자인하느냐에 따라서 인생의 질이 결정된다.

마이크로소프트의 회장 빌 게이츠(Bill Gates)는 『생각의 속도』에서, "나에게는 단순하지만 강한 믿음이 있다. 정보를 어떻게 수집하고, 관리하며, 활용하는가에 따라 사업의 성패가 좌우되리라는 것이다"고 했다. 이 말은 생각을 통해 정보를 수집, 관리, 활용하는 것이 사업의 성공과 실패를 좌우한다는 말이다. 그러나 많은 정보가 수집되었더라도 생각을 이용해 활용되지 않는다면 열매를 거둘 수 없다. 커뮤니케이션학에서 정보가 지나치게 많으면 어느 시점에서 활용도 그래프가 하강하는 것을 볼 수 있다. 이 사실은 정보가 많은 것이 중요한 것이 아니라 활용이 중요하다는 것이다.

하나님은 쌀은 주시지만 밥을 지어 주시지는 않으며, 레몬은 주시지만 레몬에이드는 우리가 만들어 먹어야 한다. 활용은 우리의 마음과 생각이 하는 것이다.

미리 염려하지 않는다

'평안의 눈'으로 미래읽기

우리는 흔히 자신을 두 강도 사이에 넣고 스스로 못 박아 버린다. 한 강도는 '어제에 대한 후회'요, 다른 강도는 '내일에 대한 염려'다. 염려와 근심, 후회와 한탄은 돌연변이 생각이다. 그런데 염려는 지나가는 생각이 아니라, 부정적인 결과를 낳고 간다. 2차 세계대전 당시 전장에서 죽은 청년의 수가 30만 명이었다. 그런데 아들과 남편을 일선에 보내고 염려와 불안의 나날을 보내다가 심장병으로 죽은 미국인들이 100만 명을 넘었다. 그것은 '염려'라는 바이러스가 가지고 있는 치명적인 독, '근심과 걱정', '불안과 초조' 때문이다.

욥이 자식과 모든 재산을 잃고 자기 몸에 악창이 나서 고통스러워 할 때 이렇게 말했다.

나의 두려워하는 그것이 내게 임하고 나의 무서워하는 그것이 내 몸에 미쳤구나(욥기 3:25)

욥이 이렇게 말한 것을 보면, 욥은 평소에 '귀한 자식들이 어떻게 되지는 않을까?', '재산은 괜찮을까?', '내 몸에 병이 들면 안 되는데' 하면서 두려워하고 미리 염려하고 미리 걱정을 했다는 것을 알수 있다. 사람의 '생각과 말'은 그 사람의 마음을 나타내는 도구이기 때문이다. 데일 카네기(Dale Carnegie)는 이런 말을 했다.

"나는 보통 사람보다 일의 3배의 능률을 냅니다. 그 까닭은 보통 사람들은 무슨 일을 하려면 하기 전부터 염려하기 시작해서 일을 하면서도 염려하고, 일이 끝난 뒤에도 염려하지만, 나는 일하는 동안에 한 번만 염려하기 때문입니다"

근본적으로 사람의 존재성이 가지는 생각은 '염려'가 '평안'보다 크다. 그것은 타락한 죄의 속성이기도 하다. 그래서 염려를 안 할 수는 없다. 그렇지만 염려에게 주도권을 빼앗겨 노예가 되어서는 안 된다. 미리 염려하는 것은 인생의 적이다. 염려가 공격하지 못하도록 미리 생각을 관리하고 조종하고 다스려야 한다. 생각이 디자인되어야 '101% 인생'을 만드는 길이 준비되는 것이다.

미래를 염려에 맡기지 말고 평안에 맡겨야 한다. '평안의 눈'으로 미래를 읽어야 한다. '다 잘 될 거야', '현재에 충실하면 되지', '자식들의 장래가 형통할 거야', '가진 것을 나누며 살자', '지금부터라도 건강관리하면 분명히 좋아질 거야', '아직 최고로 좋은 일은 오지 않았어. 미래가 기대돼', '나는 사랑받기 위해 태어난 사람이야. 잘 될 수밖에 없어', '나의 미래에는 형통과 행복, 감사와 축복의 열매가 가득할거야' 이렇게 디자인된 '생각과 말'은 현실에 그런 열매를 낳는다. 생각과 말은 살아 있기 때문이다. 대부분의 사람들은 삶과 인생의 성공과 실패가 둘러싼 주변 환경에 의해 결정된다고 알고 있지만 실상은 그렇지 않다. 삶과 인생의 성패는 우리의 마음과 생각 그리고 우리가 하는 말에 달려있다. 이 말은 개인의 외적 요인

보다 내부에 그 성공과 승리의 키워드가 있다는 것이다.

생각은 무의식을 알고 있다
긍정적으로 상황 바라보기

염려가 평안보다 큰 현상은 의식적인 상황보다 예견치 못한 반사행동에서 잘 나타난다. 어느 날, 대학 교수 친구와 저녁식사를 같이 했는데, 우리가 앉은 옆 자리에 아이들과 함께 온 가족이 있었다. 아이들은 자리를 차지하자마자 식당을 뛰어다니기 시작했다. 아이들 엄마는 주위 눈치만 살필 뿐 아이들을 혼내지도 주의를 주지도 않았다. 아이들은 종업원들의 손에 이끌려 자리로 돌아갔다. 그런데 잠시 후 물컵이 바닥으로 떨어졌다. 아이들이 사고를 친 것이었다. 그때 아이들의 엄마가 이렇게 소리쳤다.

"그럴 줄 알았어. 가만히 좀 있어!"

나는 그 말을 듣는 순간 '저 엄마는 아이들이 컵을 떨어뜨릴 것을 무의식적으로 짐작하고 있었구나' 하는 생각을 했다. 아마 평소에도 아이들이 분주하고 산만해서 집에서나 식당에서 컵을 자주 깼을 것이다. 아이들 엄마는 잠재의식에서 아이들이 분명히 컵을 또 떨어뜨릴 것이라는 생각을 하고 있었다. 그래서 나온 반응이 '그럴 줄 알았어'였다. 그 아이들의 행동은 엄마의 생각이 낳은 부정적인 결과일 수도 있다.

생각은 시공간을 뛰어 넘어 영향력을 미친다. 사람들이 기분이 더 좋아지고 싶을 때나 인간관계가 더 나아졌으면 하고 바랄 때, 또는 행동을 바꿔보고 싶을 때, 그리고 소원하는 무엇인가를 얻기 위해서는 무엇보다 가장 먼저 바꾸어야 할 것이 바로 생각이다. 생각은 결과를 낳기 때문이다. 그런데 생각은 우주적인 원리이기 때문에 어떻게 적용되느냐에 따라서 결과가 다르게 나타난다. 긍정적인 결과와 부정적인 결과다.

오른쪽 다리가 약간 마비되는듯한 증세에 병적인 공포심을 가진 사람이 있었다. 이 사람은 항상 '이러다가 한 순간에 마비될 거야' 하고 중얼거렸다. 어느 날 그는 부인과 함께 모임에 참석했다. 그는 식사 도중에 습관대로 오른쪽 다리를 슬쩍 꼬집어보았다. 그러더니 그가 슬픈 목소리로 말했다. "결국 내 다리가 마비되고 말았어. 꼬집어도 아프지가 않아." 그러자 부인이 귓속말을 건넸다.

"여보, 지금 꼬집고 있는 것은 당신 다리가 아니라 내 다리에요."

착각은 자유지만 생각은 항상 맑고 밝게 할 필요가 있다. 현실을 분석해야 하지만 너무 비관적이지 말아야 한다. 사람의 생각은 '긍정'이든 '부정'이든 둘 중 하나를 반드시 선택하게 된다. 그렇다면 어떤 상황이든 긍정의 마음으로, 감사의 눈으로 생각하는 습관을 가져야 한다. 긍정적으로 생각하고, 긍정적으로 상황을 해석할 줄 알아야 한다. 뿌리를 내린 생각은 반드시 결과를 만들고, 디자인된 생각은 인생의 질을 바꾸고 '101% 인생을 만드는' 영향력을 가지기 때문이다.

반복된 생각은 한 차원 높은 생각을 낳는다
'반복생각' 훈련하기

　지금 우리가 누리고 있는 문명의 이기는 생각의 진보가 만든 결과물이다. 레오나르도 다빈치(Leonardo da Vinci)는 자동차와 비행기를 설계했다. 당시 기술은 이에 미치지 못했지만 생각은 앞서 있었다. 그 후 하늘을 날 수 있다는 생각이 진보해 미국의 라이트 형제, 형 윌버 라이트(Wilbur Wright)와 동생 오빌 라이트(Orville Wright)는 최초의 비행기를 만들었다. 또한 프랑스의 니콜라스 조셉 퀴뇨(Nicholas Joseph Cugnot)는 최초의 증기 자동차를 만들었다. 광산 기술자인 영국의 리처드 트레비딕(Richard Trevithick)은 사람들이 타고 다닐 수 있는 승용 자동차를 만들었다.

　그리고 토마스 에디슨(Thomas Edison)은 생각의 진보를 통해 전화기, 축전기, 트랜지스터, 전구 등을 발명했다. 앨버트 아인슈타인(Albert Einstein)은 생각의 진보를 통해 우주관을 넓힌 상대성 원리를 발견하였다. 이 모든 것들은 깊은 생각의 우물에서 찾은 보물이다. 이들은 고정관념을 뒤집고 패러다임을 바꾸었다. '왜?'라는 질문에서부터 새롭게 출발했다. 그 결과 지식의 발전을 이루는 생각의 열매를 얻었던 것이다. 생각은 반복될수록 깊어지고 넓어진다. 생각은 생각의 열매를 먹기 때문이다.

　미국에서 가난한 행상의 아들로 태어난 한 소년이 있었다. 소년은 마땅한 잠자리가 없어 이곳저곳 떠돌아다니며 살았다. 행상인의 아들인 소년은 가난했지만 적극적인 생각과 겸손한 태도, 그리고 꿈을 가지고 있었다. 자신이 잠잘 곳도 없이 지내다 보니 돈을 모으면 호텔 사업을 해야겠다고 생각했다. 세월이 흐른 뒤 소년은 드디어 온갖 어려움을 극복하고 호텔의 사장이 되었다. 그가 바로 힐튼호텔 창업자 콘라드 힐튼(Conrad N. Hilton)이다.

어느 날 기자가 그에게 성공 비결을 물었다. 그러자 힐튼은 자신의 옆에 있던 5달러짜리 평범한 쇠막대기를 집어 들면서 이렇게 말했다.

"이 막대기를 그냥 두면 아무데도 쓸모없는 싸구려 막대기입니다. 그러나 이 쇠막대기로 말발굽을 만들면 10달러 50센트를 벌 수 있습니다. 이것으로 바늘을 만들면 3,250달러를 벌 수 있고, 이것으로 용수철을 만들면 250만 달러를 벌 수 있습니다."

힐튼은 똑같은 쇠막대기라고 할지라도 생각을 사용해 어떻게 응용하고 활용하느냐에 따라서 그 부가가치는 확연히 다르게 바뀔 수 있다는 점을 보여준 것이다.

생각은 깊이와 높이와 넓이가 있다. 지식이 풍부해지는 것은 생각의 깊이와 높이, 넓이가 커졌다는 말이다. 생각이 지식의 패러다임을 바꾸면 혁명적인 것이 탄생한다. 고대 이집트의 천문학자 톨레미(Ptolemy)는 지구가 우주의 중심이었다고 했다. 그런데 코페르니쿠스(Copernicus)는 태양이 우주의 중심이라고 주장해 새로운 패러다임을 만들었다. 당시로서는 가히 혁명적인 발언이었다. 이처럼 생각은 생각을 낳고, 그 생각은 다시 한 차원 높은 생각을 낳는다. 반복해서 생각하면 생각은 무한대로 커진다.

인생길에서 난제를 만나 해결책을 찾고 싶으면, '반복 생각'을 통해 살찌우고, 집중할 필요가 있다. 생각은 성장하고 진보하고 넓어지고 커지기 때문이다. 그러나 한 번에 되는 일은 없다. 훈련을 통해 체질화, 습관화시켜야 한다.

생각은 감정을 조종한다

상황을 뒤집어 보기

인간의 어떤 감정은 생각과 연결되어 있다. 같은 환경이라도 그것을 해석하고 판단하고 생각하는 데는 다른 감정과 방식이 있을 수 있다. 열차로 말하면 생각은 기관실과 같고 감정은 객차와 같다. 감정은 생각의 방향과 결정에 따라오는 것이다.

실패와 절망의 수렁에 빠져 있는 사람을 생각해 보자. 어떤 사람은 "나는 실패자야. 나는 아무 것도 할 수 없어" 하면서 비관하는 사람도 있으며, "나만 왜 그래? 다른 사람은 다 잘 되는데" 하면서 분노하는 사람도 있다. 반면 "지금의 실패가 내일을 위한 내 인생길의 교훈이 될 거야. 다시 한 번 시도해 보자" 하며 새로운 상황을 긍정으로 해석하고 달려가는 사람도 있다. 이처럼 주어진 상황에서 어떤 감정과 기분을 느낄지 결정하는 것은 바로 우리의 생각이다.

스티븐 코비(Stephen R. Covey) 박사는 『성공하는 사람들의 7가지 습

관』에서 감정이 생각을 조종하는 것을 '패러다임 전환'이라는 개념
으로 설명하고 있다.

스티븐 코비 박사가 어느 일요일 아침 지하철을 탔다. 지하철 안
은 조용했지만 한 중년 남자와 아이들이 타자마자 시끄러워졌다.
아이들은 큰소리로 말하고 물건을 팽개치며 소란을 피웠다. 짜증
이 난 어떤 승객이 아이들의 아버지에게 말했다.

"손님들에게 폐를 끼치고 있으니 아이들을 조용히 시키세요!"

"당신 말이 맞아요. 저도 뭔가 어떻게 해봐야 한다고 생각했습니
다. 그런데 사실 지금 막 병원에서 오는 길인데 한 시간 전에 저 아
이들의 엄마가 죽었습니다. 앞이 캄캄해 무엇을 어떻게 해야 할지
모르겠습니다."

그 말을 들은 코비 박사는 갑자기 상황을 다르게 보기, 뒤집어
보기 시작했다. 다르게 보기 시작하면서 다르게 생각하게 되었다.
그리고 다르게 느끼게 되었으며, 다르게 행동하기 시작했다. 짜증
은 사라졌고 화가 났던 태도와 행동을 어떻게 다스릴까 하는 생각
도 없어졌다. 코비 박사의 마음은 온통 그 사람의 고통으로 가득
채워졌다. 동정심과 측은한 느낌이 자연스럽게 넘쳐 나왔다.

스티븐 코비는 생각의 패러다임이 전환되는 것을 느꼈는데, 그
것은 생각이 작용한 감정에 대한 영향력 때문이었다. 이처럼 생각
의 패러다임 전환은 순간적으로 감정에 영향을 미친다. 감정은 혼
자서 불쑥 나타나는 것이 아니다. 어떤 영향력을 받아야만 본색을
드러낸다. '왜 기분이 좋다'고 느끼게 될까. 그것은 기분 좋은 상황

이나 환경이 생각 속에 들어와 마음을 터치하고, 그것이 감정을 끌어내기 때문이다. 사랑의 감정도 생각 속에, 좋아하는 사람의 애정 가득한 모습, 사랑스런 태도, 감동 주는 행동이 생각에 들어와 기관차가 되어 객차인 감정을 태우고 밖으로 이끌어내는 것이다. 반대로 시기와 질투, 거짓, 이간, 미움, 분노 같은 부정적인 감정도 비뚤어진 생각에서 나오는 공격형 무기로 중무장한 대포차로 변해 튀어나와 사람을 공격하는 것이다. 생각으로 감정을 아름답게 조종하는 사람이 인생의 질을 높인다.

생각은 행동을 바꾼다
'할 수 있다' 생각하기

우리의 뇌는 실제 경험과 상상의 경험을 구분하지 못한다. 상상력을 통해 무거운 것을 드는 이미지 훈련을 하면 근육이 강화된다는 실제 데이터들이 있다. 운동선수들이 가상현실을 통해 이미지 트레이닝을 하면 실전에서 좋은 성과를 거두기도 한다. 마라톤 선수들은 자신이 달려야 할 코스를 생각하고 이미지를 통해 달려 본다. 그리고 짜놓은 달리기 시나리오를 생각에서 재현한다. 예를 들면 30km 지점에서부터 전력 질주를 한다는 시나리오가 정해지면 이미지 트레이닝으로 30km 지점에서 앞 선수를 치고 나가는 상상을 한다. 그러면 실제 상황에서 생각했던 시나리오처럼 30km 지점에서 전력 질주하는 레이스를 펼치는 것이다.

생각하는 존재인 인간은 어떤 일이 가능하다고 생각하고 믿는 만큼 그 일을 할 때 성공할 가능성도 높다고 한다. 안될 것을 생각하면 행동이 미치지 못할 확률이 높고, 된다는 생각을 가지면 당연히 행동에 열정과 가속도가 붙고 적극적인 행동을 하게 된다는 것이다. 자식이 목숨을 잃을 위기의 순간에 어머니가 초능력을 발휘해 구했다는 기사를 종종 접하지 않는가? 이처럼 생각은 행동에 영향력을 미친다.

19세기 말 육상 경기 종목에는 지금과는 달리 100야드 달리기, 120야드 허들, 1마일 달리기, 3마일 달리기 등이 있었다. 1954년 이전에 육상 선수들은 인간이 1마일(1,609m)을 4분 안에 달리는 것은 불가능하다고 생각했다. 그래서 '마의 4분'이라는 말이 유행했다. 그러나 그 장벽은 영국의 육상 선수 로저 베니스터(Roger Bannister)에 의해 무너졌다. 베니스터는 마의 4분을 깨기 위해 자신의 달리기 스타일과 전략을 바꾸기로 생각했다. 그래서 여러 달 동안 4분대 기록을 깰 수 있다는 자신감 있는 생각을 하며, 달리는 패턴을 바꾸는데 노력을 쏟았다. 그 결과 1954년 베니스터는 1마일을 4분 안에 달린 최초의 사람이 되었다. 정확한 기록은 3분 59초 4였다.

그런데 놀랍게도 베니스터가 이 기록을 깬 후 얼마 있지 않아 전 세계에서 육상선수들이 4분 이내에 1마일을 돌파하기 시작했다. 그런데 베니스터 이후 기록을 깬 선수들은 베니스터와는 달리 이제까지 달리던 스타일을 바꾸지 않고 달렸는데도 기록을 깼다. 그들이 바꾼 것은 '베니스터처럼 나도 할 수 있다'는 긍정적이고 적극적인 생각이었다. 그들이 생각의 패러다임을 바꾸고 더 빨리 달리는 것이 가능하다고 '할 수 있다' 생각하자 행동의 변화가 일어난 것이다. 이처럼 어떤 일이 가능하다고 믿고, 생각할수록 그러한 행동을 할 가능성이 높아진다. 그리고 가능하다고 믿고, 생각을 훈련하면 반드시 인생이 변한다. 그러나 생각이 행동에 긍정적인 영향만 미치는 것은 아니다. 할 수 있는 상황인데도 생각에서 '할 수 없다'고 좌절하면 할 수 없는 일도 생긴다. 생각은 행동을 제한할 수도 있다.

생각은 신체를 통제한다
확신과 기대감 가지기

사람이 생각한다는 것은 1차적으로 뇌의 활동을 말한다. 조건 없이 불안해하고 염려와 근심을 하면 신체가 긴장되고 수축된다. 소화력도 떨어지고 신체 부위가 경직되기도 한다. 또한 영화나 책, 신문이나 잡지의 기사를 읽고 영상이나 글에서 묘사하는 장면을 마음속으로 생각하면 신체도 생각을 따라 반응한다. 흥미롭고 행복한 장면을 떠올리면 몸도 가볍게 느껴지고 활발해진다. 그러나 무서운 공포 영화를 보고 그 장면을 반복 생각하면 심장 박동수도 빨라진다. 반면 사랑을 나누는 로맨틱한 장면을 생각하면 행복감을 느끼며 때론 흥분되기도 한다.

하루야마 시게오는 그의 저서 『뇌 내 혁명』에서 이렇게 말했다.

"사람은 생각하는 방법에 따라 뇌 내에서 만들어지는 단백질이 다른데, 모든 생명은 환경에서 에너지를 제공받는다. 환경에서 받는 에너지는 유전자를 매개로 뇌 내에서 전혀 다른 단백질을 만들어 내는데, 생각은 물질화하고 생각이 바뀌면 대상물이 같다 하더라도 뇌 내 물질은 크게 변화한다."

고통이 극심한 환자에게 약성이 전혀 없는 생리식염수를 새로 개발된 우수한 진통제라고 말하고 투여하면, 진통 효과를 보이는 경우가 많다는 것은 이미 의료계에 널리 알려진 사실이다. 이것을 '플라시보'(placebo) 효과라고 한다. 먼저 좋은 약이라는 확신과 믿음으로 마음과 생각이 긍정적으로 흘러간 것이다. 과학적으로 말하면 믿음과 기대감이 뇌에서 엔도르핀이나 엔케팔린을 분비해 모르핀 효과를 냄으로써 통증을 막는다. 생각이 희망을 심고 긍정적으로 흘러가니 몸도 그렇게 닮아간다.

미국 하버드 의대의 심장내과 전문의 레빈 박사에게 한 여인이 진찰을 받으러 왔다. 이 여인을 진찰하던 중 응급환자가 들어왔다는 급한 연락을 받고 의사가 나갔다. 의사가 응급실로 가면서 학생들에게 말했다. "이리 와서 이 환자를 봐라. T.S 환자야."

그리고는 의사는 응급실로 갔다. 그 사이 학생들은 저마다 청진기를 심장에 대어보고 "T.S래. T.S 환자야"라고 수군거렸다. 얼마 후에 레빈 박사가 돌아와서 진료를 하고, 다음 날 다시 오라고 한

다음 돌려보냈다. 그런데 그날 저녁에 응급실에 한 여인이 실려 왔다. 바로 낮에 진료했던 그 심장병 환자였다. 심장이 극도로 쇠약해져 박동이 멎기 직전이었다. 레빈 박사가 여인에게 말했다.

"무슨 일이 있었습니까? 어제 치료를 잘했는데요."

"그것은 의사인 당신이 더 잘 알 것 아닙니까?"

사연은 이러했다. 학생들이 'T.S야! T.S' 하며 수군거리는 말을 듣고 이 여인은 'T.S가 도대체 뭘까?', '왜 저 학생들이 저렇게 놀란 눈으로 수군거릴까?' 하며 계속 생각했다. 의학 용어를 모르는 이 여인은 T.S가 무슨 약자인가를 고민하다가 결국 'Terminal Situation'(마지막 상태)의 약자라고 생각하게 되었다. 자신의 심장이 곧 멎게 될 것이라고 해석한 것이다. 여인은 자신이 곧 죽게 된다고 생각하자 큰 충격을 받았다. 여인은 집에 돌아가자마자 심장 상태가 급속히 악화되어 다시 응급실로 실려 온 것이다.

T.S(Tricuspid Stenosis)는 우심실에 문제가 있는 사람을 말하는 의학 용어였다. 레빈 박사가 그렇게 아무리 설명해도 이 여인은 믿지 않고 그저 자신을 안심시키려고 하는 말로 생각했다. 그 여인은 급속히 심장기능이 악화되어 결국 자신이 믿었던 대로 정말로 끝장이 나버렸다. 얼마 뒤에 여인이 눈을 감고 만 것이다.

사람의 심장은 좌심실과 우심실, 두 개의 방으로 나뉘어 있다. 그런데 보통 피를 뿜어내는 일은 좌심실이다. 그래서 일반적으로 '심장에 이상 증상이 생겼다' 하면 대부분 좌심실에 이상이 생긴 것이며, 우심실이 이상 기능을 보이는 환자는 극히 드물다. 또한 생명을 위협하는 치명적인 질병도 아니다. 그런데 그 여인은 스스로 엉뚱한 생각에 사로잡혀 죽음에 이른 것이다.

생각은 결과를 창조한다
창조적인 '생각 씨앗' 심기

『희망의 힘』의 저자 미국 하버드 의대, 제롬 그루프먼(Jerome Groopman) 교수는 '희망 전도사'로 불린다. 그는 희망의 생리학적 효과를 연구 중인데, 질병 치료에서 희망이 중요한 역할을 한다고 본다. 그는 "희망은 인간 경험의 중심이며 희망을 토대로 믿음과 기대를 가지면 성공할 확률이 높다"고 했다. 또한 "환자들의 병에 대한 좌절이 종양만큼이나 쉽게 퍼지고 희망은 남에게 쉽게 전파되진 않지만 종양을 녹여버리는 엄청난 힘을 가졌다"고 말한다. 그의 주장은 어떤 의미에서 '희망의 작용은 기적이 아니라 과학'이라는 것이다.

이처럼 생각은 컴퓨터의 원리와 비슷해서 어떤 것이 입력되느냐에 따라 그 결과를 달리한다. '할 수 있다'는 긍정과 희망을 심으면 이룰 가능성이 높고 '할 수 없다'는 부정과 절망을 심으면 실패할 가능성 또한 높아진다. 하나님이 만드신 생각은 신묘막측하다.

하루는 어떤 실업자 한 사람이 노만 빈센트 필을 찾아왔다. 그는 자기가 완전히 버림받은 사람이라고 말했다. 돈도, 지위도, 명예도, 권세도 없고 능력도 없고, 이 세상의 쓰레기라고 생각했다. 그때 노만 빈센트 필 박사가 그 사람에게 몇 가지 질문을 했다.

"당신은 아내가 있습니까?"

"있습니다. 돈을 잘 못 벌고 못 도와주지만 충성스럽게 나와 함께 살아 주는 아내가 있습니다."

"자식이 있습니까?"

"예, 교육은 잘 못시키지만 건강하고 튼튼한 자식이 있습니다."

"친구들이 있습니까?"

"몇 친구는 참 좋은 친구입니다."

"건강합니까?"

"건강합니다. 없어서 못 먹습니다."

"잠은 잘 잡니까?"

"돈벌이는 못하지만 잠은 아주 잘 잡니다."

그러자 필 박사가 그에게 강한 어조로 말했다.

"당신이 들어올 때는 아무 것도 없다고 했지만 당신은 굉장한 부자입니다. 가족도 있고, 친구도 있고, 건강하고 잠도 잘 자는데 왜 당신이 가난합니까? 당신은 잘못된 자화상을 가지고 있습니다."

"박사님의 사무실에 올 때에는 아무 것도 없는 것으로 알았는데 박사님과 대화하면서 많은 것이 있음을 알게 되었습니다."

그러자 필 박사는 이렇게 충고했다.

"그럼, 있는 사람처럼 행동하십시오. 구두도 똑바로 신고, 외모도 반듯하게 하고 나는 부유한 사람임을 고백하세요"

이후에 그 실업자는 빈센트 필 박사의 말처럼 행동했고, 곧바로 직장을 구할 수 있었다. 실업자가 마음의 자화상을 바꾸고, 자신이 가진 것이 많다는 창조적인 생각을 하기 시작하자 인생길에 변화가 찾아온 것이다. 창조적인 생각의 디자인이 '101% 인생'을 선물해 준 것이다. 비뚤어진 자화상은 삶에 절대적인 실패를 가져온다. 그의 생각이 잘못되었기 때문이다.

성형 중독을 앓고 있는 사람들의 대다수는 다른 사람들의 시선과 반응에 민감하다. 한곳 한곳을 고칠 때마다 사람들의 시선이 다르다고 생각한다. 그리고 완벽해지기 위해서 성형을 하지만 할 곳이 없으면 고친 곳을 또 고친다. 미국의 엘라인 영이라는 여인은 50회의 성형 수술을 했고 그 결과 얼굴이 많이 망가졌다. 그러나 새로운 시술법이 나오면 언제나 1순위로 수술을 한다. 그녀는 스스로의 인생길에 긍정적인 자화상을 만들어주지 못했다.

이처럼 생각은 어떤 형태든지 결과물을 가져오는 씨앗이다. 긍정적이고 창조적이며 생산적인 '생각 씨앗'은 인생에 그런 열매를 맺는다. 부정적이고 파괴적인 생각도 당연히 인생길에 부정적인 열매를 만든다. 생각을 바르지 못하게 한다는 것은 마치 골프채로 테니스를 치려는 것과 같다.

생각을 디자인하기 위한 걸음마
1. 항상 더 좋은 것은 아직 오직 않았다고 생각한다.
2. 심은 대로 거두는 농부의 마음을 갖는다.
3. 좋은 상황을 반복해서 마음에 그린다.

긍정적이고 창조적인 말은
인생을 역전시킨다

태양에너지가 모든 생물을 살게 하듯이
말에는 사람의 모든 운명과 환경을 변화시키고
움직이는 생명의 에너지가 있다.

말은 단지 의사소통의 한 수단으로서의 기능만 있는 것이 아니다. 말은 보이지 않기 때문에 작은 것으로 인식되지만 상상할 수 없는 생명의 에너지를 가지고 있다. 마치 태양에너지가 모든 생물을 살게 하듯이 말에는 사람의 모든 운명과 환경을 변화시키고 움직이는 생명의 에너지가 있다.

'말의 힘'은 사람의 사고 체계까지도 지배한다. 대뇌학자들의 연구에 의하면 말은 뇌세포에 98% 정도의 영향을 미친다고 한다. 따라서 "말을 바꾸면 인생이 바뀐다"는 말이다. 미국의 토크쇼 진행자 오프라 윈프리(Oprah Winfrey)는 "가난이 나를 지배하도록 놔두지 않겠다"는 말로 자신의 인생을 바꾸었다. 인생을 아름다운 말, 승리의 말로 디자인하는 사람은 그런 '101% 인생'을 살게 된다. 즉 말을 디자인하는 것은 인생을 디자인하는 것이다.

하나님은 태초에 천지만물을 창조하실 때, 이미 무엇인가 존재하는 재료로 우주만물을 만드신 것이 아니라 '말씀으로' 하셨다. 첫째 날 "빛이 있으라" 하시자 이 말에 따라 어둠과 혼돈의 세계에 빛이 나왔고, 그 후 하나님의 진행형 명령은 수억 년이 지난 오늘까지도 낮과 밤이 계속되고 있다.

그리고 하나님은 자신이 친히 만드신 우주 만물에게 말씀으로 생명을 불어 넣으셨다. 우주 만물이 하나님의 언어로 생명을 얻어 생동하고 움직이기 시작했다. 산과 바다에 생명이 넘치고, 하늘과 땅에도 생명의 메시지가 넘쳐났다. 또한 말씀 한마디에 우주에 흩어져 있던 수많은 별이 자기들의 집과 길을 찾아 움직이기 시작했다. 오차 없는 정확한 계산에 맞춰 태초부터 지금까지 별들은 우주 유영을 하고 있는 것이다.

인간에게는 하나님의 생명 에너지가 몸속에 존재한다. 인간이 하나님의 형상과 모양대로 지음 받았다는 것은 하나님의 내적 속성을 따라 만들어졌다는 것이다. 바로 이런 하나님의 속성 속에는 말의 권세와 능력이 포함되어있다. 사람을 자신의 형상을 따라 만드시고, 그 코에 생명 에너지인 생기를 불어넣어주셨기 때문에, 하나님이 속성인 말의 권세와 능력이 사람에게 주어진 것이다. 그래서 긍정적이고 창조적인 말로 인생을 역전시킬 수 있는 것이다.

말에는 힘이 있다
기도로 '말의 힘' 선포하기

　사람에게 내재해 있는 속성은 '긍정'보다 '부정'이 강하다. 그것은 에덴동산에서부터 인류에게 흐르고 있는 죄의 속성 때문이다. 그러나 훈련을 통해 변화가 가능하다. 반복적인 긍정 훈련은 습관을 만들고, 그 습관은 몸과 가치관의 일부가 되어 '긍정 지수'를 높인다. 자기 속에 '긍정 지수'는 무의식중에 나타나는 반응, 생각, 말, 행동을 보면 알 수 있다.

　나를 돌아보게 만든 체험이 있었다. 둘째 아이가 막 유치원을 들어갔을 때였다. 휴일에 급하게 처리할 일이 생겨 교회 사무실을 찾았다. 그런데 아이들이 따라 나섰고 어머니도 모시고 나왔다. 사무실에 도착하자마자 나는 어머니에게 녹차 한잔을 드렸다. 온수기에서 뜨거운 물을 받고 있는데, 둘째 딸이 가만히 내가 하는 행동을 보고 있었다. 자신도 온수기에서 뜨거운 물을 받아 보고 싶은 얼굴이었다. 둘째 예린이는 호기심이 많은 아이라서 '혹시 뜨거운 물을 받아 보려고 도전(?)하지는 않을까' 하는 생각을 했다. 그래서 책상 앞에 앉아 있으면서도 신경이 쓰였다.

　그런데 채 5분도 지나지 않아서 울음소리가 들렸다. 예린이였다. 깜짝 놀라 가서보니 온수기 버튼을 만져 뜨거운 물에 손이 데인 것이다. 나의 부정적인 염려가 현실로 나타난 것이다. 피부가 유난히 하얗던 아이의 손은 빨갛게 되었고, 얇은 피부막이 부풀어 올라 마치 시계처럼 둥글게 벗겨졌다. "하나님 도와주세요. 예린아!"

나는 찬물에 손을 담그게 하고 얼음을 꺼내서 응급조치를 했다. 아이는 차가운 얼음을 견디지 못하고 이중으로 고통스러워했다. 나는 얼음으로 문질러주면서 기도했다.

"하나님! 우리 예린이에게 흉터 생기지 않게 도와주세요. 어린 딸입니다."

아비 마음에 내가 아팠으면 좋을 것 같았다. 어머니도, 큰딸 예나도 같이 기도했다. 얼음물에 손을 담그고 급히 병원으로 향했다. 차 안에서 뒷자리에 앉아 계신 어머니에게 물었다.

"어머니, 우리 예린이 괜찮겠죠?"

어머니가 답하기도 전에 옆 자리에 있던 예나가 말했다.

"아빠, 아까 기도했잖아!"

순간 나는 방망이에 맞은 것 같았다. 나는 기도를 입으로 했고, 큰아이는 믿음으로 했던 것이다. 나는 자동차 핸들을 병원에서 집으로 돌렸다.

그 후 둘째 예린이는 흉터 하나 없이 깨끗이 나았다. 믿음이 담긴 말인 '기도의 힘'이었다. 말 자체도 힘이 있지만, 하나님을 향한 진실한 고백인 '기도'야말로 당연히 큰 힘으로 나타나는 것이다. 이처럼 '믿음의 말'은 언제나 기적을 동반한다. 말은 최종적인 결과물이라고 할 수 있다. 생각도, 마음도, 감정도, 말로 표현된다. 말은 연기처럼 사라지는 것이 아니다. 긍정적이고 창조적인 말은 힘으로 나타나고 언제나 열매를 만든다.

말은 삶과 인생을 결정한다
사람을 '살리는 말'하기

환경과 운명은 고체처럼 굳어있고, 텐트처럼 고정된 것이 아니다. 환경과 운명은 액체이며 바퀴달린 이동식이다. 얼마든지 변화되고 성장할 수 있다. 마치 물이 어느 그릇에 담기느냐에 따라 모양이 다른 것처럼 환경과 운명도 어떤 영향을 받느냐에 따라 달라진다. 그런데 그 영향력은 긍정과 부정을 동시에 가지고 있다. 그 영향력 중의 하나가 말이다. 말은 창조력을 가지기 때문이다.

같은 상황을 만났던 두 명의 소년 이야기는 말의 창조력이 긍정과 부정, 그리고 인생을 만들고 결정하는데 어떻게 영향력으로 나타났는지 잘 보여준다.

작은 시골 교회의 주일 미사에서 신부를 돕고 있던 한 소년이 있었다. 그런데 실수로 제단의 성찬으로 사용할 포도주 그릇을 떨어뜨렸다. 신부는 즉시 소년의 뺨을 치며 소리를 질렀다.

"썩 물러가! 다시는 제단 앞에 오지 마!"

이 소년은 그 이후 교회를 떠났다. 그리고 커서 유고슬라비아의 공산주의 독재자, 요시프 브리즈 티토 대통령이 되었다.

또 다른 도시의 교회에서 미사를 돕던 한 소년이 성찬용 포도주 그릇을 떨어뜨렸다. 신부는 곧 이해와 동정이 어린 사랑의 눈으로 그를 바라보며 조용히 속삭여 주었다.

"네가 앞으로 훌륭한 신부가 되겠구나."

이 소년은 자라나서 『그리스도라면 어떻게 사실까』를 쓴 유명한 대주교 풀턴 쉰(Fulton Sheen)이 되었다. 풀턴 쉰은 미국 텔레비전 방송계의 아카데미상이라고 불리는 '에미상'을 받은 최초의 대주교이기도 하다. 티토는 그 신부의 말대로 제단 앞에서 물러가 하나님을 비웃는 공산주의 지도자가 되었고, 쉰 소년은 신부의 말대로 귀한 하나님의 일꾼이 된 것이다. 똑같은 상황이었지만 살리는 말을 들은 소년은 사람을 살리는 사람이 되었고, 죽이는 말을 들은 소년은 사람을 죽이는 사람이 되었다. 이처럼 말은 사람의 운명에 영향을 미친다. 말은 살아 있고, 인생은 말대로 되는 것이다.

예수님은 이렇게 말씀하였다.

누구든지 이 산이 들리어 바다에 던지우라 하며 그 말하는 것이 이룰 줄 믿고 마음에 의심치 아니하면 그대로 되리라(마가복음 11:23)

이 말씀은 먼저 자신이 말을 하고 그 말이 이루어질 줄 믿는 믿음이 따라올 때 기적이 일어난다는 말씀이다. 믿음이 긍정적이고 창조적인 말로 나타날 때, 인생이 새롭게 창조되고 '101% 인생'으로 바뀌는 기적이 나타난다는 것이다.

믿음과 말이 친구가 되면 항상 행복이 온다. 응답이 온다. 기뻐하고 감사할 환경이 온다. '101% 인생'은 믿음이 만든 작품이다. 인생은 믿음대로, 믿은대로 된다.

말은 환경과 운명을 역전시킨다

'아름다운 말' 골라하기

팝 가수 스티비 원더(Stevie Wonder)는 어린 시절 한낱 눈먼 흑인 소
년에 불과했다. 그런데 그는 귀가 밝아 작은 소리를 들을 수 있었
다. 어느 날 교실 안에 쥐가 들어왔는데, 눈먼 스티비는 귀를 기울
여 쥐가 어디에 있는지 알아냈고 결국 쉽게 잡을 수 있었다. 선생
님은 스티비를 불러 "넌 우리 반의 어떤 친구도 갖지 못한 능력을
가지고 있어. 네게 특별한 귀가 있잖니"라고 말해 주었다. 선생님
의 이 말은 스티비의 운명을 바꾸었다. 선생님의 아름답고, 포근하
고, 긍정적이고 창조적인 말 한마디가 스티비의 인생을 역전시켜,
'101% 인생'을 만들어냈다. 스티비는 가수로 데뷔해 'I just called
to say I love you'라는 곡을 세계적으로 히트시켰다.

영화 「사운드 오브 뮤직」(Sound of Music)을 보면, 수녀 지망생 마리
아가 해군 대령 본 트랩의 집에 가정교사로 들어간다. 5남 2녀의
아이들은 군대식으로 길들여져 있었다. 마리아는 트랩 대령의 교
육 방법에 반기를 들고 아이들을 바꾸어 놓는다. 어느 날 밤, 천둥
과 번개가 치고 폭우가 쏟아지자 아이들은 무서워하며 마리아 선
생님의 방으로 몰려온다. 그때 마리아가 이렇게 말한다.

"너희들 무섭고 두려울 때를 이기는 법이 무엇인지 알고 있니? 그
것은 좋은 일만 생각하는 거야. 수선화, 푸른 초원, 하늘의 별, 장미
꽃잎의 빗방울, 아기 고양이의 수염, 자전거와 예쁜 장갑, 잘 포장

된 소포 꾸러미, 이런 좋은 것들만 생각하면 즐거워질 수 있단다."

아이들은 더 이상 무서워하지 않았다. 마리아의 사랑스럽고 아름답고 긍정적인 말이 아이들의 환경을 바꾸어 놓은 것이다.

이처럼 말은 환경과 운명도 바꾸고, 인생을 역전시키는 강력한 잠재력을 가진다. 그래서 '말의 힘'을 아는 사람은 말 한마디를 하더라도 신중하게 한다. 말의 가치를 알지 못하는 사람은 마치 다이몬드로 공기놀이를 하는 것과 같다. 침묵은 금이다. 그러나 '경우에 합당한 말'과 '긍정적이고 창조적인 말'은 다이아몬드다.

말은 자아상을 변화시킨다
소망적인 사람과 교제하기

사람에게는 누구나 자아상(Self Image)을 가지고 있다. 내가 나를 어떻게 보느냐 하는 것이 인생을 살아가는 데 대단히 중요하다. 긍정적인 자아상을 가진 사람은 매사 인생을 긍정적으로 보고 감사하며, 자신감 있게 살아간다. 또 다른 사람에 대해서도 관대하고 이해심이 많고 따뜻하기 때문에 행복한 인생이 된다. 그리고 다른 사람에게 좋은 영향을 주는 빛과 소금이 된다. 그러나 부정적인 자아상을 가진 사람은 모든 일에 원망과 불평을 하고, 자신감을 잃는다. 그래서 소극적, 비관적, 절망적, 패배적인 사람이 된다. 또한 그런 사람은 다른 사람을 대할 때도 비판적이고 공격적이기 때문에 불행한 인생이 되기가 쉽다. 그런데 자아상은 주로 성장기에 '어떤 말을 듣고 살아왔느냐'에 따라 결정된다.

제시 오웬(Jesse Owens)은 미국이 낳은 가장 유명한 스포츠 선수 가운데 한 사람이다. 1936년, 그는 독일에서 열렸던 올림픽에서 4개의 금메달을 땄다. 더구나 히틀러의 고향에서 흑인이라는 이유로 무시당했던 그가 히틀러를 당황하게 만들었다. 어떻게 해서 '작은 말라깽이 흑인 소년'이 세계에서 가장 빠른 사람이 되었을까?

중학교 시절, 코치 한사람이 오웬을 찾아와 말했다.

"너는 네 마음에 결심한 그대로 될 수 있을 거야. 하나님께서 너를 도와주실 거야."

그 이야기를 들은 후에 어린 제시는 코치에게 말했다.

"나는 무엇이 될 것인지 결정했어요. 세상에서 가장 빠른 사람이 되고 싶어요. 하나님이 도와주실 것을 믿어요."

그렇게 오웬은 긍정적이고 창조적인 말을 하기 시작했다. 인생 역전시점이 만들어진 것이다. 코치가 다시 말했다.

"그래, 그것은 큰 꿈이다. 그러나 한 가지 문제가 있어. 꿈이란 하늘에 높이 떠다니고 구름 주위를 돌아다니는 거야. 네가 너의 꿈에 닿을 수 있는 사다리를 세우지 않는 한 꿈은 결코 현실이 될 수 없어."

그러고 나서 코치는 그 사다리를 세울 수 있는 방법을 말해 주었다.

"너는 한 번에 한 걸음을 걸을 수 있어. 사닥다리의 첫 번째 단은 '결심'이야. 절대로 포기하지 않는다는 생각이지. 두 번째 단은 '헌신'

이야. 그 다음은 '훈련'이고, 네 번째 단은 너의 '태도'라고 볼 수 있어."

제시 오웬은 코치의 살리는 말, 긍정적이고 창조적인 말로인해 인생의 전환점을 맞았다. '101% 인생'의 씨앗이 심겨진 것이다. 오웬은 하나님이 도와주신다는 코치의 말을 받아들였고 자신의 자화상을 세계에서 제일 빠른 선수라고 생각하고, 이를 결단과 태도 속에 넣었다. 자기가 상상한 대로 될 수 있다는 사실을 발견한 것이다.

오웬의 어린 시절은 흑인이라는 이유만으로 천대받던 시대였다. 그러나 오웬은 절망감과 열등감을 떨쳐버리고, 오히려 더 적극적이고 긍정적이며, 소망적이고 창조적인 사람으로 변해갔다. 그것은 코치의 말 한마디가 오웬의 부정적인 자아상을 변화시켰기 때문이다. 그 결과 그는 세계적인 선수가 된다는 꿈을 이루었다.

자아상의 최종 결정권자는 자기 자신이다. 오웬처럼 살리는 말을 들어도 그것을 수용하지 못하면 자아상은 변하지 않는다. 모든 것이 그렇듯이 최종 결재 도장을 찍는 것은 자기 몫이다.

말은 생각과 신체를 변화시킨다
믿음과 확신에 찬 말하기

사람의 몸은 외부 침입자인 세균을 막아 주는 뛰어난 시스템을 가지고 있다. 세균이 우리 몸에 들어오면 백혈구의 일종인 '호중구'가 세균을 먹어 치운다. 세균을 먹다가 배가 부르면 터지게 되는

데 그것이 '고름'이다. 세균이 세포분열을 해서 수가 늘어나면 '다식세포'가 나타나 세균을 잡아먹는다. 다식세포가 먹은 세포를 몸 밖으로 배출하면 'T세포'가 아군인지 적군인지를 구분한다. 적군이면 '인터류킨'이라는 물질을 분비해 항체를 만들어 세균을 궤멸시킨다. 면역 기능이 떨어졌다는 것은 이 작용이 약하다는 것이다. 그런데 면역 기능은 어떤 생각을 품고 있느냐에 따라 달라진다고 한다. 그런 생각을 말로 표현하면 기능이 배가 된다.

우리가 "죽겠다"고 말하는 순간부터 몸의 모든 조직과 세포와 신경은 죽을 준비를 하기 때문에 심신이 축 늘어진다. 그러나 "살 수 있다. 나는 산다"고 말하면 몸의 조직과 세포와 신경도 살 준비를 하는 것이다. 우리의 신체는 말과 직접적인 연결고리를 가진다.

심장 기능이 최악으로 떨어져 죽음을 눈앞에 둔 노인이 있었다. 혼수상태를 거듭했고 회복할 수 없는 상태에까지 이르렀다. 심장에 병이 들면 심장 뛰는 소리가 달라진다. 정상적인 소리는 '쿵탁, 쿵탁'하는 소리인데, '쿵'을 '제1심음'이라 하고, '탁' 소리를 '제2심음'이라고 한다. 그런데 심장이 멈추기 직전이 되면 전혀 다른 '제3심음'의 소리가 나타난다. '제3심음'이 크게 들린다는 의미는 그 사람이 죽음 직전에 왔다는 신호다.

레빈 박사가 회진을 하면서 그 노인의 심장에 청진기를 대 보니, '제3심음'이 아주 크게 들렸다. 이 소리는 학생들이 듣기에는 매우 희귀한 소리였다. 그래서 학생들을 황급히 불러 심장 소리를 들어 보라고 했다. 청진기를 노인의 심장에 대어 본 학생들은 모두 신기

한 듯 "잘 들립니다. 아주 뚜렷하게 잘 들려요"라고 말했다.

가족은 장례 준비를 하면서 노인이 눈을 감기 기다렸다. '제3심음'의 상태를 봐서는 벌써 하늘나라에 가야 할 사람이었는데, 죽음의 신호가 오지 않았다. 오후가 되자 혼수상태에서 죽음만 기다리던 노인은 갑자기 눈이 말똥해지더니 얼굴이 환해졌다. 심장 상태가 급속히 호전되면서 '제3심음'도 사라져 버렸고, 심장도 일주일 만에 정상으로 돌아왔다. 회진을 하던 레빈 박사가 물었다.

"할아버지, 이렇게 갑자기 심장이 좋아지리라고는 저 자신도 생각하지 못했습니다."

"의사 선생! 지난번 아침 회진 때 당신과 당신 학생들이 내 심장 소리가 잘 들린다고 기뻐하지 않았소?"

노인은 정신이 가물가물한 상태에서 학생들이 "잘 들립니다. 잘 들려요" 하는 말을 자신의 심장 상태가 좋아졌다는 소리로 들었던 것이다. 그래서 노인은 "내 심장이 정상이 되었구나. 난 건강해졌어."라고 말하기 시작했다. 그러자 그의 심장은 에너지를 얻어, 힘있게 움직이기 시작했다. 노인은 마음을 열고 학생들의 말을 믿음으로 받아들였던 것이다. 적극적이고 창조적인 말이 노인의 인생을 역전시켰고, '101% 인생'으로 새롭게 태어나게 했다. 말이 믿음과 만나면 신체 기능도 바꾸는 기적으로 나타난다.

예수님은 병든 자를 만나면 약이 아닌, 말을 치유의 도구로 삼으셨다. 무슨 질병이든 주로 "네 믿음대로 될지어다" 하셨다. 여기에서 환자의 '믿음'은 곧 그 사람의 '생각과 말'이다. 다시 예수님의 말

씀을 병자의 입장에서 보면, '네 생각과 말대로 될지어다'로 해석할
수 있다.

말에는 지우개가 없다
경우에 합당한 말하기

한번 입에서 나온 말은 다시 주워 담거나 지울 수 없다. 말에는
지우개가 없기 때문이다. 성경은 우리의 말이 하나님 앞에 심판을
받는다고 가르치고 있다. 이처럼 말은 어떤 형태로든 흔적을 남기
고 그림을 그린다. 그리고 말이 그린 그림은 액자에 담겨 결과를
전시한다. 그래서 자기 스스로에게 그리고 사람들에게 살리는 말,
위로의 말, 칭찬의 말, 사랑과 감사의 말, 긍정적이고 창조적인 말
을 하는 것이 중요하다. 특히, 자신을 위해서 '셀프축복'을 하는 것
이 굉장히 중요하다. 성경은 이렇게 말씀하고 있다.

> "죽고 사는 것이 혀의 권세에 달렸나니 혀를 쓰기를 좋아하는 자
> 는 그 열매를 먹으리라"(잠언 18:21)

말의 열매는 혀를 사용한 사람이 먹는다. 썩지 않은 열매를 얻으
려면, 혀에 독이 없어야 한다. 혀에서 나온 독은 썩은 열매를 만들
고, 결국 그 열매는 그 사람에게로 돌아간다. 말에는 지우개가 없으

니, 어느 상황이든지 신중하고 진지하게 잘 파악하고 말해야 한다. 부정적인 것을 말할 상황이면, 확인을 거듭하고 더욱 신중해야 한다.

언젠가 어느 후배 목사로부터 담임하는 교회를 방문해 달라는 요청을 받았다. 나도 궁금했다. 후배 목사이기도 하고, 그의 부친에게 도움을 받은 적도 있고 해서, 그 목사를 좋은 마음으로 생각하고 있었다. 교회의 모습이 궁금했다. 마침 수요일이라서 저녁예배를 드리고 싶었다. 연락을 했더니 수요저녁예배가 없었다. 그렇지만 시간을 낸 상황이라서 교회를 방문했다. 저녁시간이라서 교회에서 저녁식사를 했고, 교회 식당에서 밥을 차려준 권사님에게 고맙다는 말을 했다. 그런데 내가 식사를 빨리하는 습관이 있어서 내 밥그릇이 비워졌다. 그때 그 목사가 더 식사를 하라고 권했다. 나는 거절하고 싶었지만, 성의에 반응하고 싶어서 좀 더 먹기로 했다. 식당 봉사자 권사님으로부터 누룽지가 섞인 밥을 받았다. 그런데 알고 보니 봉사하는 그 권사님이 먹어야 할 저녁밥으로 나를 대접해 준 것이었다. 나는 더 미안해 감사를 또 전했다.

그런데 다음날, 그 후배 목사와 동역하는 다른 목사로부터 들은 얘기는 충격이었다. 그 후배 목사가 말하기를 '내가 식당 봉사하는 권사에게 정중하게 인사하는 것을 보니 주의 종으로서의 권위가 떨어졌고, 훈련이 덜된 목사 같다고 했다'는 것이었다. 그 말을 전한 그 목사도 후배 목사와 똑같이, 말 속에 칼날을 꽂아 던지듯 같은 말로 나를 공격했다.

"식당도 아닌데 왜 감사를 전하나요. 왜 권사에게 고맙다고 인사를 합니까? 당연히 대접받는 것이니 앉아서 '음'하고, 권위를 표시하고 먹으면 되지요. 왜 감사 인사를 해요?"

충격을 넘어 기절할 뻔했다. 나는 목사들의 '생각과 말' 속에서 그들의 삶과 목회철학을 알 수 있었다. 사장목회를 하고 있었다. 담임목사는 사장이고, 부목사는 부장, 식당봉사자는 사원이라고 생각하고 있는 그들의 마음을 알게 되었다. 실제로 그는 목사가 되기 전 사장이었다. 낮은 자리에서 일을 해보지 못한 그 후배 목사의 몸에 각인되어 있는 삶이었다. 계급화된 교회와 목사의 모습을 보고 마음이 아팠다. 진정한 영적 권위는 낮아짐과 섬김, 겸손의 영성에서 나오는 것이다. 나를 낮춘다고 그게 낮아지는 것일까? 아니다. 더 높아지는 비결이다. 성경은 가르친다.

아무 일에든지 다툼이나 허영으로 하지 말고 오직 겸손한 마음으로 각각 자기보다 남을 낮게 여기고(빌립보서 2:3)

나는 그 당시, 말로 그들에게 크게 반응하지 않았다. 크게 말을 했다면 분명 부정적인 말로 그들과 말싸움을 했을지도 모른다. 그러나 말에는 지우개가 없다는 것을 알고 있었기 때문에 나를 낮추고 자리를 떠났다.

그 두 명의 목사가 '예수님의 심장'을 가지고 아름답고 따뜻한 말, 사람을 살리는 말을 가진 삶으로 거듭나기를 기도했다. 겸손으로 '생각과 말'이 디자인되어야 진정한 리더가 될 수 있다. 그렇지 않으면 말에는 지우개가 없어, 교만한 말과 죽이는 말이 계속 살아 있게 된다. 성경은 이렇게 경고한다.

> 내가 너희에게 이르노니 사람이 무슨 무익한 말을 하든지 심판 날에 이에 대하여 심문을 받으리니 (마태복음 12:36)

어떤 무익한 말이라도 하나님 앞에서는 살아 있다는 말씀이다. 그래서 말을 신중하게 해야 한다.

다윗은 골리앗을 이긴 후 자기를 높이기보다 겸손의 자리로 나아갔다. 백성들이 "사울은 천천이요, 다윗은 만만"이라고 노래해도 교만하지 않고, 하나님께 영광을 돌리며 더욱 겸손히 자기를 낮췄다. 말로 자기를 높이는 행동이나, 사울을 낮추는 말을 하지 않았다. 말에는 지우개가 없다는 것을 알고 있는 다윗은 신중했다.

말은 마음을 바꾸는 믿음을 만든다
들음으로 믿음 만들기

말은 보이지 않지만 무한한 창조력과 힘을 가진 인생 최대의 자산이다. 그러나 그런 창조력은 긍정과 부정이 함께 포함된 개념이다. 말 중의 가장 강력한 말은 하나님의 말씀인 '성경'이다. 조지 뮬러(George Muller) 목사는 이렇게 말했다.

"나는 평생 동안 성경을 100번 읽었다. 단 한 번도 싫증을 느낀 적이 없다. 성경을 읽지 않았던 3년은 '잃어버린 시간'이었다. 하루라도 하나님의 말씀을 먹지 않으면 영적인 활력을 얻을 수 없다"

성경은 믿음을 만들고 마음을 바꾼다. 영혼은 영적인 말씀인 성경을 먹어야 힘을 얻는다. 그런데 영적인 양식을 먹는 통로는 '눈과 귀'다. 성경 말씀을 눈으로 보고, 귀로 들어야 한다. 성경은 이렇게 가르친다.

> 믿음은 들음에서 나며, 들음은 그리스도의 말씀으로 말미암았느니라(로마서 10:17)

보고, 듣는 것은 '생각과 말'에 연결된다. 그래서 '생각과 말'이 '듣는 태도'와 더불어 '말씀'과 만나야 하는 것이다. 말씀은 마음을 바꾸는 믿음을 만들어낸다.

브라이언 하버(Brian Habour)의 『무리 위에 일어서서』라는 책을 보면 벤 후퍼라는 소년의 이야기가 있다. 벤은 태어났을 때부터 아버지가 누구인지를 몰랐다. 벤에게 토요일은 가장 힘든 날이었다. 어머니는 벤을 데리고 일주일 동안 필요한 물건들을 사기 위해 작은 잡화상에 가곤 했는데, 그때 가게 안의 사람들은 그 모자가 들을 수 있을 만큼 큰 목소리로 "저 아이 아버지가 누군지 알아?" 등과 같은 말을 노골적으로 내뱉곤 했다. 벤의 어린 시절은 너무나 힘겨운 시간이었다.

벤이 열두 살이 되었을 때 마을에 있는 작은 교회를 돌보기 위해 목사가 새로 부임해 왔다. 어린 벤의 귀에 그 목사가 얼마나 중립적이며 또 얼마나 사람들을 사랑하는지에 대한 좋은 이야기들이 들려왔다. 그 목사는 사람들을 있는 그대로를 받아 주고, 그와 함께 있으면 상대방은 자신이 세상에서 가장 중요한 사람인 것처럼 느낀다고 했다. 그런 말을 들은 벤의 마음에 믿음을 만들었다.

어느 주일, 벤 후퍼는 한 번도 가본 적이 없는 교회를 찾아가 설교를 듣기로 했다. 일부러 교회에 늦게 도착하고 일찍 나왔다. 사람들의 눈길을 끌고 싶지 않았기 때문이었다. 그러나 목사가 하는 얘기들은 좋아했다. 소년은 집중해서, 찬찬히 들었다. 설교가 마음속으로 들어왔다. 거부할 수 없이 파도처럼 들려왔다. 그 어린 소년의 삶 속에서 처음으로 희미한 소망의 빛이 자리 잡기 시작했다.

벤은 다음 주에도 교회를 찾았고 그 다음 주에도 그리고 또 그 다음 주에도 나갔다. 언제나 늦게 갔다가 일찍 떠났다. 여섯 번째인지 일곱 번째인지의 주일 설교는 너무나 감동적이고 신나는 내용이었기 때문에 벤은 완전히 매료되었다. 마치 설교자의 머리 뒤에 '아버지를 모르는 어린 벤 후퍼, 너를 위한 소망이 있다!'

는 플래카드가 걸려 있는 것 같았다. 벤은 그 메시지에 깊이 빠져 있었기 때문에 시간 가는 것을 잊었다.

예배가 끝이 났다. 지난 몇 주 동안 늘 그랬듯이 벤은 교회를 빨리 떠나려고 서둘러 일어났다. 그러나 이미 통로가 막혀 있었다. 사람들을 뚫고 나가려고 애를 쓰고 있던 벤은 어깨에 한 손이 와 닿는 것을 느꼈다.

"너는 누구의 아들이냐."

인자한 목사와 벤은 눈이 마주쳤다. 그 질문은 지난 12년 동안 모든 사람이 벤에게 질문하던 내용이었다. 일순간 교회에는 침묵이 돌았다. 그러나 젊은 목사의 얼굴에는 미소가 번졌다.

"아, 네가 누구 아들인지 알겠다. 그 닮은 모습이 역력해. 넌 하나님의 아들이다!"

그리고는 벤의 등을 치며 다시 말했다.

"네가 가진 그 유산은 굉장한 거야! 알지? 그러니까 이제 그에 걸맞게 살아가야 한다."

여러 해가 지난 후, 벤 후퍼는 테네시 주의 주지사가 되었다. 그는 어린 시절을 회상하며 '101% 인생'이 된 이유를 이렇게 말했다.

"내가 하나님의 아들이라는 말을 듣던 바로 그날이 테네시 주의 주지사가 태어난 날이었습니다."

이처럼 마음속에 들려온 긍정적이고 창조적인 말은 마음에 믿음을 만들고, 인생을 역전시켜 '101% 인생'을 만든다. 그리고 경우에 합당한 말은 사람에게 주는 '큰 용기의 소리'가 된다. 신중하게 경우에 합당한 말, 지혜롭고 유익한 말, 사람을 살리는 말을 하는 사람은 가치 있는 사람이다. 그런 사람의 혀는 순수하게 제련되어 불순물이 전혀 섞이지 않은 최상품의 순금처럼 가치가 있다. 그런 입술에서 나오는 말은 듣는 이로 하여금 마음에 믿음을 만들어, 생명길로 가도록 깨우쳐 주는 이정표가 된다. 그리고 그런 말을 자연스럽게 믿음으로 받아들이는 사람은 형통한 인생, '101% 인생'을 만들게 된다.

한 선비가 두 마리 소로 밭을 갈고 있는 농부에게 물었다.

"여보시오! 어느 소가 일을 더 잘합니까?"

농부는 곧장 밭 가장자리로 나와서, 선비의 귓전에다 대고 조용한 목소리로 말했다.

"힘은 검은 소가 세고, 꾀 안 부리고 일 잘하는 건 누런 소요."

"그런 말을 뭘 그리 비밀스럽게 합니까?"

"말 못하는 짐승일지라도 나쁜 말을 듣게 해서는 안 됩니다."

이 말을 들은 선비는 바로 황희 정승이었다. 농부의 말이 황희 정승의 마음에 믿음으로 들려온 것이다. 그 후 황희 정승은 평생 남을 헐뜯는 말을 하지 않는 삶을 살았다고 한다. 농부의 지혜로운 한마디는 황희 정승의 인격을 바꾸는 결과를 낳았다.

말은 기적적인 환경을 창조한다
진실이 담긴 마음으로 말하기

말은 살아 있는 생물이다. 액체처럼 유동성을 가지고 있다. 어떤 그릇에 담기느냐에 따라 모습이 달라진다. 그래서 입에서 나오는 순간부터 형체를 만들고, 결과를 만들어내는 것이다. 기적적인 삶과 상황, 환경도 말로 만들어진다.

코트디부아르 출신의 영국 프리미어리그 축구선수이며, 높은 득점력과 필드를 장악하는 카리스마로 '드록신'이라는 별명을 가지고 있는, 첼시 소속의 디디에 드로그바(Didier Drogba)는 코트디부아르를 대표하는 피스메이커다. 2005년 독일월드컵 예선전에서 아프리카의 강팀들을 이기고 본선 진출을 확정한 코트디브아르의 일등공신은 드로그바였다. 국민들은 처음 월드컵 본선에 진출한 대표팀을 보며 환호하고 있었다. 특히 드로그바의 인기는 상상을 초월할 정도였다. 그런데 안타깝게도 코트디브아르는 정부군과 반군으로 나누어져 내전 중이었다. 그런 상황이 마음 아팠던 드로그바는 텔레비전 생중계 카메라 앞에서 이렇게 말했다.

"국민여러분! 우리는 월드컵 본선 진출이라는 기적을 만들어냈습니다. 그러나 우리나라는 둘로 나누어져 싸우고 있습니다. 본선 경기를 하는 1주일만, 총을 내려놓고 하나 되어 응원해 주십시오."

드로그바는 '강하고 겸손한 말'과 '진실이 담긴 말'로 간절히 호소했다. 드로그바의 말은 살아 움직였다. 그의 말은 내전 중인 전쟁 상황 속으로 흘러들어갔다. 정부군과 반군 지도자들의 마음과 국민 전체에게로 그의 말이 스며들어갔다. 1주일간 총성이 멈추는 '기적'이 일어난 것이다. 이렇게 말로 기적을 만들어낸 드로그바의 인기는 코트디부아르에서 절정을 이루었다. 2011년 대선 이후 두 대통령 간에 벌어진 내전 중 국민을 단합시키기 위해 설치된 '화해위원회' 11명의 의원 중 한 명으로 선출되기도 했다. 드로그바의 말은 전쟁도 멈추게 했고, 1주일의 평화를 만들어낸 것이다. 환경을 역전시켰다. 말은 살아 있기 때문이다.

다윗이 골리앗을 이긴 것은 어떤 면에서 보면 기적이다. 불가능한 싸움에서 이긴 것이다. 그런 결과를 만든 것은 "만군의 여호와의 이름으로 나아간다"는 다윗의 외침 때문이었다. 골리앗과 블레셋 군대를 상대하기 위한 외침뿐 아니라, 이스라엘 군대가 듣기를 원하는 간절한 고백이었다. '하나님 함께 하시니 힘내라'는 신앙 응원가였다. 다윗의 말은 이스라엘 군대의 마음속으로 살아서 흘러들어갔다. 그 후 이스라엘 군대가 블레셋을 무찌르고 승리의 깃발을 꽂게 된 것이다. 다윗은 그렇게 말로 기적을 만들어냈다.

디자인된 말은 흡입력이 있다
용기와 희망을 담아 말하기

말은 감동을 담아 전달하는 선물상자와 같다. 어떤 말은 불쾌하고 낙심하게 하지만, 감동과 격려, 위로와 응원이 담긴 말은 사람들을 살려내고, 하나로 단합시키고, 내적인 힘을 만들어낸다. 그래서 용기있는 삶을 살게 된다. 특히 지도자, 리더들의 그런 말은 한 나라 국민에게 쏟아붓는 선물과도 같다.

한 사람이 한 나라의 앞날을 바꾸는 기적 같은 일이 가능한 걸까? 윈스턴 처칠(Winston Churchill)은 가능했다. 2차 세계대전을 승리로 만든 윈스턴 처칠의 용기와 리더십, 그리고 뛰어난 디자인된 언변이 영국 국민들의 마음을 하나로 모았고, 그 결과 지금의 세상이 있게 된 것이다. 윈스턴 처칠은 총리가 된 후, 1940년 의회연설에서 '내가 바칠 것은 피와 땀, 눈물밖에 없다'고 했다. 그렇게 말로 표현된 진심은 장관들과 군대, 국민들의 마음에 스며들어갔다. 단어 하나, 문장 하나에서 나오는 그의 표현, 다시 말해 '디자인된 말'은 강력한 흡입력이 있었다.

2차 세계대전이 한창일 때 처칠이 탄광촌을 방문했다. 그리고 수많은 광부 앞에서 그는 아주 감동적인 연설을 했다. 힘과 용기, 위로와 격려, 사랑과 신뢰, 지혜와 감사가 담긴 탁월한 연설이었다.

"훗날 사람들이 전쟁 중에 뭘 했느냐고 물으면, 어떤 사람은 전함을 타고 싸웠다고 하고, 어떤 사람은 최전방에서 빗발치는 총알 앞에서 피 흘리며 싸웠다고 하겠지만, 여러분들도 자랑스럽게 '나는 군인들을 전선으로 실어 나르는 기차를 움직이게 하고, 군인들이 얼어붙은 손을 녹이고, 따뜻한 막사에서 지내도록 깊은 갱 속에 들어가 석탄을 캐고 있었다.'고 말하시오. 당신들도 위대한 사람입니다."

처칠은 연설 상대를 알고, 그들의 마음을 움직일 단어와 문장으로 꺼내서, 그들을 하나로 만들고 용기를 주는 탁월한 사람이었다. 처칠은 나치 독일의 팽창력이 극에 달하고, 영국의 운명이 경각에 달린 시점에서, 앞으로 닥쳐올 고난과 희생의 세월에 대비하도록 국민들에게 경고하고 호소했다. 처칠의 유명한 연설은 주로 영국이 위기에 처해 있을 때 만들어졌다. 위기를 희망으로 바꾸는 흡입력 있는 연설을 했다. 그렇게 처칠은 웅변으로써 영국인의 투지를 불러냈던 것이다. 그는 자신의 장점인 진실한 '언변', 즉 말을 통하여 영국 국민들을 단합시켜 2차 세계대전에서 승리하도록 만들었다. 전쟁을 역전시키고, 국민들의 삶을 역전시킨 것이다. 처칠은 '디자인된 말'을 웅변으로 전함으로서, 듣는 사람으로 하여금 변화된 '101% 인생'으로 새롭게 태어나게 하는 탁월한 사람이었다. 처칠의 많은 연설들이 지금까지도 회자되는 것은, 그만큼 사람들에게 용기와 희망을 주었고, 마음에 스펀지를 넣은 듯 스며드는 연설을 했기 때문이다.

다윗도 웅변가였다. 다윗은 말의 힘과 능력을 알고 있어서, 늘 신중하게 말했고, 백성들에게 용기를 주었다. 그리고 하나님 앞에서 진실하고, 솔직한 고백을 한 사람이다. 다윗의 시편을 보면 그의 말이 '마음에서 나온 말'이라는 것을 알 수 있다. 후대의 사람들이 '마음이 만져지는 묵상'을 하고 싶을 때, 제일 먼저 '시편'을 찾는 이유가 거기에 있다. 다윗의 시편은 용기와 위로를 준다. 감사와 찬양, 평안과 소망, 기쁨과 환희를 만든다. 다윗이 왕의 표본, 지도자 리더십의 기준이 되는 이유이기도 하다.

진정한 감사의 말(기도)은 죽음도 넘어선다
기도로 감사를 고백하기

미국의 실업가요 학자인 스탠리 탠(Stanley Tan) 박사가 1976년에 갑자기 병이 들었다. 척추암 3기였다. 당시 척추암은 수술로도 약물로도 고치기 힘든 병이었다. 이 사실이 알려지자 사람들은 그가 절망 가운데 곧 죽을 것이라고 생각했다. 그런데 몇 달 후에 그가 병상에서 일어나 다시 출근을 했다. 깜짝 놀란 동료들이 물었다.

"아니, 어떻게 병이 낫게 된 것입니까?"

그러자 스탠리 탠이 웃으며 대답했다.

"난 하나님 앞에 진정한 감사만 생각하고, 감사의 기도만 했습니다. 그랬더니 척추암이 다 나았습니다."

사람들이 고개를 갸웃거리자, 다시 스탠리 텐이 말을 이어갔습니다.

"난, 이렇게 기도했습니다. 하나님! 병들게 된 것도 감사합니다. 병들어 죽게 되어도 감사합니다. 하나님, 저는 죽음 앞에서 하나님께 감사할 것밖에 없습니다. 살려 주시면 살고, 죽으라면 죽겠습니다. 하나님, 무조건 감사합니다. 감사합니다."

매 순간 감사하고 또 마음을 다해 감사했더니 암세포가 사라졌고, 건강을 되찾아 죽음에서 일어났다는 말이었다. 그가 다시 살아난 것은 감사할 수 없을 때, 더욱 하나님 앞에 올려드린, '진정한 감사의 고백' 때문이었다.

미국 정신병원에서는 우울증 환자들을 치료하기 위해서 약물치료보다는 '감사치료법'을 더 많이 사용한다고 한다. 환자들에게 자신의 삶에서 감사한 일들을 찾게 하고, 감사를 생각하고 입술에 감사고백을 하도록 돕는 것이다. 그런데 놀랍게도 약물치료보다도

이 '감사치료법'이 효과가 훨씬 탁월하다는 것이다.

'감사치료법'은 단지 정신과적인 치료에만 효과가 있는 것이 아니라, 스탠리 탠의 경우와 같이 육체의 질병에도 대단한 효과가 있다고 한다. 사람의 질병 대부분 스트레스에서 온다. 스트레스의 원인은 마음의 상처와 큰 염려와 고민, 부정적인 생각이다. 그래서 감사의 생각과 마음을 가지고, 감사를 말하면 모든 스트레스와 병을 이길 수 있다는 것이 여러 사람들을 통해 증명되었다. 특히. 스탠리 탠의 경우처럼 '감사의 기도'는 놀라운 능력으로 나타난다.

1998년 미국 듀크 대학 병원의 해롤드 코에닉(Herold Koenig)과 데이비드 라슨(David Larson) 박사는 한 해 동안 신앙과 건강의 상관관계에 대해서 실험했다. 그 결과 매일 감사하며 사는 사람들은 그렇지 않은 사람보다 평균 7년을 더 오래 산다는 연구결과를 발표했다. 매 주일 교회에 나가는 사람들은 그렇지 않은 사람들보다 병원에 입원할 확률이 적고 입원하더라도 빨리 치료되어 입원 기간이 짧다는 것을 발견했다. 그리고 매 주일 교회에 나와 손뼉치고 찬송하며 예배드리는 사람들은 그렇지 않은 사람보다 평균 7년을 오래 산다는 사실을 밝혀낸 것이다. 감사와 찬양은 마음의 긴장을 풀게 하고, 평안한 마음을 만들어 내어 치료효과를 증진시켜, 생명을 평균 7년 연장시켰다는 것이다.

존 헨리(John Henry) 박사도 '감사는 최고의 항암제요, 해독제요, 방부제다'라고 말했다. 탈무드에도 보면, '세상에서 가장 사랑받는 사람은 모든 사람을 칭찬하는 사람이요, 가장 행복한 사람은 감사하는 사람이다.' 라고 말하고 있다. 감사하면 감사할 일만 생기고, 행복한 삶이 만들어진다.

진정한 예배와 찬양의 고백은 암을 이긴다
찬양과 예배로 감사드리기

세계 최고의 암 전문 병원인 미국 텍사스 주립대 MD앤더슨 암 센터에서 31년간 환자를 진료하고 연구한 김의신 박사는 1991년과 1994년 두 차례에 걸쳐, '미국 최고의 의사'(The Best Doctors in America)에 뽑히기도 했다. 김 박사는 '근심 걱정을 없애야 건강해진다'고 말하고 종교의 신심이 암 치료에 실제적인 효과가 있다고 강조했다. 성가대원들과 일반인들을 비교해보니 성가대원들의 면역세포인 'NK세포'(자연살해세포) 수가 일반인보다 몇 십 배도 아닌, 무려 1,000배나 많은 것으로 측정되었다고 한다. '예배에 참석해 감사로 찬양하고 사는 것'이 그만큼 건강에 유익하다는 것이다. 진정한 예배와 찬양은 스트레스를 완화시키고 면역계를 강화시킨다. 그래서 긍정에너지를 높여 치유를 촉진하고, 정서에도 좋은 반응을 일으켜 혈압을 떨어뜨리고, 소화 작용을 촉진시킨다는 것이 증명됐다.

1999년 미국 듀크대학의 해롤드 코에닉(Herold Koenig)박사와 연구팀은 미국국립보건원 NIH(National Institutes of Health) 연구자금을 받아

64세 이상의 노인 4,000명을 대상으로 6년 동안 관찰한 결과, 종교 집회에 매주 참석하는 사람들은 그렇지 않은 사람들보다 우울증과 불안증이 적다고 발표했다. 그리고 그들은 스트레스를 받으면 기도로 해결하고, 건강한 생활 습관을 가지게 되어, 저항력이 높고 사망률이 46%나 낮다고 1999년에 발표했다. 해롤드 코에닉 교수는 "교회에 열심히 나가는 사람들이 일요일마다 골프를 하는 사람들 보다 더 건강하다."고 강조했다.

오만(Oman) 박사와 데이비드 리드(David Reed) 박사는 55세 이상의 사람 1,931명을 5년 동안 관찰했다. 그 동안에 사망한 454명 중 매주 종교 집회에 참석하는 사람들의 사망률이 가장 낮고, 종교 집회에 전혀 참석하지 않는 사람들의 사망률이 가장 높았다고 발표했다. 매주 종교 집회에 참석할 뿐만 아니라 자원봉사 활동에 참여하는 사람들은 더욱 오래살았다. 규칙적인 종교 집회 참석은 고혈압, 순환기 질환, 우울증 및 조기 사망 예방에 도움이 된다는 연구결과를 발표했다.

또한 1966년 나기브(Naguib)와 연구원들은 여성 기독교인 2,639명을 상대로 교회출석과 암 발생과의 관계를 연구했다. 연구결과 1년에 한두 번 교회에 출석하는 사람은 100명당 3.5명이 암에 걸리고, 1주일에 1번 교회에 출석하는 여성은 100명당 1명 정도가 암에 걸린다는 사실을 발표했다.

그리고 1990년, 레비(Levee)와 헤르버맨(Herbermann)은 유방암으로 유방절제수술을 받은 66명을 상대로 교회에 출석하는 사람과 출석하지 않는 사람의 NK세포(자연살해세포) 수를 조사했다. 그 결과 교회에 출석하는 여성들의 자연살해세포 수가 훨씬 많이 활동하고 있음을 발견했다. 자연살해세포(NK)란 암세포를 직접 파괴하는 세포이다. NK세포가 암세포를 죽이는 방법은 '퍼포린'(perforin)이라는 단백질을 분비하기 때문이다. 이 '퍼포린'은 암세포에 구멍을 뚫어서, 그 구멍 안으로 물과 염분이 들어가게 해서 암세포를 죽인다.

진정한 예배와 입술로 드리는 찬양의 고백(말)은 암을 넘어서고, 건강의 축복과 선물을 만들어 주는 신비한 묘약이다. 예배하고 찬양하는 '평생습관'을 가지는 것이 행복이다.

잘못된 말 습관을 바꾸는 걸음마
1. 말에는 결과가 따른다는 것을 항상 인식한다.
2. 말하기 전에 한 박자 쉬고, 생각을 한 번 더 한다.
3. 상대방 입장에 서서 말을 한다.

2장
하나님의 생각과
말을 배우라

하나님의 패러다임으로 바꾸면
탈출구가 보인다

패러다임은
두 개가 공존하는 개념이 아니다.
새로운 패러다임이 등장하면
다른 패러다임은 사라진다.

토마스 쿤(Thomas Kuhn)은 그의 저서 『과학 혁명의 구조』에서 '패러
다임'(paradigm)이라는 개념을 제시했다. 과학사는 지식이 누적적으
로 증가된 역사가 아니라, 현상을 보는 관점의 혁명적인 전환으로
이어져 가는 역사인데 이때 이러한 관점을 패러다임이라고 했다.
과학의 발전이란 기존의 패러다임이 새로운 패러다임에 의하여 대
체되는 것을 의미한다. 그것은 일종의 혁명과도 같다.

이처럼 '패러다임'이란 처음에는 과학자들의 공통된 세계관과 철
학, 기술 체계를 통칭했다. 그런데 이제 패러다임은 과학자들의 국
한된 세계관의 문제가 아니다. 사람의 삶에 관련된 모든 것으로 볼

수 있다. 패러다임은 모델, 패턴, 가치, 사고방식 등 기존의 관념으로 볼 수 있다. 다시 말하면 패러다임이란 '세상을 바라보는 시각', '생각의 틀'이라고 할 수 있다. 예를 들면 우리가 검정색의 패러다임 필터를 끼고 세상을 바라보면, 밝은 대낮에도 어두워 보이는 것과 같은 원리다. 태양 광선이 온 세상을 밝히고 있어도 검은 필터로 인해 인식되는 관념은 '세상은 어두컴컴하다'라고 믿게 되는 것이다. 아담 스미스(Adam Smith)는 이렇게 말했다.

"패러다임이란 마치 물고기가 물속에서 살아가듯이 우리가 세상을 받아들이는 방식이다. 그리고 패러다임은 우리가 세상을 설명하고 그 움직임과 변화를 예견할 수 있도록 도와준다. 따라서 우리가 하나의 패러다임을 가지고 살고 있을 때에는 다른 패러다임을 가지고 생각하기란 매우 어렵다"

패러다임은 두 개가 공존하는 개념이 아니다. 새로운 패러다임이 등장하면 다른 패러다임은 사라진다. 다윗에게도 패러다임은 중요한 요소였다. 다윗은 그 시대 사람들과 다른 패러다임으로 살았던 인물이다. 가정에서 형제들에게 받은 차별, 아버지의 편견, 골리앗과의 싸움, 사울에게 받은 죽음의 위협 그리고 수많은 전쟁과 아들 압살롬에게 쫓겨났던 일 등 여러 고난을 겪으면서도 다윗은 101% 인생으로 승리의 삶을 살았다. 그것은 문제의 해법을 항상 하나님의 패러다임 안에서 찾아냈기 때문이다. 하나님의 패러다임은 탈출구를 만든다.

'고정관념'이라는 감옥을 탈출하라

하나님의 훈련장소 '들판'에서 강해지기

'틀에 박힌 생각'을 '고정관념'이라고 한다. 고정관념은 인간관계나 업무수행에 걸림돌로 작용하고 한 부분만 보고 전체를 보지 못하는 우를 범하게 만든다. 고정관념은 감옥이다. 도전정신을 방해하고, 머뭇거리게 하고, 자신감을 잃게 한다. 고정관념에서 벗어나지 못하면 그만큼 세상을 보는 시야가 좁아지는 것이다.

'비가 오면 우산을 쓴다.'는 것은 당연하다. 그런데 어느 나라 국민이든, 다 그렇다고 생각하면 잘못이다. 프랑스 사람들은 가능하면 비나 눈이 올 때, 우산을 쓰지 않고 우비나 레인코트를 입고 걸어 다닌다. 왜 그럴까. 프랑스 사람들은 어렸을 때 유치원에서 그렇게 교육을 받는다. 어린이가 우산을 쓰고 걸으면 앞이 가려져 위험하다는 것이다. 손이 자유롭지 못해 사고가 일어날 가능성도 높다는 것이다. 그래서 가능하면 우산 대신, 우비나 레인코트를 입도록 교육받는다. '비가 오면 우산을 쓴다.'는 고정관념이다. 고정관념은 우리들의 생각과 안목을 좁게 만든다. 고정관념을 깨뜨리면 다른 세상이 보이고, 세상이 훨씬 넓게 보인다.

우물 안 개구리는 우물 밖의 다른 세상을 알 수 없다. 우물 안에서 하늘을 쳐다보면 세상은 조그만 동그라미일 뿐이다. 설령 개구리가 바깥 세상에 대한 비전을 가지고 있다 하더라도 우물 밖으로 나오지 않으면 그것은 망상이요 이상일 뿐이다. 개구리가 우물 밖으로 나오는 순간에야 하늘이 높고 푸르며, 세상이 얼마나 아름답고 넓은지 알게 된다. 그것은 개구리에게 새로운 정보요, '생각과 말'이 달라지는 시작점이다.

이처럼 개구리가 패러다임을 바꾸는 것은 우물 밖으로 나오는 행동을 말한다. 탈출하라는 말이다. 우물 안에서는 새로운 것이라도 별로 다를 것이 없다. 마찬가지로 우리가 패러다임을 바꾼다는 것은 다른 세계로 여행하는 것을 의미한다.

영국에서 청어를 잡기 위해 여러 척의 배가 북해로 떠났다. 북해까지는 먼 여정이었다. 그래서 청어는 냉동된 채 들어와 시장에서 팔렸다. 청어는 성질이 급해서 잡히면 곧장 죽어버린다. 그래서 런던 어부들은 청어를 냉동시켜야만 했다. 어부들은 수백 년 동안 그런 방식으로 해왔다. 고정관념이다.

그런데, 언제부터인가 한 어부가 청어를 싱싱하게 산채로 가져와 비싼 값으로 팔았다. 다른 어부들이 이 어부를 찾아가 청어를 어떻게 살려오느냐고 물었다. 대답은 의외였다. '메기 몇 마리를 가지고 가서 청어를 잡은 후, 메기를 청어가 있는 통에 넣으라'는 것이었다. 다른 어부들은 황당하다는 표정을 지었다. 메기가 제일 좋아하는 고기가 청어이고, 청어는 메기를 제일 무서워해서 둘은 서로 천적간이기 때문이었다. 어부가 말했다.

"몇 마리는 메기의 밥이 될지 모르지만, 90퍼센트 이상의 청어는 거의 살아올 테니, 내 말대로 해봐."

많은 어부들은 손해를 볼지 모른다는 생각에 그 어부의 고정관념을 깬 변화된 아이디어를 따르지 않았다. 그러나 몇몇 어부는 "성공한 사람의 이야기니까 따라 해봐야겠어."라며 그의 말대로 행했다. 그랬더니 정말로 메기를 넣은 배의 청어는 거의 다 살아왔다. '어떻게 살았을까?' 메기가 들어있던 통에 청어를 집어넣으니, 청어가 메기들에게 안 잡아먹히려고 계속 도망을 다녔다. 위기 앞에 생명력이 생긴 것이다. 그 결과 항구까지 살아오게 된 것이다.

고정관념을 깨면 새로운 길이 보인다. 새로운 패러다임을 받아드리면, 변화가 나타나 유익을 준다. 다윗에게도 새로운 패러다임이 필요했다. 다시 말해 '환경의 변화'가 필요했다. 왜냐하면 다윗은 가정에서 대접을 받는다거나, 귀여움을 받는 위치에 있지 못했기 때문이다. 환경의 변화는 다윗을 향한 하나님의 패러다임이었다.

사무엘이 기름부음을 위해 이새의 아들들을 초청했을 때 다윗은 그 자리에 참석하지 못했다. 아버지의 명으로 양을 돌보아야만 했다. 그것은 막내인 다윗이 다른 형제들과 아버지로부터 인정받는 위치에 있지 못했음을 나타낸다. 다윗에게 가정은 좁은 우물이었다.

다윗은 우물 속에서 성장할 수 없었다. 거인이 되기 위해서 성장할 수 있는 새로운 환경이 필요했다. 다윗은 패러다임을 바꾸었다. 다윗은 들판으로 나가 하늘과 자연을 바라보면서 넓은 세상을 경험했다. 그곳에서 양을 치며 하나님의 이름으로 싸우는 법을 배웠다. 또한 막대기와 작은 돌조각도 믿음이 합쳐지면 강한 무기가 된다는 것을 알았다.

패러다임의 전환은 다윗이 '생각과 말'의 거인이 되기 위한 필수 과정이었다. 들판은 다윗이 버림받은 장소였지만, 하나님은 그곳을 훈련 장소로 삼으셨다. 하나님의 생각과 사람의 생각이 다르듯이 패러다임도 다르다. 다윗은 하나님의 패러다임을 좇아 훈련장소인 들판에서 강해졌다.

지금 당신은 어느 곳에 있는가? 혹 사람의 관심에서 벗어나 있고, 남들이 알아주지 않는 자리에 있더라도 실망할 필요가 없다. 그곳은 하나님이 만들어놓은 성장 프로그램이다. 패러다임을 바꾸면, 그곳이 하나님의 훈련 장소로 바뀐다. 작은 일에 충성하고, 지금 맡겨진 일에 최선을 다하면 된다. 인생의 들판은 하나님이 함께하는 곳이다. 인격의 근육이 튼튼해지고 영성의 무기를 날카롭게 만든다. '101% 인생'은 훈련으로 만들어진다.

'열등감'이라는 말뚝을 뽑아 버리라
1%짜리 첫걸음 출발하기

고정관념은 덩치가 큰 코끼리를 묶어두는 작은 말뚝과 같다. 코끼리는 말뚝이 자신을 구속하고 있다고 생각한다. 그리고 원을 그리며 그것이 자신의 한계라고 믿는다. 왜 그럴까? 그것은 고정관념인 작은 말뚝에 학습되었기 때문이다. 발이 묶여 있으니 벗어날 수 없다고 스스로를 고정시킨 결과인 것이다. 사람들도 작은 말뚝에 묶인 거대한 코끼리처럼 자신의 능력, 자신의 신분을 망각한 채 살아갈 때가 있다. '나 같은 사람이 어떻게', '믿음이 부족해서', '내 머리로는 감당 못할 것 같은데' 이러한 말로 자신을 학습시켜 놓았기 때문이다.

코끼리가 말뚝을 벗어나는 길은 자신은 힘센 동물이라는 본래의 모습을 사실대로 '아는 것'이다. 그리고 힘차게 한 발걸음만 내딛으면 고정관념의 말뚝이 뽑힌다.

다윗에게 고정관념 말뚝은 막내라는 위치였다. 막내는 작고, 어리고, 도움을 받아야만 하는 연약한 이미지를 갖고 있다. 아니 이미지가 아니라 실제로 자기도 모르게 그런 인정 속에서 살게 된다. 다윗도 형들과 아버지에게서 어린애 취급을 받았고 인정받지 못했다. 양을 치는 궂은 일은 늘 다윗의 몫이었다. 그러나 다윗은 패러다임을 바꾸었고, 막내라는 작은 말뚝에 묶이지 않았다. 곰과 사자를 쳐 죽이면서 '하나님과 함께 하면 거인이 될 수 있다'는 것을 경험적으로, 삶으로 알았다.

다윗은 하나님의 패러다임을 좇아 자기를 보기 시작했다. 하나님이 함께 하시면 능치 못할 일이 없다는 것을 알았다. 그래서 막내 열등감을 버리고 골리앗 앞에서도 만군의 여호와의 이름으로 싸운다고 자신의 본 모습을 선포한 것이다.

우리에게 작은 말뚝은 무엇일까? 그것은 자기도 모르게 무의식과 태도에 학습된 열등감, 자기비하, 자신감 결여, 부족한 환경, 부정적인 생각과 말 등이다. 우리를 향한 하나님의 패러다임을 받아들여 자기 잠재력을 믿고, 그것과 반대되는 환경에서 출발하는 것이 승리하는 길이다.

'열등감'은 대부분 타인과 비교하면서 시작된다. 그것이 '자존감'이 없어지는 계기가 되기도 한다. 어릴 적부터 부모나 친구들로 부터 비교 당해서 살아온 가치관이 있다면 과감히 인정하고, 나만의 장점으로 부각을 시키면 된다. '나는 장점이 하나도 없다'고 생각하는 '고정관념'부터 깨야한다. 그리스의 웅변가 데모스테네스(Demosthenes)는 원래 말더듬이였지만, 자기를 바르게 발견한 후 자신의 장애, 열등감을 극복하고 후에 웅변가가 되었다.

장점이 없는 사람은 한 사람도 없다. 내안에 그것을 아직 발견하지 못했거나, 장점이라고 인정을 못 받아 그것이 장점인줄 모르고 지내는 경우가 대부분이다. 나 자신을 있는 그대로 받아들이기만 하면 실타래는 풀린다. '열등감'을 극복하는 법은 바로 '생각'을 바꾸는 것이다.

그렇다면, '생각'은 어떻게 하면 바뀔까? 바로 진실을 알게 되면 사람은 바뀐다. 네모라고 우기던 것이 알고 보니, 세모인 것을 아는 순간 인정하고 바뀌듯이, '아는 것' 그것이 키워드다. 나 자신의 존재 가치는 그 자체로 소중하며, 있는 그대로 인정하고, 장점과 단점도 인정하고, 장점을 부각시켜 사는 것이 좋은 인생이다. '열등감' 극복은 바로 나 자신을 바로 '아는 것'으로 시작해, 생각이 자신감으로 디자인되면 된다. 그러면 내면의 자유도 따라 온다.

잡지 「성공」의 발행인 오리슨 스웨트 마든(Orison Swett Marden)은 이렇게 말했다.

"당신이 어떻게 하느냐에 따라 장애물은 크게 보일 수도 있고 작아 보일 수도 있다"

사실은 우리 인생의 장애물은 신앙으로 극복할 수 있다. 신앙으로 보면 '열등감'을 가질 이유가 없기 때문이다. 하나님을 믿는 신앙에는 내세의 축복뿐만 아니라, 현세에도 많은 축복이 있다.

지휘자 아르투로 토스카니니(Arturo Toscanini)는 원래 첼리스트였다. 그는 지독한 근시로 시력이 나빠 악보를 볼 수 없었다. 그래서 아예 악보를 다 외웠다. 그러던 어느 날, 지휘자가 갑자기 일이 생겨서 오지 못하자 토스카니니가 지휘를 하게 되었다. 그는 모든 악보를 다 외우고 있었기 때문에 성공적으로 지휘할 수 있었고, 이것으로 그는 위대한 지휘자가 될 수 있었다. 자신의 '열등감'을 노력으로 극복한 것이다.

'열등감의 노예가 되느냐 아니면, 열등감을 극복하여 성공적 삶을 사느냐' 하는 것은 우리의 신앙적 자세에 달렸다. 어떤 사람은 평생 그 열등감 때문에 아무것도 하지 못하고 산다. 어떤 사람은 그 열등감 때문에 성공한다.

지금 당신은 자신을 어떻게 보고 있는가? 부족한 것만 바라보고, 없는 것을 원망하고, '나는 못났고 할 수 없다'는 고정관념에 사로잡혀 있다면, 하나님의 '생각과 말'을 배워, 패러다임을 바꿔 부정적인 말뚝을 뽑아야 한다. 자신을 믿고 스스로를 사랑해야 한다. 자신의 존재가 '왕 같은 제사장'이요 '거룩한 나라'라는 것을 믿어야 한다. "내가 너와 함께 한다"는 하나님 말씀을 받아들이고, 힘 있게 믿음의 걸음을 옮겨야 한다. 1%짜리 첫 걸음이 중요하다. 그러면 '열등감'의 말뚝이 뽑히고 당신이 얼마나 귀한 존재인지를 알게 될 것이다. 그렇게 '101% 인생'이 되기 위한 준비가 되는 것이다.

분석만 하지 말고, '행동 지침'을 찾으라
믿음행동 앞세우기

톰 피터스(Tom Peters)와 로버트 워터먼(Robert H. Waterman)이 공동 저술한 『초우량기업의 조건』에 나오는 이야기다. 캄캄한 곳에서 병 속에 꿀벌과 파리를 넣고 병을 수평으로 놓은 뒤, 병 바닥 쪽에 밝은 빛을 비추면 꿀벌과 파리 중 어느 것이 먼저 빠져나올까? 꿀벌은 '모든 출구는 가장 밝은 곳에 있다'는 믿음과 고정관념에 사로잡힌다. 꿀벌은 논리적인 사고, 과거 경험에 지나치게 의존하는 의식 때문에, 밝은 빛이 있는 병 바닥 쪽으로만 몰려가 죽을 때까지 출구인 병 입구를 찾지 못한다. 그러나 파리는 아무렇게나 이쪽저쪽으로 날다가 병목 출구를 우연히 발견하고, 2분도 안 되어 빠져 나온다. 논리적인 꿀벌보다 비논리적인 파리가 출구를 먼저 발견한 것이다. 그것은 파리가 고정관념에 잡혀 문제를 지나치게 분석하지 않고, 변화에 대해서도 두려워하지 않고 행동하기 때문이다.

벌에게 유리병은 한 번도 본 적이 없는, 초자연적 현상이고 응용 문제였다. 반면에 파리는 유리의 불가사의 같은 것에 아랑곳하지 않고, 빛의 방향에 대한 고려 없이 무작정 날다보니 출구를 발견한 것이다. 벌이 취했던 논리적인 행동은 오히려 익숙하지 않은 장벽을 넘는데 장애물이 되었던 것이다. 벌보다 지능이 낮은 파리는 반대쪽에 부딪쳐가며 출구를 발견하여 자유의 몸이 되었다.

급변하는 상황에서 기존에 갖고 있던 논리, 형식, 고정관념 등에 치우쳐 분석만 하다가 벌과 같은 상황에 처해본 적이 있지 않은지 살펴봐야 한다. 변화에 대한 적응을 통해 혁신은 일어날 수 있다. 무슨 일이든 시행착오가 있어도 지속적으로 시도하고, 행동하는 용기와 도전정신이 필요하다. 내가 갖고 있던 논리를 한 번쯤 뒤집어보고, 혼란을 겪는 과정 속에서 참된 정답을 발견할 수 있을 것이다. 강한 사람이 버티는 게 아니라, 버티는 사람이 강한 것이다.

다윗은 문제 상황을 만났을 때 과거의 '경험 지도'를 펴놓고 논리적인 분석을 하면서 고민하지 않았다. 보이는 환경은 부족하고 고난의 화살이 눈앞에 있어도 하나님이 함께 하신다는 믿음을 기초로 삼고 행동했다. 다윗은 자기를 죽이는데 혈안이 된 사울을 죽일 수 있는 기회에서도 분석하거나 고민하지 않았다. 다윗은 '죽여야 하나, 말아야 하나', '어떤 방법으로 죽여야 하나', '사울을 죽이면 곧 왕이 되겠지', '백성들이 좋아할까' 하는 식으로 분석하지 않았다. 하나님이 지켜보신다는 믿음으로 사울을 놓아주었던 것이다.

'논리'는 사울을 죽이고 왕이 되라고 유혹했지만, '행동'은 믿음을 바라보라고 말했다. 그래서 다윗은 논리보다 '믿음행동'을 택했다. 그것은 다윗이 하나님의 패러다임으로 전환했기 때문에 가능했다.

당신이 문제 앞에서 분석만 하고 있다면 그것은 고정관념이다. 행동 지침을 찾아야 한다. 꿀벌처럼 수단이 목적에 묶이고, 과거의 경험이 현재의 활동을 지배하기 때문에 패러다임을 바꾸지 못하는 것이다. 고정관념에서 벗어날 때는 지나친 상황 분석보다 행동하는 도전정신이 더 중요하다. 분석과 상황 판단은 필요하지만 오히려 바르게 판단한 논리가 도전의식을 약화시킨다면 그것은 패러다임의 전환을 막는 결과를 낳는다. 정보가 지나치게 정확하면 가능성이 낮은 정보는 무시당하기 쉽기 때문이다. 다시 말해 논리가 가져온 정보가 가능성이 낮은 행동보다 크게 보인다는 것이다. 그래서 사람들이 분석과 논리에 시간을 보내다가 '기회의 행동'을 놓치는 것이다. '101% 인생'은 도전하는 '행동'으로 탄생된다. 인생길에도 항상 '행동'보다 '분석'이 크게 보인다. 그러나 하나님의 패러다임을 받아들이면 인생길의 탈출구, '행동지침'이 보인다.

'생각과 말'에도 심고 거두는 법칙이 있다
좋은 씨앗 심기

예수님께서 씨 뿌리는 자의 비유를 통해 4가지 마음 밭에 대해 말씀하셨다(마태복음 13). 첫 번째 땅은 길가인데 '길가'에 뿌려진 씨앗은 새(사탄)가 와서 쪼아 먹기 때문에 열매를 맺을 수 없다. 두 번째 땅은 '얇은 돌밭'인데 해가 뜨면(환란이나 핍박) 속에 뿌리가 없어서 말라버려 열매를 맺을 수 없다. 세 번째 땅은 '가시떨기 밭'인데, 가시떨기(세상의 염려와 재리의 유혹)가 기운을 막아 열매를 맺지 못하게 한다. 네 번째는 '좋은 땅'(말씀을 듣고 깨닫는 것)이다. 좋은 땅에 떨어진 씨앗은 100배, 60배, 30배의 열매를 거둔다. 그래서 우리들은 우리의 심령이 '좋은 땅'이 되게 해 달라고 기도한다. 그러나 '좋은 땅'만을 강조하는 것은 고정관념이다.

'좋은 땅'은 바람직한 것이지만, '좋은 땅'에 나쁜 씨앗이 떨어졌다고 생각해 보자. 어떻게 되겠는가? 나쁜 씨앗이 100배, 60배, 30배로 자라서 열매를 맺게 될 것이다. 예를 들면 하나님이 주신 좋은 머리로 공부를 해서 인류를 살리는 의학 지식을 얻었다면 그것은 좋은 땅에 뿌려진 좋은 씨앗이다. 그러나 좋은 머리로 사람을 죽이고 살육하는 방법을 연구했다면 그것은 '좋은 땅'에 나쁜 씨앗을 뿌린 결과일 것이다.

또 어떤 사람이 손재주가 좋고 손이 빨라서 정밀한 실험을 통해 인류에게 유익을 주는 발명을 했다면, 그것은 좋은 땅에 뿌려진 좋은 씨앗이 될 것이다. 반면 빠른 손놀림과 손재주로 소매치기가 되어 정교한 금고를 여는 은행 강도가 되었다면 그것은 '좋은 땅'에 떨어진 나쁜 씨앗일 것이다. 성경은 이렇게 말씀한다.

스스로 속이지 말라 하나님은 업신여김을 받지 아니하시나니 사람이 무엇으로 심든지 그대로 거두리라(갈라디아서 6:7)

독일 소설가 파트리크 쥐스킨트(Patrick Suskind)의 단편소설 『깊이에의 강요』는 '깊이' 라는 단 두 글자 때문에, 스스로의 삶을 불행하게 만든 한 여류화가의 모습을 보여준다. 화가는 전시회에서 만난 어느 평론가의 "당신 작품은 재능도 보이고 마음에도 와 닿으나 아직 깊이가 부족하다"는 말에 너무 집착했다. 화가는 더 이상 그림을 그리지 못한다. '깊이'를 진전시키지 못하는 자신의 몸을 술과 약물로 혹사시킨다. 아름다웠던 모습은 고뇌와 집착으로 엉망이 되어 갔다. 살아갈 의욕을 잃어버린 그녀는 결국 '깊이' 없는 자신의 그림들을 전부 찢어버리고, 1백 39미터의 높이에서 자신의 몸을 던져버린다. '나쁜 생각과 말의 씨앗'이 심겨져, 불행한 결말을 그리는 단편이다. 말의 영향력을 보여주는 작품이다.

다윗은 '심고 거두는 법칙'을 알고 있었다. '좋은 땅'에 '좋은 씨앗'을 심어야 한다는 것도 알고 있었다. 그리고 '생각과 말'의 씨앗도, '좋은 땅, 좋은 씨앗 법칙'을 적용해야 한다는 것을 알고 있었다.

다윗은 골리앗을 이기고 천부장의 직분을 행하면서 백성들을 만나러 그들 속으로 들어갔다. 하나님의 마음을 알았던 다윗은 권력을 누리는 자리에서 섬기는 자리로 패러다임을 바꾼 것이다. 다윗은 백성들의 고충을 들어주고 사랑과 헌신과 봉사로 백성들의 모든 일을 지혜롭게 해결했다. 그 결과 온 이스라엘과 유다는 다윗을 사랑했다. 다윗은 백성에게도 '좋은 씨앗'을 심었던 것이다.

그러나 사울은 왕이라는 '좋은 땅'에 시기와 질투를 심었다. 시기와 질투는 백배로 빨리 자랐다. 그는 권력을 이용해 군사를 동원했다. 또한 블레셋과의 싸움은 소홀히 하고 다윗을 죽이려는 데 온 힘을 쏟았다. 결국 사울은 백성들에게 외면당하고, 목숨을 잃었으며 자식들까지 죽게 만들었다.

당신은 '좋은 땅'에 어떤 '생각과 말'의 씨앗을 심고 있는가? 삶 속에서도 자신의 권력과 위치를 이용해 칼을 마음대로 휘두르고, 모함하고, 거짓을 유포하고 있는지 살펴보아야 한다. 또한 사람을 죽이는 자리에 서 있지는 않은지 돌아보아야 한다. 기득권을 잡고 있는 위치에서 사람을 살리는 결정을 내리는 것이야말로 하나님이 기뻐하시는 삶이며, 하나님의 패러다임을 받아들인 인생이 되는 것이다. 그것이 '101% 인생'으로 나아가는 길이다.

실패에서 성공 코드를 발견하라
약점을 장점으로 이용하기

'실패학'(失敗學)이라는 개념은 일본 도쿄대학교의 하타무라 요타로(畑村洋太郎) 교수에 의해서 창시되었다. 그는 '실패는 좌절'이라는 고정관념을 넘어 '실패는 발전학습'이라는 개념으로 생각했다. 그것은 요타로의 패러다임 전환에서 나온 것이다. 일본에서는 실패학의 필요성을 정부 차원에서 공론화할 정도로 각광받는 학문이 되었다. 그것은 실패가 곧 경쟁력이기 때문이다.

실패는 '나쁜 실패'와 '창조적 실패' 두 종류로 나눌 수 있다. '나쁜 실패'란 부주의나 오판으로 생기는 실패를 말한다. 반면에 '창조적 실패'란 발명가들이 시행착오(실패)를 거듭한 끝에 새로운 결과를 얻어내는 것과 같은 실패를 의미한다. 실패의 경험을 분석해서 누구나 그것을 공부할 수 있는 지식으로 체계화하며, 나쁜 실패는 예방하고, 좋은 실패는 창조적 씨앗으로 활용하자는 데 실패학이 의미를 가진다. 핵심은 '타산지석'(他山之石)이다. 결국 '창조적 실패'를 통해 발전해야 한다는 것이다. 그런 의미에서 실패는 '성공 코드'라고 할 수 있다. 실패를 실패로 보고 접어 버리는 사람은 무덤이 되고, 실패를 기회로 보는 사람은 인생 성공의 길을 찾게 되는 것이다.

세계적 사과 명산지인 미국 뉴멕시코 주 고원 지대에서 사과 농장을 운영하던 제임스 영이라는 농부가 있었다. 날씨가 좋아 그해 사과 농사는 풍작이었다. 하지만 예기치 않게 우박이 쏟아져 사과 표면에 까만 곰보 흠집이 생겼다. 그는 탄식하며 하늘을 원망했다. 그러던 중 그는 곰보 자국이 난 사과를 한 개 따서 맛을 보았다. 맛과 향이 변함없이 훌륭하다는 것을 깨달은 순간 무슨 좋은 아이디어가 없을까 생각해 보았다. 그러자 기발한 생각이 떠올랐다. 사과의 약점을 장점으로 이용하자는 것이었다. 그는 자신의 사과 상자에 광고문을 붙였다.

'사과 표면에 까만 흠집을 보아 주십시오. 이 흠집은 우박에 맞은 자국입니다. 뉴멕시코 고원 지대는 가끔 급격한 기후의 변동으로 우박이 쏟아질 때가 있습니다. 그 때문에 사과 표면이 보기 흉하게 변하기도 하지만 반면 뛰어난 맛과 독특한 향기를 머금게 됩니다. 고원 특유의 곰보 사과를 맛보지 않으시겠습니까?'

이러한 광고문을 붙여 출하한 사과는 흠 없는 일반 사과보다 두 배나 비싼 값으로 팔렸다. 제임스 영은 패러다임을 바꾸어 생각하자 희망이 생겼고, 실패를 성공으로 바꿀 수 있었다.

'실패는 끝'이라는 말은 고정관념이다. 패러다임을 바꾸면 '실패는 새로운 기회'라는 길이 보인다. 실패는 성공으로 가는 길 중 하나의 막힌 길을 찾은 것뿐이다. 성공한 사람들의 공통점은 패러다임을 바꿔 실패를 새로운 기회로 이용했다는 것이다.

다윗에게도 실패의 삶이 많았다. 미친 사람 흉내를 내었고, 놉에서의 실수로 제사장들을 죽음으로 몰아넣었다. 또한 남의 아내인 밧세바를 가로챘고, 그 밖에도 20번 이상 용서를 받기 어려운 죄를 저질렀다. 그러나 다윗은 실패 앞에 넘어지지 않았고, 오히려 그것을 경험삼아 새로운 성공 코드를 만들어냈다. 하나님의 패러다임을 발견한 것이다.

다윗이 밧세바를 통해 아들을 얻었을 때 하나님은 그 아이를 병들게 했다. 다윗은 식음을 끊고 하나님께 간구했다. 그러나 결국 아이가 죽자 왕의 직무에 복귀한다. 다윗은 그 경험을 통해 하나님의 뜻에 철저히 순응해야 한다는 것을 배웠다. 하나님은 밧세바를 통해 솔로몬을 주셨고, 다윗의 왕권을 그에게 물려주셨다.

지금 당신이 실패의 자리에 있다면 그곳에서 패러다임을 바꿔

'하나님의 뜻'을 발견해야 한다. 그리고 실패를 발판삼아 자리에서 일어나, 다른 길로 걸어볼 필요가 있다. '기회'는 걷는 자에게 주어지는 선물이기 때문이다. 기회는 멈춰서 기다려 주지 않는다. 나타났을 때 잡아야 한다. '101% 인생'은 실패도 기회요, 경험으로 만들어 새롭게 창조된 인생을 말한다.

때로는 '고난과 역경'도 '교육'이다
인내 배우기

프랑스산 포도주는 세계적으로도 유명하다. 프랑스의 한 마을에서는 좋은 포도주를 생산하기 위해서 포도나무를 심을 때 일부러 좋은 땅에 심지 않는다. 포도나무를 토질이 좋은 땅에 심으면 쉽게 자라서 탐스런 포도가 열리지만 뿌리를 깊이 내리지 않아서 땅거죽의 오염된 물을 흡수하기 때문에 포도의 품질이 떨어진다는 것이다.

그러나 포도나무를 척박한 땅에 심으면 빨리 자라진 못해도 땅속 깊이 뿌리를 내려 좋은 물을 흡수하기 때문에 오염되지 않고 품질이 뛰어난 포도를 얻을 수 있다. 포도도 고난과 역경을 거쳐 좋은 열매를 맺는다. 쉽게 이루는 일보다, 힘들게 이루는 일이 더 가치가 있다.

우리가 인생을 사는데 필요한 3가지 지수가 있다. ①IQ(Intelligence

Quotient) 지능지수, ②EQ(Emotional Quotient) 감성지수, ③AQ(Adversity Quotient) 역경지수다. 성공한 사람들에게 가장 높게 나타난 것은 바로 '역경지수'다. 미국의 커뮤니케이션 이론가 폴 스톨츠(Paul G. Stoltz)는 어려운 환경과 역경을 극복하여 자신의 목표를 성취하려는 노력도를 '역경지수'(A.Q : Adverse Quotient)라고 말했다. 그는 사람들이 역경에 부딪히면 3가지 유형의 대응심리를 갖는다고 말했다.

첫째는 힘든 문제만 부딪히면 포기하거나 도망가려는 사람이고, 둘째는 포기하고 도망가지는 않지만 역동적으로 문제를 극복하지 못하고 현실에 안주하고 마는 사람이며, 셋째는 역경이라는 산을 만나면 모든 힘을 다해 올라가 반드시 정상을 정복하려는 사람 군으로 분류된다고 했다.

삶과 인생이란 항상 고난과 역경이 함께 할 수밖에 없는 긴 여행길이다. 그러나 긍정적 의지와 자신감으로 자신의 '역경지수'를 차근차근 키울 때, 고난과 역경을 넘어 성공인생의 산, '101% 인생'의 산에 올라서게 된다.

하나님께서도 때로는 '고난과 인내'라는 코드를 통해 패러다임을 바꿔 주신다. 그것은 좋은 품질(?)의 사람을 얻기 위해서다. '고난과 인내'는 하나님이 사랑하는 사람들의 패러다임을 바꾸는 처방책이기도 하다. 그렇게 바뀐 패러다임은 온전히 하나님에게 초점을 두고 살아가도록 만든다.

하나님은 쉽게 사람을 만들고 얻으시는 것이 아니라 시간을 들여 농부처럼 씨를 뿌리고 가꾸시고, 조각가처럼 정교하게 다듬어

가신다. 그리고 건축가처럼 벽돌을 하나하나 쌓으셔서 아름다운 인생의 집으로 만들어 가신다.

다윗은 '광야의 고난', '사람을 통한 역경'을 통해 성숙해졌다. 사울의 광기에 쫓겨 20대의 청춘을 광야에서 보낸 다윗은 '겸손과 인내'를 배웠고, 인생이 하나님의 손 위에 있다는 것을 체험했다. '고난과 역경'은 다윗을 '101% 인생'이 되도록, 하나님의 마음에 합한 '다윗답게'를 만든 '특효약'이었다.

지금 당신 앞에 펼쳐진 '고난과 역경'의 길이 있다면, 그곳에서 인내를 배워야 한다. '고난과 역경은 힘들다'는 고정관념을 버리고, '고난과 역경은 교육이다'라는 새로운 패러다임, 즉 하나님의 패러다임으로 전환한다면, 그곳에서 보석처럼 빛나는 인격과 영성, 형통하는 삶과 승리하는 '101% 인생'이 만들어질 것이다.

'101% 인생'은 대가없이 만들어지는 것이 아니다. 고난은 인생 승리의 대가다.

패러다임을 바꾸기 위한 걸음마
1. 과거의 문제 해결 방식을 내려놓기로 결정한다.
2. 고정관념 하나를 거꾸로 생각해 보기 시작한다.
3. 깊은 생각에 10분의 시간을 투자한다.

반드시
탈출구가 있음을 믿으라

인생은 초콜릿 상자에 있는 초콜릿과 같다.
어떤 초콜릿을 선택하느냐에 맛이 달라지듯이
우리의 인생도 어떻게 선택하느냐에 따라
인생의 결과도 달라질 수 있다.

'생각과 말'은 고체 덩어리가 아니다. 생물이다. 오스트리아 출생의 영국 윤리 철학자 비트겐슈타인(Wittgenstein)은 "사고(思考)는 일종의 언어다"고 했다. E. 리스는 "말도 아름다운 꽃처럼 그 색깔을 지니고 있다."고 했다. '생각과 말'은 실체이며, 살아 움직이는 생명체이며 씨앗이다. 따라서 생명을 가진 생각과 말이 어느 땅에 심기는가에 따라서 그 열매가 다르게 나타난다. 열매를 풍성히 맺을 수도 있고 맺지 못할 수도 있으며, 가시를 돋게 하거나 독이 가득한 열매를 맺게 할 수도 있다.

'무조건 긍정적인 생각을 가져라', '무조건 적극적인 말을 하라'

는 식의 교과서적인 권고를 억지로 시킨다고 될 일이 아니다. '무조건 긍정'은 관념이다. 그리고 지나친 강요는 오히려 그것이 고정관념이 될 수 있다. 예를 들어 분노가 가득하고 우울증에 걸려 있고 불안에 떠는 사람에게 무조건 "생각을 바꿔라", "긍정적인 생각과 말을 하라"라고 해도 쉽게 '생각과 말'이 긍정적으로 전환되는 것은 아니다. 오히려 격한 기분에 사로잡혀 있는 와중에 긍정적인 생각을 하려 한다면, 잘못된 부분을 알려주는 중요한 신호를 놓칠 수 있다. 앨버트 슈타인(Albert Stein)은 이렇게 말했다.

"우리가 현재 대면하고 있는 문제들은 현재의 사고방식으로는 해결할 수 없다. 사고의 유형 자체를 바꾸는 새로운 사고방식을 배우지 않으면 안 된다"

릭 워렌(Rick Warren)도 이렇게 말했다.

"개인의 삶 속에서도 어떤 문제에 봉착해서 해결하지 못한 채 진퇴양난에 처해 있다면, 그것은 더 이상 효력이 없는 어떤 사고의 틀 안에 갇혀 있기 때문이다. 더 이상 효력이 없는 과거의 문제 해결 방식을 사용하고 있기 때문이다"

생각의 패러다임을 바꾸는 것이 '101% 인생'을 만드는, 새 출발의 전제조건이다. 고정관념의 감옥은 쉽게 문을 열어 주지 않는다. 대상자의 상황과 상태에 맞추어 차분하게 패러다임을 바꿀 수 있는 열쇠를 만들어 주어야 한다. 열쇠는 시간과 훈련이 필요하다. 고정관념의 감옥에서 벗어나는 몇 가지 탈출구를 알아보자.

긍정의 패러다임을 선택하라
상식에서 생각하기

다윗은 사울이 준 칼과 갑옷을 벗어버렸다. 당시 전쟁에서 칼과 창을 들고 갑옷을 입어야 하는 것은 당연한 일이었다. 그러나 다윗은 그것을 버렸다. 다윗의 선택은 패러다임의 전환이었다. 일반적인 무기인 칼과 창보다 자기에게 익숙하고, 손에 잘 맞는 물매를 선택했다. 다윗은 칼과 창으로 훈련되지 않았다. 물매와 막대기가 익숙한 무기였다. 익숙한 무기를 선택하는 것이 상식 아닌가?

다윗의 상식적인 생각에서 나온 옳은 선택과 긍정의 패러다임은 결국 골리앗을 넘어뜨리는 성공으로 나타났다. 만약 다윗이 갑옷을 입고 칼과 창을 선택했다면 골리앗에게 패했을 것이다. 다윗에게 칼과 창과 갑옷은 고정관념이었고, 물매는 패러다임 전환이 낳은 신무기였다.

영화 「포레스트 검프」(Forrest Gump)에 이런 대사가 나온다.

"인생은 초콜릿 상자에 있는 초콜릿과 같다. 어떤 초콜릿을 선택하느냐에 따라 맛이 달라지듯이 우리의 인생도 어떻게 선택하느냐에 따라 결과도 달라질 수 있다."

선택된 생각은 그 자리에 멈추는 것이 아니라, 인생길에 옳고, 그른 결과를 낳게 하는 힘으로 작용한다.

어떤 젊은 여자가 병원에 찾아와서 자기 뱃속에 있는 개구리를 꺼내 달라고 했다. 의사는 어리둥절할 수밖에 없었다.

"몇 달 전 산 속에서 길을 잃었을 때 너무 목이 말라 웅덩이에 고인 물을 손바닥으로 움켜서 먹었습니다. 그런데 일어서다 보니 그 웅덩이에는 올챙이들이 헤엄을 치고 있었습니다. 요즈음 심각할 정도로 복통이 일어나는데 가만히 생각해 보니 그때 몸속으로 들어간 올챙이가 개구리가 되어 몸 안을 돌아다니는 것이 틀림없습니다."

그녀는 복통의 원인이 개구리라고 믿고 있었다. 이야기를 들은 의사는 실소를 금할 수 없었다. 의사가 그 여인에게 아무리 그런 일은 일어날 수 없다고 설명했지만 들으려 하지 않았다. 그녀의 마음과 생각을 점령해 버린 상상의 개구리는 믿음을 만나면서 이미 그녀에게 집을 짓고 있었다. 그 여인에게는 상식도 설득도, 엑스레이는 물론 어떤 의학적 검사도 소용이 없었다. 자기 뱃속에 개구리가 있다는 믿음은 강해져만 갔다.

의사는 묘안을 찾아냈다. 그녀의 생각을 바꾸면 되기 때문에 수술하는 척 하면서 미리 준비해둔 개구리를 한 마리를 배에서 꺼낸 것처럼 보여주었다.

"여기 개구리를 찾았습니다. 이제 안심해도 됩니다."

그녀는 자신의 진단이 옳았다며 기뻐하면서 돌아갔다. 그 여인에게는 자신의 뱃속에 개구리가 있었다는 사실을 인정받고, 그 개구리를 눈으로 확인하는 것이 바람이요 믿음이요, 선택이었다. 그런데 집으로 돌아간 그 여인은 몇 달 후 다시 배가 아프다며 병원을 찾아왔다.

"선생님, 또 배가 아파요. 개구리를 꺼내 주세요."

"아니 지난 번 수술할 때 꺼냈지 않았습니까?"

"알고 있습니다. 지난 번 수술할 때 개구리는 꺼냈지만, 그 개구리가 낳은 알이 몸속에서 자라 올챙이가 되었고, 그 사이에 새끼 개구리가 되어 온 몸을 뛰어 돌아다닙니다."

그녀는 다시 배가 아파오자 생각 속의 개구리를 다시 떠올렸던 것이다. 패러다임이 바뀌지 않은 것이다. 이번에도 복통의 원인은 아직 남아 있던 올챙이가 자랐기 때문이라는 잘못된 고정관념을 가지고 있었다. 그녀의 부정 패러다임은 과거 경험을 감옥으로 만들었다. 그 여인이 스스로 만든 개구리는 그녀에게 고정관념이었고, 염려와 근심은 그 열매였다. 그녀가 옳지 못하게 선택한 부정적인 생각, 어긋난 믿음, 헛된 말, 염려와 근심은 새로운 개구리를 만들어 낸 원인이었다.

그녀는 상식에서 생각하지 못했다. 개구리는 사람의 배에서 자랄 수 없다는 기본적인 상식에서 벗어난 것이다. 이처럼 선택된 패러다임은 반드시 결과를 낳는데, 긍정적인 것과 부정적인 모든 영역에 니다닐 수 있나.

우리의 삶 속에서도 일어나지 않은 일에 대한 염려와 근심, 기도 응답을 받지 못할 것 같은 의심, 잘못된 신념의 유혹이 고정관념으로 다가오는 경우가 있다. 이 때 상식적인 생각에서 나온 옳은 선택, 즉, 긍정을 선택하는 패러다임으로 전환시켜야 한다. "미리부터 걱정하지 말자", "응답이 지연될 때는 이유가 있겠지", "기도는 반드시 응답되는 거야", "내 생각이 잘못됐구나" 이런 여유 있는 생각을 해야 한다. 성경은 말씀한다.

대저 그 마음의 생각이 어떠하면 그 위인도 그러한즉…(잠언 23:7)

이 말씀은 '생각이 곧 그 사람'이라는 뜻이다. 똑같은 상황과 조건이 주어진다 해도 그 사람이 어떤 생각을 선택하느냐에 따라 다른 행동과 결과를 보인다.

옛날 중국에 어린 시절부터 같이 자라온 두 친구가 있었다. 한 친구는 선비가 되었고 다른 친구는 도적이 되었다. 어느 날 두 사람이 시장에서 참기름 가게 앞을 지나고 있었다. 두 사람은 참기름을 보면서 서로 다른 생각을 했다. 선비 친구는 '저 참기름을 사다가, 부모님에게 맛있는 음식을 만들어 드려야겠다'고 생각했다. 그런데 다른 친구는 '저 참기름을 훔쳐서 도둑질하러 갈 때, 문소리가 나지 않도록 문지방에 발라야겠다'고 생각했다. 결국 선비는 참기름으로 부모님을 공양했고, 도둑 친구는 도둑질에 사용했다.

두 사람은 같은 것을 보았어도 선택된 패러다임의 차이에 따라 다른 결과를 낳은 것이다. 그 선택은 상식과 비상식의 차이요, 긍정과 부정의 차이다. 상식적인 생각에서 나오는 긍정 패러다임은 고정관념에서 나오는 탈출구가 된다. 볼펜을 사거나 신발을 고를 때, 먹고 싶은 음식을 고를 때, 직업을 선택할 때도 자신이 좋아하는 생각, 즉 상식을 따라 긍정적으로 선택하게 되어 있다.

다른 각도에서 바라보라

'적극적 렌즈'사용하기

패러다임은 우리가 세상을 보는 렌즈를 만든다. 그 렌즈의 색깔이 어떤 색이냐에 따라 상황과 사건, 문제가 다른 색깔로 보인다. '자살'이라는 말을 거꾸로 말하면 '살자'가 된다. 렌즈를 바꾸면 죽고 싶은 상황도 살아야 하는 상황으로 바뀐다. '위기'(危機)라는 한자는 '위험'(危)과 '기회'(機)라는 두 말이 합쳐져서 이루어진 낱말이다. 부정적인 사람, 열등감이 많은 사람, 메뚜기 콤플렉스가 있는 사람은 위기를 '문제의 렌즈', '소극적 렌즈'로 보게 만든다. 그렇지만 긍정적이고 자신감 넘치는 사람은 똑같은 상황을 '기회의 렌즈', '적극적 렌즈'로 바꾸어 본다.

다윗은 거인 골리앗과 맞닥뜨렸을 때 위기 상황을 맞았다. 외형적으로 보이는 조건의 렌즈로 보면 다윗은 골리앗의 상대가 되지 못했다. 다윗은 갑옷도 입지 않았고, 공격 무기인 칼과 창도 없었다. 더구나 체격도 작은 소년이었다. 거기에 비해 골리앗은 육중한 갑옷으로 틈이 없이 무장했고 거대한 무기와 힘으로 무장한, 키 280cm의 거인이었다. 모든 사람들의 고정관념은 골리앗이 이긴다는 것이었다.

다윗은 문제를 만났다. 다윗은 적극적으로 문제를 풀기 시작했다. 골리앗을 향해 빨리 달렸고, 흐트러짐 없는 자세로 물매를 던졌다. 던져진 돌은 이마에 박힐 정도로 강하고 정확했다. 골리앗이 쓰러졌다. 문제가 해결됐고, 다윗은 승리했다. 성경은 말씀한다.

블레셋 사람이 일어나 다윗에게로 마주 가까이 올 때 다윗이 블레셋 사람을 향하여 빨리 달리며 손을 주머니에 넣어 돌을 취하여 물매로 던져 블레셋 사람의 이마를 치매 돌이 그 이마에 박히니 땅에 엎드러지니라(사무엘상 17:48-49)

다윗을 승리하게 만든 패러다임은 무엇이었을까? 골리앗이 패한 이유는 무엇이었을까? 골리앗은 자신을 비하하는 패러다임을 가졌다. 막대기를 들고 나온 다윗에게 자신을 개로 대하냐고 소리쳤다. 그러나 다윗은 골리앗의 겉모습에 눌려 두려워하지 않았다. '하나님의 이름'이라는 렌즈를 끼고 있어 패러다임이 달랐다. 그는 담대했고, 게다가 평소에 양을 치면서 사나운 짐승들에 맞서 싸워본 경험도 있어서 두려워하지 않았다. 다윗은 골리앗을 짐승의 하나처럼 보았고, 또 그렇게 말했다. 화가 난 골리앗이 이성을 잃고 방패든 자를 앞세워서 빨리 달려왔다. 다윗은 빠른 동작으로 주머니에서 돌을 꺼내 물매에 넣고는 다가오는 골리앗을 응시하며 물매를 돌렸다. 그때 패러다임이 다른 다윗은 이렇게 생각했을 것이다.
'골리앗이 거인이라서 너무 표적이 크구나. 물맷돌을 던져도 빗나갈 수 없겠어.'
이 생각은 나의 패러다임 전환이 만들어낸 가설이다. 내가 패러다임을 바꾸어 다른 각도에서 생각하고, 성경을 깊이 묵상하고, 다윗의 입장에서 적극적으로 생각하고 찾은 재미있고 긍정적인 발상이다. 왜냐하면 다윗은 하나님의 이름을 신뢰하는 사람이었고, 적극적인 사고를 가졌기 때문이다. 더구나 짐승과 싸워본, 많은 실전 경험을 통해 물매 솜씨가 보통이 아니었기 때문이다. 골리앗을 짐승의 하나로 본 다윗은, 물매가 빗나갈 것이라는 생각을 하지 않았다. 다윗은 승리의 패러다임을 가지고 있었다.

우리의 삶 속에서 문제가 없을 수는 없다. 그러나 '문제를 문제로' 생각하는 고정관념 감옥에서 벗어나 패러다임을 바꾸면 탈출구가 보인다. 그것은 문제가 크게 보일수록 '문제가 큰 만큼 응답도 크겠구나', 문제가 더 엉킬수록 '응답의 빛이 들어올 날이 가까워 오는구나'라는 '긍정 렌즈'를 사용한 패러다임으로 바꾸라는 말이다. 긍정적이고 적극적인 사람은 이렇게 말한다.

"골이 깊으면 산이 높은 법이다."

"새벽이 가까워지면 더 어두운 법이다"

홍해같이 도저히 해결이 불가능할 것 같은 문제를 만났을 때도 패러다임만 바꾸면 길이 보인다. 모세는 환경을 바라보지 않고 '순종과 신뢰'의 패러다임으로 지팡이를 내밀자 홍해가 갈라졌고, 숨겨진 바닷길을 찾았다.

인생도 마찬가지다. 문제의 골리앗을 만났을 때, 반드시 숨겨진 길이 있다는 것을 믿고 찾고, 두드리고, 적극적으로 정면 돌파를 해야 한다. 문제를 바라보는 '적극적 렌즈'는 '길이 없고, 다 끝났다'는 고정관념에서 탈출시키는 승리의 열쇠다.

노만 빈센트 필(Norman Vincent Peale) 박사는 문제의 태산 앞에서 믿음과 패러다임의 적극성을 강조했다.

"하나님의 도우심을 힘입어 '할 수 있다'는 것을 믿어라. 모든 문제를 정면으로 맞서 '극복할 수 있다'는 것을 믿어라"

"문제라는 것은 우리를 가르칠 목적으로, 우리의 발전을 돕기 위한 목적으로 하나님께서 즐겨 사용하시는 수단이다. 문제는 우리를 더욱 강하게 단련시킨다."

다윗은 밧세바에게서 태어난 첫 아들이 병들었을 때, 금식하고 밤새도록 엎드려 기도했다. 그 집에 늙은 자들이 다윗을 일으키려고 해도 듣지도 먹지도 않았다. 이미 나단 선지자가 태어난 아이가 죽을 것을 예언했다. 그럴지라도 자신을 불쌍히 여겨 혹시나 살려주실까 해서 기도했던 것이다.

결국 아들은 죽었다. 사람들은 다윗에게 아들의 죽음을 알리기 두려워했다. 저렇게 슬퍼하는데 아이가 죽었다는 사실을 알면 다윗이 상심할까봐 말하지 못했다. 그런데 아들의 죽음을 알고 나자, 다윗은 몸을 씻고 기름을 바르고 의복을 갈아입었다. 그리고 성전에 들어가 경배하고 음식을 차려 먹었다. 질문하는 신하들에게 다윗은 "죽은 아들이 어찌 돌아오겠느냐?"고 말했다. 다윗은 문제 앞에서 하나님의 음성을 들었고 섭리를 깨달았으며, 자신을 돌아보며 성장의 도구로 삼았다. 문제를 통해 다른 각도에서 하나님을 바라보자, 문제가 은혜가 된 것이다.

문제 속에서도 하나님의 뜻을 찾으며 소망을, 기쁨을, 감사를 찾는 적극성이 필요하다. 일종의 '거룩한 역발상'이다. 감사할 수 없을 때 감사하는 것이 진짜 감사인 것처럼, 문제를 성장의 도구로 생각하는 다른 각도 즉, 은혜로 바라보는 적극적인 마음 자세야말로 하나님을 감동시키고, 인생을 변화시키는 도구가 된다.

비합리적 패러다임 속 '진실'을 인정하라
책임과 약속에 충실하기

한 라디오 방송에서 모 대학의 국문과 교수가 나와서 우리나라 사람들의 언어 습관에 대한 이야기를 나눈 적이 있었다. 자신은 항상 적절한 말과 정확한 표현을 쓰고 있다면서 바른 언어생활에 대해 이야기했다. 특히 우리나라 사람들이 자기 생각을 분명하게 전달하지 못하고 '같습니다'라는 표현을 너무 많이 사용한다며 비판했다. 자기 생각이 없는 회색 표현이라는 이유였다.

그런데 그 교수는 끝 무렵 이렇게 말했다. "우리나라 사람들은 '~한 것 같습니다'라는 말을 너무 많이 쓰는 것 같습니다." 그 교수 역시 본인이 비판한 그것을 그대로 했다. 그는 정확하게 표현하는 것이 바르고, '합리적 사고'라고 생각했지만 자신도 자유롭지는 못했다. 자기는 정확한 표현을 쓰는 사람이고, 우리나라 사람들이 회색 언어를 많이 사용한다는 고정관념의 감옥에 갇혀 있었다.

'합리적 사고'란 '잘 생각하는 것'이다. 어떤 것에 대해 생각하면서, 그런 생각 자체가 옳은지에 대해서도 '함께 생각하는 것'이다. 그렇다면 '비합리적 사고'는 '잘 생각하지 못하는 것'이라고 할 수 있다. 그런데 항상 생각자체가 옳은지를 즉각 즉각 판단하기 어려울 때가 있다. 그렇다고 그 생각이 다 잘못된 것일까? 그 교수의 생각처럼 '~한 것 같습니다'라는 말을 사용하는 것이 잘못일까? 그것은 옳고 그름의 문제가 아니다. 그렇게 표현해야만 하는 상황이 있을 뿐이거나, 습관화된 것이다.

예를 들면, 어린아이들에게 "엄마가 좋아? 아빠가 좋아?"라고 묻고, 답을 기다리는 것과 같다. 어떤 아이는 엄마나 아빠 중 하나를 선택해 말하기도 한다. 그런데 어떤 아이는 고민한다. 엄마와 아빠, 둘 다 좋기 때문이다. 질문이 하나를 선택해야 한다는 강요를 한다고 인식한 아이는 머뭇거린다. 옳고 그름의 문제, 즉 합리적, 비합리적인 답을 요구하는 질문이 아니기 때문이다. 답은 엄마, 아빠, 둘 다, 둘 다 아님, 이렇게 4개로 말할 수 있다. 그것은 질문 자체가 비합리적인 것, 즉 잘못된 것이다.

인생에서 '언제나 합리적인 것만이 모두 옳다.'는 것은 고정관념이다. 비합리적인 상황이나 생각이 정답일 때도 있다. 삶과 인생은 산수가 아니기 때문이다. 인생길에서는 '1+1=2'도 맞지만, '1+1=1'도 맞는 것이다. 패러다임이 있기 때문이다.

복음서를 보면, 같은 사건인데 상황이 좀 다르게 쓰인 것처럼 보이는 부분들이 있다. 그래서 어떤 이들은 성경의 모순성을 강조하는데, 이를 '편집이론'이라고 한다. 한마디로 합리적이지 못하다는 것이다. 그러나 여기서 오히려 성경을 쓴 기자들의 생각과 마음, 기질과 성격을 인격적으로 사용하신 하나님의 깊은 뜻을 엿볼 수 있다. 오히려 복음서의 내용이 순서와 배열 그리고 상황 묘사가 한 치도 틀리지 않고 정확하다면, 그야말로 서로 입을 맞추고 기록한 조작 문서일 가능성이 높다. 비합리적으로 보이는 그런 상황들은 오히려 성경이야말로 하나님의 말씀임을 증명하는 증거다.

오병이어의 기적을 패러다임을 바꿔 생각해보자. 오병이어 기적을 직접 목격한 여러 사람이 집으로 돌아가, 일기에 기록을 남겼다고 가정해 보자. 평소에 아이들을 좋아하던 사람이었다면, 오병이어의 기적을 자신의 도시락을 내어 놓은 헌신한 어린아이와 다른 어린이들에게 초점을 맞추어 볼 것이다.

"우리 아들을 닮은 아이의 헌신에 대해 감동을 받았다. 어린 것이 얼마나 먹고 싶었을까? 그 아이가 예수님께 오병이어를 내놓지 않았다면 5천명이나 되는 장정들과 수천 명의 여인들과 아이들이 굶주린 배를 움켜쥐고 있었을 것이다. 예수님의 놀라운 기적이 아이의 헌신에서 나온 것에 감사한다. 나도 어린아이의 헌신을 배워야겠다."

또 어떤 사람은 평소에 끼니를 꼬박꼬박 챙겨 먹었는데, 그날따라 배가 몹시 고팠다. 그렇다면 그는 오병이어 자체에 관심을 가지고 보리떡의 모양과 색깔, 물고기의 생김새에 대해 자세히 기록했을 것이다. 그리고 다른 제자 중 한 사람은 오병이어의 남은 12개 광주리의 사후 처리에 초점을 두고 일기를 썼을 것이다. 이처럼 자신의 관심사와 기질과 생각에 따라 같은 상황이라도 다르게 표현될 수 있다. 그것은 모순이 아니다. 기자들의 관점, 즉 패러다임이 다를 뿐이다. 오병이어 기적의 현장에 비판주의자가 있었다면, 그 사람은 오병이어의 기적은 조작이며, 단체 도시락을 주문해 나누어 준 것이라고 했을지도 모른다. 이렇게 패러다임은 '합리적으로 보이는 것만이 진실이다'라는 명제를 넘어, 때론 비합리적으로 보이는 것도 진실이 된다는 것을 가르친다. 모순과 비합리성을 선택하는 패러다임 속에도 '진실'이 있다는 것을 인정하는 것이 필요하다.

다윗은 넓은 땅을 차지하자 그것을 요나단의 자식들에게 돌려주려고 했다. 그 소문을 들은 시바라는 사람이 므비보셋을 데리고 다윗을 찾아갔다. 시바는 사울의 토지를 오랫동안 관리했던 종이었다. 다윗은 므비보셋에게 요나단의 재산이었던 땅과 재물을 돌려주었다. 그리고 시바와 아들들이 므비보셋을 섬기도록 했다. 그러나 시바의 원래 목적은 므비보셋의 모든 땅을 차지하는 것이었다. 그래서 시바는 훗날 압살롬의 반역에 므비보셋이 가담한 것처럼 다윗에게 거짓으로 보고한다. 다윗은 확인 없이 시바의 말만 듣고 므비보셋의 상속권을 시바에게 주었다. 몇 년 후, 시바의 거짓 계략이 드러났지만 다윗은 시바를 죽이지 않았다. 잘못된 약속이었지만 다윗은 그대로 실천해서 므비보셋과 시바에게 땅을 똑같이 나누어 주었다.

이러한 다윗의 행동은 어떤 면에서 모순이고 비합리적이었다. 그러나 다윗은 그런 모순과 비합리성 속에서도 '진실'을 찾으려 했다. 그것은 '약속'이었다. 비록 거짓에 속아 잘못 판단했지만 '잘못된 약속'도 약속이었다. 이것은 다윗이 가진 리더십의 일면을 보게 한다. 다윗은 패러다임을 바꾸고, 자신의 말에 대한 책임을 졌다.

우리의 삶 속에서도 정의에 반하는 모순과 만난다. 때로는 잘못된 약속을 하기도 한다. 그러나 이러한 비합리적인 상황에서도 패러다임을 바꾸면 '진실'이 보인다. 자신의 말에 책임을 지고, 약속을 지키는 합리적인 선택을 한다면, '101% 인생'이 되어 인격의 가치가 높아지는 법이다. '책임과 약속'은 모순을 순리로, 비합리성을 합리성으로 해석하게 만드는 묘약이다.

일단 문제 밖으로 나오라
문제 밖에서 생각하기

옛날 인도에 베발이라는 현명한 사람이 있었다. 어느 날 황제는 베발과 여러 신하를 불러 모아놓고, 벽에 줄을 하나 쓱 그었다. 그리고는 말했다.

"잘 들어라. 지금부터 그대들은 내가 이 벽에 그어 놓은 줄을 짧게 만들어야 한다. 단, 이 줄에 절대로 손을 대어서는 안 된다."

신하들은 고민했다. '불가능해. 어떻게 손을 안 대고 더 짧게 만들 수 있나?' 이때 베발이 나섰다. 베발은 벽으로 성큼 다가서더니 그 줄 바로 밑에 다른 줄을 하나 더 길게 그었다. 그러자 황제가 그은 줄이 짧게 되었다. 베발은 패러다임을 바꾸어 문제를 해결하려 했던 것이다. 다른 신하들은 고정관념에 사로잡혀 황제가 그은 줄에만 집중했다. 황제가 그은 줄 자체가 고정관념의 감옥이었다. 그러나 베발은 다른 사람과 달리 패러다임을 바꾸어 문제 밖에서 생각하기 시작하면서 창의적인 해답을 찾아냈다.

'창의성'이란 '문제의 핵심을 발견하고 그 문제를 새로운 관점에서 접근함으로써 그 문제를 해결하게 하는 능력'이다. 그런데 '창의성'은 그렇게 특수한 것도 유별난 것이 아니다. 그것은 누구에게나 잠재해 있는 능력으로, 뚜렷한 목표 의식과 열정만 있으면 언제 어디서든 발휘될 수 있는 인간 고유의 특성이라 생각한다.

다윗의 사고는 '창의성'이 있었다. 골리앗과의 싸움을 앞두고 칼과 갑옷을 버리고 물매를 택한 것은 창의적인 행동이었다. 그것은 문제를 밖에서 보기 시작한 결과였다. 골리앗은 머리부터 발끝까지 온 몸이 놋 갑옷으로 둘러싸여 있었다. 사울과 백성들은 골리앗의 덩치와 빈틈없는 그의 무장에 눌려 자신들은 싸울 상대가 되지 못한다는 고정관념을 가지게 된 것이다. 그러나 다윗은 골리앗의 덩치와 무장이라는 고정관념에서 탈출해 패러다임을 바꾸었다. 그것은 약점을 찾는 것이었다. 다윗이 찾은 골리앗의 허점은 유일하게 무장되지 않은 이마였다. 그래서 다윗은 칼을 버린 것이다. 그곳을 공격할 무기는 물매밖에 없었다. 다윗의 승리는 문제 밖에서 문제를 본 패러다임의 전환에서 나온 것이다.

아메리카 대륙을 발견하고 돌아온 콜럼버스에게, 그런 일은 자기들도 할 수 있다고 시기하는 무리가 있었다. 콜럼버스는 그들에게 물었다. "누가 이 달걀을 책상 위에 세울 수 있겠소?" 여러 사람이 달려들어 이런저런 방법으로 도전해 보았지만 달걀은 힘없이 픽 쓰러질 뿐이었다. 그러자 콜럼버스는 빙그레 웃으며 달걀 한쪽을 깬 다음 세웠다. 그러자 사람들은 모두 웃으며 입을 삐죽거리며, "그렇게 하면 누군들 못합니까?" 하고 말했다. 그러자 콜럼버스가 말했다.

"모든 일이 그렇습니다. 다른 사람이 한 다음에 보면 다 쉬워 보이는 법입니다."

다른 사람들은 '달걀은 세울 수 없다'는 고정관념에 사로잡혀 발상을 전환시키지 못했지만 콜럼버스는 고정관념을 깬 단순한 생각으로 달걀을 세웠던 것이다.

우리가 문제의 거인을 바라볼 때, 문제를 '문제로만 보는 것'이 문제다. 그것은 고정관념이다. 문제 자체가 오히려 해법일 수 있다. 그리고 의외로 가까운 곳, 쉬운 방법에서 해법을 찾을 수 있다. 문제 속에 빨려 들어가면 보이지 않던 것이, 문제 밖에서 바라보고 생각하기 시작하면 탈출구가 보인다. 문제와 나를 독립시켜 생각하는 패러다임이 필요한 것은 문제의 거인이 긍정적인 생각과 적극적인 말과 행동을 오염시키고, 짓눌러 버릴 수 있기 때문이다.

하나님께서 '아무 것도 염려하지 말라'고 교훈하시는 것은 하나님은 문제를 밖에서 보시는 패러다임을 가지고 계시기 때문이다. 마치 사막 한가운데서 방향을 잃고 있을 때, 높은 창공에서 보면 방향을 알 수 있는 것처럼, 문제를 멀리서 보는 것은 지혜다. '창의성'은 문제 밖에서 보기 시작하면서 찾게 되는 고정관념 탈출구다. 일단 문제 밖으로 먼저 나오는 것이 '창의성'이다.

하나님 방식으로 생각하라
지·정·의를 이용, '상식 이성' 사용하기

기독교의 본질은 변화와 깨달음에 있다. 성경은 이렇게 말씀한다.

너희는 이 세대를 본받지 말고 오직 마음을 새롭게 함으로 변화를 받아 하나님의 선하시고 기뻐하시고 온전하신 뜻이 무엇인지 분별하도록 하라(로마서 12:2)

그렇다면 변화와 깨달음(분별)의 출발점은 어디인가? 그것은 '생각'이다.

로마서의 가르침은 마음과 생각이 먼저 변화를 받고, 하나님의 뜻이 무엇인지 분별해야 하는데 우리의 인격, 즉 지·정·의를 통해 상식적, 이성적으로 생각하면서, 하나님의 패러다임으로 분별해야 한다는 것이다. '상식 이성'은 하나님의 방식이다. 하나님의 뜻에는 상식과 보편성, 사회성, 인격성이 있다. 믿음에 '생각이 없는 이성'이 활동하면 신비주의가 되거나 좀비가 된다. '이성, 믿음, 행동'은

'신앙의 삼위일체'다.

그런데 생각이 변화되었다고 그 자체가 힘으로 나타나지는 않는다. 하나님이 주신 방식의 패러다임을 만날 때 강력해지는 것이다. 아무리 '된다, 된다'고 생각하고 말해도 안 되는 일이 있는 것이 현실이다. 성경은 이렇게 말씀하고 있다.

> 내게 주신 은혜로 말미암아 너희 중 각 사람에게 말하노니 마땅히 생각할 그 이상의 생각을 품지 말고 오직 하나님께서 각 사람에게 나눠 주신 믿음의 분량대로 지혜롭게 생각하라(로마서 12:3)

성경공부 팀을 인도할 때였다. 나이가 제법 많은 한 자매가 결혼에 대한 기도 제목을 어렵게 내놓았다. 자신은 대통령 영부인이 되는 꿈과 생각을 가지고 기도하고 있다는 것이었다. 같이 기도를 부탁했다. 나를 비롯한 팀원 모두는 깜짝 놀랐지만, 그 자매는 무척 진지한 표정이었다. 나는 그 자매를 격려하고는 조심스럽게 말했다.

"혹시 지금 사귀는 분이 있습니까?"

"아직 없는데요."

"그럼 먼저 정치계에 있는 사람이나, 대통령의 꿈을 품고 있는 사람을 만나야겠네요."

그녀를 격려하기는 했지만, 생각할 그 이상의 생각을 하고 있고, 믿음의 분량이 맞지 않는 것 같았다. 그녀가 영부인이 될 수 없다는 말이 아니다. 하나님이 주신 믿음의 분량과 생각이었다면 그렇게 될 것이다. 중요한 것은 하나님의 방식에 맞춘 패러다임이었느냐는 문제다.

기독교적인 세계관, 기독교적인 눈이라는 것은 하나님의 말씀대로 생각하고, 말하고, 행동하고 따라가는 것이다. 그리고 하나님의 생각을 내 생각이 되게 하고, 성경 말씀이 말하는 것과 같은 사고방식을 가지고, 올바른 이성을 통해 상식적이고 정직하게 행동하는 것을 말한다.

'생각한 대로, 말한 대로 모두 이루어진다'고 믿는 것은 도깨비 방망이 같은 고정관념이다. 신비주의다. 그렇게 되면 이 세상은 혼란스럽고 존재할 수 없다. 하나님이 우리의 '생각과 말'의 열매를 통제하신다. 따라서 우리의 '생각과 말'이 하나님의 시각과 만날 때만이 하나님의 뜻을 이루는 강력한 힘이 된다.

우리의 '생각과 말'은 디자인되어야 한다. 긍정적, 적극적, 창조적, 아름다움, 선함, 사람을 살리는 유익으로 디자인되어야 한다. 나아가 지·정·의가 올바른 인격체가 되어 사람을 귀하게 여기고, 사람에게 피해를 주지 않는 '생각과 말'을 사용함으로서 하나님과 사람 앞에 감동을 주어야 한다. 그것이 하나님의 뜻이며, '생각과 말'이 디자인된 '101% 인생'이 되는 것이다. '상식 이성'은 고정관념의 탈출구이며, 디자인된 인생을 그리는 붓과 물감이다.

이러한 측면에서 다윗은 '자기 디자인'의 천재였다. 아말렉에게서 많은 전리품을 얻은 다윗 군대는 시글락으로 돌아왔다. 그런데 전리품 분배 문제를 놓고 악한 자와 비류들이 전쟁에 참가하지 않

은 사람에게는 전리품을 나누지 말자고 주장한다. 그때 다윗은 전
장에 내려갔던 자의 분깃이나 소유물 곁에 머물렀던 자의 분깃이
같다고 보고 같이 분배하라고 명령한다(사무엘상 30:24). 상식적이고
보편적이며 사회적인 정직한 명령이었다.

전쟁에서 노획물을 얻으면 그 노획물은 전쟁에 참여한 자들만이
나누어 갖는 것은 당연했고, 이는 고정관념이었다. 목숨을 걸고 싸
운 사람과 후방에서 편하게 지낸 사람을 차별하는 것은 상식적으
로 마땅한 일이었다. 그러나 다윗은 이를 뒤엎은 새로운 규례를 세
웠다. 그런데 여기에는 그럴 만한 분명한 근거와 이유가 있었다.
전쟁에 나가 애쓴 것은 사람이지만 승리를 주시는 것은 하나님이
라는 분명한 믿음 때문이었다. 다윗은 하나님 방식으로 생각하는
패러다임을 알았던 것이다.

다윗은 하나님의 마음을 너무도 정확하게 알고 있었다. 그리고
백성을 귀하게 생각하는 깊고 넓은 마음이 있었다. 다윗은 하나님
눈으로 상황을 판단하면서, '상식 이성'을 통해 고정관념의 감옥에
서 탈출했던 것이다. '101% 인생'은 상식을 귀하게 여기는 사람을
말한다.

변화하는 패러다임에 반응하는 걸음마 3C
1. Change : 지나간 것은 버리기로 생각을 전환한다.
2. Choose : 도전을 선택한다.
3. Chance : 위기를 기회라고 생각한다.

나관호
2017.

생각과 말을
디자인 하면
인생이 1●1% 바뀐다

2부

위대한 인생을 만드는
5가지 생각의 법칙

1장
생각은 전쟁터다
'긍정의 날갯짓'을 하라

첫 번째 생각의 법칙
공격형 콤플렉스를 부정하라

난쟁이와 거인은 상대평가의 결과다.
난쟁이가 주인인 집에 하인이 거인이 하인이라면,
누가 진짜 거인인가?
보이는 것보다 주도권의 문제다.

'콤플렉스'(Complex)란 생각의 흐름을 훼방한다. 이를테면 당황하게 한다든지, 화를 내게 한다든지 마음속에 매우 강력한 감정 반응을 일으키고 두려움에 사로잡히는 마음속의 의식을 일으킨다. 사람은 누구나 콤플렉스를 가지고 있다. 그러나 그것을 조종하고 다스리는 것은 우리 스스로의 몫이다. 디자인된 '생각과 말'은 인생길에서 콤플렉스를 이기게 하는 도구가 된다.

하나님은 이스라엘 백성들이 광야생활을 계속하기를 원치 않으셨다. 그래서 젖과 꿀이 흐르는 가나안 땅으로 인도하셨다. 모세가 보낸 12명의 정탐꾼은 40일 동안 가나안 땅을 살펴보고 에스골 골짜기에서 얻은 큰 포도송이를 가지고 돌아왔다. 그 포도송이가 얼마나 컸던지 두 사람이 막대기에 끼워서 가져올 정도였다.

그런데 다른 10명은 가나안 땅이 젖과 꿀이 흐르는 땅인 것을 인정하면서도 거대한 아낙 자손을 본 것으로 인해 두려운 마음이 들었다. 네피림의 후손 아낙 자손 대장부들을 보니 자신들은 메뚜기 같았다고 보고했다(민수기 13:31 - 33). 반면, 함께 올라갔던 여호수아와 갈렙은 그들과 똑같은 것을 보았지만 '생각과 말'이 달랐다. 능히 이길 것이니 올라가 그 땅을 취하자고 했다(민수기 13:30). 그러나 메뚜기 콤플렉스에 걸린 정탐꾼들의 부정적인 생각과 악평은 전염 되어 온 회중이 밤새도록 울부짖으며 모세와 아론을 원망하게 했다.

왜 같은 것을 두고도 보고 내용이 달라질까? 10명의 정탐꾼들은 현실대로 보았다. 어떤 면에서는 그들의 눈이 잘못된 것은 아니다. 문제는 그들이 거인 아낙 자손의 모습에 놀라 하나님의 '정복 약속'을 잊었다는 것이다. 그들에게 두려움은 '메뚜기 콤플렉스'로 나타났다. 그러나 여호수아와 갈렙은 거인을 보았지만, 그럼에도 불구하고 하나님의 약속을 거인 위에 두었다. 여호수아와 갈렙은 가나안 땅의 풍요로움을 누릴 수 있다는 믿음의 눈, 마음의 눈이 '메뚜기 콤플렉스'를 누르고 '생각과 말로 패러다임을 승리에 맞춰 나아갔던 것이다.

'믿음의 눈'이 '긍정 선택'과 합치되면 보이는 것이 달라진다. 엠그린핀(Em Griffin)은 강조했다.

"사람은 자신이 생각하는 대로 되어 간다는 것은 의심할 수 없는 사실이다"

승리를 생각하면 승리하는 인생을 살게 되고, 패배 의식에 사로잡혀 패배를 생각하면 실패할 확률이 높은 것이다.

구세군을 창시한 윌리엄 부스(William Booth)는 말년에 안질로 고생을 했다. 의사는 그에게 직접 말하기가 어려워 아들에게 눈이 회복될 가능성이 없다고 전했다. 아들은 아버지 윌리엄 부스에게 조심스럽게 말문을 열었다.

"아버지, 눈 상태가 그리 좋지는 않습니다."

"내가 시력을 잃게 된다는 말이구나."

잠시 침묵이 흐르고 윌리엄 부스 목사가 다시 입을 열었다.

"그러면 지금까지는 두 눈을 가지고 그분을 섬겼다면 이제는 두 눈 없이 그분을 섬기는 방안을 찾아야겠구나."

윌리엄 부스 목사는 생각을 불행이나 낙심의 콤플렉스에 던져주지 않았다. 콤플렉스를 부정했다. 그리고 하나님을 섬기는 방법에 차이가 있을 뿐이라는 긍정을 선택한 것이다. 그는 '생각과 말'을 디자인해 마음을 바꿔, '101% 인생'으로 새롭게 태어난 것이다.

윌리엄 부스의 긍정적 믿음이 우리의 마음을 요동치게 한다. 그의 고백은 교회사 속에서 많은 사람이 변화를 받는데 영향을 주었다. 콤플렉스는 환경이 만드는 것이 아니라 우리 마음과 생각에서부터 만들어진다. 그래서 생각을 훼방하는 '공격형 콤플렉스'를 부정하는 것이 승리 인생의 첫 발걸음, '101% 삶과 인생'으로 나아가게 하는 추진력이 된다.

크고 작다는 것은 상대평가다

가장(假裝)된 '가면 생각' 부정하기

골짜기를 사이에 두고 이스라엘과 블레셋이 대치하고 있었다. 그런데 블레셋에는 골리앗이라는 거인 장수가 있었다. 골리앗이 큰 소리로 외치면 사울도 이스라엘 군대도 겁에 질려 모두 떨었다. 이스라엘 군대는 절망에 사로잡혔고, 싸워도 승산이 없다고 생각했다. 골리앗이 큰 소리를 칠수록 이스라엘 군대는 겁에 질렸고, 어느 누구도 골리앗을 대적해 싸우려는 사람이 없었다. '난쟁이 콤플렉스'에 걸린 것이다. 이스라엘 군대들이 수군거렸다.

"우리는 안 돼. 저 큰 덩치 좀 봐. 거인이다. 우리는 난쟁이야."

상대를 압도하는 큰 덩치, 틈을 찾을 수 없는 완벽한 무장은 이스라엘 진영을 큰 절망의 구름으로 덮어버렸다. 골리앗은 '40일 동안' 밤낮으로 나와 큰 소리를 지르고, 이스라엘에 싸움을 걸었다. 거인 골리앗은 자신과 일대일로 싸워 지는 쪽이, 이기는 쪽의 종이 되자면서 큰소리쳤다(사무엘상 17:8 - 10).

사울 왕을 비롯한 이스라엘 군대는 싸워 보기도 전에 눈에 보이는 것에 마음을 점령당했다. 그들 마음속에는 부정적인 생각과 말 그리고 패배 의식으로 가득했다. 온 이스라엘은 골리앗의 우레 같은 도전장에 놀라고 큰 두려움 속에 거했다. 이스라엘 백성과 사울 왕은 골리앗을 눈에 보이는 그대로 자기의 '생각과 말'을 고정했다.

"거인이다. 이길 수 없을 거야. 우린 끝났어."

그런데 눈에 보이는 것이 모두 진실일까? 그렇지 않다. 어떻게 생각하느냐에 따라 눈에 보이는 것이 허상이 될 수도 있다. 거꾸로 보이는 안경을 쓰면 처음에는 눈앞이 어지러워지면서 세상이 거꾸로 보인다. 그러나 잠시 후 적응되면 나중에는 정상으로 보인다. 만약 무엇인가를 본다는 행위가 눈으로만 이루어진다면 계속 거꾸로 보여야 한다. 그런데 적응 후에 정상으로 보인다는 사실은 '본다'는 것이 뇌의 영역이라는 점을 가르친다. 어떤 의미에서 우리 눈은 렌즈이고, 그 렌즈를 통해 '뇌가 보는 것'이다. 따라서 눈으로 보이는 것도, 뇌의 활동인 '생각'에 따라 다르게 보일 수 있다.

크고 작다는 것은 상대적이다. 참외를 살 때 어린아이 머리만한 것을 골랐다면, 누가 봐도 큰 참외를 골랐다고 할 것이다. 눈에 그렇게 보이기 때문이다. 그리고 뇌에서도 크다고 인식한다. 그런데 바로 옆에 있던 수박을 보았다. 그러면 어떻게 되는가? 순간적으로 참외는 작고, 수박은 크다고 인식한다. 눈은, 참외는 참외 크기 그대로, 수박은 수박 크기 그대로 본다. 그런데 뇌는 수박이 크다고 본다. 이처럼 인간의 감각은 부족한 점이 많다. 감각으로 보이는 것이 모두 진실은 아니다. C. S 루이스(Lewis)는 경고했다.

"모든 유한한 인간은 그들이 스스로 가장하는 대로 될 것이다"

실제 모습이 아닌 가장된 생각이라도 영향력을 나타낸다는 말이다. 가면처럼 가장된 생각에게 주도권을 주는 것은 콤플렉스다. 가장된 생각을 부정해야 한다.

군사들의 40일 준비기도 후, 다윗 등장

보이는 대로 생각 안 하기

보이는 대로 생각하지 않는 패러다임을 가지면, 다른 각도에서 해법이 보인다. 그리고 새로운 '마음의 눈'이 생긴다. 내가 사무엘상 17장을 묵상하다가 '통찰력 있는 생각'과 '새로운 눈'이 열렸다. 그것은 '왜, 골리앗이 40일 동안 밤낮으로 항오를 벌였을까'라는 생각이었다. 성경에는 숫자가 주는 의미들이 있다. 숫자 '40'은 '환란과 시험'의 숫자이다. 그러나 '40'이 지난 후에는 승리와 영광과 응답이 다가 온다. '예수님의 40일 광야시험'(마가복음 1:3)과 '금식기도 40일'(마태복음 4:2), '예수님이 부활하신 후 40일 동안 나타내 보이심'(사도행전 1:3), '노아 홍수가 40일 동안 땅에'(창세기 7:17), '이스라엘 백성이 40년 동안 만나를 먹으며 광야생활'(출애굽기 16:35), '모세가 40일, 40야를 구름 속에서 산위에 있었음'(출애굽기 24:18), '요나가 40일 후, 니느웨가 무너짐 외침'(요나 3:4) 등이다. 이 외에도 성경 속 숫자 '40'에 대한 부분이 많다.

골리앗과 블레셋 군대가 '40일 동안' 소리를 지를 때, 이스라엘 진영의 군사 중 누군가는 '40일 동안 기도'를 했을 것이라는 통찰력이 내 생각 속에 임했다. 군사들은 매일 매일 하나님 앞에 도와 달라고 간구했을 것이 분명하다.

"여호와 하나님이여! 이스라엘을 살려 주소서. 골리앗을 이기게 하여 주소서, 우리와 함께 하소서. 우리에게 강한 장수를 보내주소서."

이미 이길 수밖에 없는 전력을 가진 블레셋 군대와 골리앗이 40일 동안 전쟁을 연기할 이유가 없다. 이스라엘의 40일은 환란과 어려움의 시간이었지만, 하나님은 '40일 준비기도' 기간을 만들어 주셨던 것이다. 강렬한 '40일 준비기도' 후에 다윗이 "짠"하고 나타나 영웅이 된 것이다. 내가 묵상 중 발견한 보석 같은 생각이다. '기도의 말'은 현실을 넘어 승리를 보게 한다. 보이는 대로 두려움을 말하지 않고, 승리를 말하는 것이 인생 승리, 인생 성공, '101% 인생'으로 나아가는 길이다.

프리즘을 통과한 빛은 무지개 색깔을 나타낸다. 긍정의 '생각과 말'이 '이기는 프리즘'을 통과하면 승리와 성공의 결과를 가져온다. 사울과 이스라엘 백성들은 골리앗을 보이는 그대로 두려워하며 거인으로 생각했지만, 다윗은 '하나님의 눈'이라는 프리즘을 통과시켜 골리앗을 보았다. 그러자 골리앗이 여느 짐승의 하나처럼 보였다.

'믿음의 눈'은 보이는 현실을 그대로 수용하지 않는다. 보이는 대로만 생각하는 것은 감각주의다. 초월주의적인 생각을 가질 때 거인 같은 문제도 작게 볼 수 있고, 이긴다고 선포하게 되는 것이다. 다윗은 감각주의자가 아니라 하나님의 눈을 가진 초월주의자였다. 그러므로 공격형 콤플렉스를 부정하기 위해서는 보이는 대로만 생각하지 않는 패러다임이 필요하다. 보이는 세계보다 보이지 않는 세계가 더 크고 넓다. 그리고 보이지 않는 세계가 보이는 세계를 조종한다. 보이는 대로만 생각하는 것에는 오류가 발생한다.

생각은 주도권의 전쟁터다
선한 생각 살찌우기

사울과 백성들은 골리앗 앞에서 덩치를 비교해 보니 자신들은 난쟁이라고 생각했다. 난쟁이 콤플렉스다. 그러나 마음먹기 나름이다. 난쟁이가 주인인 집에, 거인이 하인이라면 누가 진짜 거인인가? 보이는 어떤 것보다는 주도권이 어디에 있느냐에 따라 다르다.

험상궂은 얼굴을 가진 검둥개와 부드러운 털을 날리는 백구가 있다. 두 마리 개는 싸움을 하기 위해 대치하고 있다. 어느 개가 이길까? 대부분의 사람들은 검둥개라고 한다. 왜냐하면 검둥개의 인상이 더 험상궂기 때문이다. 백구가 이긴다고 대답하는 사람들은 질문에 함정이 있는 것으로 생각해 그렇게 대답한다.

그러나 둘 모두 답이 아니다. 정답은 '힘센 놈이 이긴다.' 힘센 개가 주도권을 잡게 되어 있다. 사람의 마음속에 검둥개와 백구가 있다고 생각해 보자. 백구는 '선한 생각'이라 하고, 검둥개를 '악한 생각'으로 놓으면, 어느 개가 이길까? 역시 힘센 놈이다. 그렇다면 우리의 선택은 간단하다. 백구인 '선한 생각'을 살찌워서 힘을 강하게 만들면 주도권을 쥐게 되므로, '선한 생각'이 삶을 주도하게끔 할 수 있다. 그러므로 생각은 '주도권의 전쟁터'다.

다윗의 마음에 왜 두려움이 없었겠는가? 사울에게 쫓길 때도 두려움을 느끼지 않았던가. 믿음의 조상 아브라함, 야곱에게도 두려움이 있었다. 850대 1의 갈멜산 싸움에서 대승했던 엘리야, 하늘에서 불이 내리게 했던 담대한 믿음의 소유자 엘리야도, 그 후 이세벨에게 쫓겨 호렙산으로 도망가지 않았는가. 사람은 누구나 두려움을 가지고 있다. 다윗을 비롯한 믿음의 영웅들도 두려움의 공격에 흔들려야 했던 것은 생각의 주도권을 잃었기 때문이다. 그러나 후에는 주도권을 되찾아 '담대함'을 거인으로 만들고, '두려움'을 난쟁이로 만들었다. 물론 '담대함'의 원조 주인은 하나님이시다.

그런데 그런 '담대함' 속에는 '하나님에 대한 두려움'이 포함된다. 하나님에 대한 두려움은 '경외함'으로 바꿀 수 있다. 다윗은 인생의 실패와 좌절 경험을 통해 하나님에 대한 경외심을 배웠다. 하나님과 함께 하면 능치 못할 일이 없지만, 반대로 하나님이 멀리 계시면 자신의 힘으로는 아무 것도 할 수 없음을 경험적으로 알았다. 생각의 주도권이 나침반처럼 하나님 뜻에 항상 맞추어질 때 승리를 얻게 된다는 말이다.

간암 4기에 폐까지 암이 전이되었던 전 서울대학교병원장 한만청 박사. 그는 두려움의 콤플렉스를 부정하고 생각의 주도권 싸움에서 승리한 대표적인 사람이다. 한 박사 같은 환자의 경우 살 확률은 5%밖에 되지 않는다. 대부분의 사람들은 사망률 95%라는 수치에 눌린다. 당연히 살아날 희망을 갖지 못한다. 그런데 한 박사는 패러다임을 바꾸어 5%에 주목했다. 단 5%에 희망을 걸고, '살아나야 한다'는 긍정적인 생각 그리고 '건강해질 수 있다'는 말과 '치료될 수 있다'는 희망을 바라보았다. 그 결과 간과 폐에 전이되었던 암이 사라졌다. '101% 인생'이 되었다. 생각의 주도권을 암에게 주지 않고, 치료된다는 희망에게 주었기 때문이다.

마르쿠스 아우렐리우스(Marcus Aurelius)는 "사람의 일생은 자기 생각 그대로 되기 마련이다"고 했고 노만 빈센트 필(Norman Vincent Peale)은 "생각을 바꾸면서 자기 세계도 바꿀 수 있다"고 했다. 생각은 영향력을 가지며 결과를 만들어 낸다는 의미다. 이처럼 생각이 긍정과 승리, 사랑과 기쁨으로 디자인되어 주도권을 잡을 때 인생은 행복해진다. '101% 인생'이 된다. 여기에 말도 생각을 따라 긍정과 승리를 고백할 때 더 강한 인생의 승리법칙이 되는 것이다.

믿음과 생각대로 된다
'긍정 생각'으로 마음 채우기

다윗이 사울에게 쫓겨 가드 왕 아기스에게로 도망갔을 때였다. 골리앗을 이겼던 다윗이 사울에게는 두려움을 느꼈다. 다윗이 난쟁이 콤플렉스, 두려움 콤플렉스에 걸린 것이다. 아기스의 신하들은, 백성들이 '사울이 죽인 자는 천천이요. 다윗은 만만이로다'라고 한다며 다윗이 이스라엘의 왕이 아니겠냐고 보고했다. 그 말을 들은 다윗은 아기스가 두려워 미치광이 행동을 하기 시작했다. 대문 짝을 긁적였고 침을 수염에 흘리면서 위험에서 벗어나려 했다(사무엘상 21:10-15). 다윗은 문제 앞에서 믿음과 손을 잡은 것이 아니라, 자신의 계책으로 위기를 모면하려 했다. 자신의 계략을 기초로 삼아 난쟁이가 되기로 결정한 것이다. 왜 그랬을까? 위기의 순간 미치광이 행동이 합리적이라고 생각했기 때문이다. 두려움은 빗나간 생각과 엉뚱한 패러다임을 만든다. 미치광이 행동을 하면서 다윗이 과연 평안했을까? 다윗은 위기에서 벗어났지만 과연 기뻤을까? 믿음과 만난 '긍정 생각'만이 안정감을 준다.

미국 샌프란시스코에 있는 금문교는 1930년대에 건설된, 세계에서 가장 높고 긴 교각을 가진 아름다운 다리다. 이 금문교를 지을 때 많은 중국 노동자들을 인부로 고용했는데, 공사 기간 동안 많은 노동자가 다리에서 떨어져 죽었다. 높은 곳에서 일하다보니 '무서움 콤플렉스'가 더 큰 두려움을 만든 것이다. 많은 희생자가 나오자 샌프란시스코 시에서는 막대한 비용을 들여 건설 현장 밑에 그물을 둘렀다. 마치 서커스에서 공중 묘기를 펼치는 사람을 보호하기 위해 쳐 놓은 그물처럼 안전을 고려한 것이었다.

그런데 그물을 둘러 친 후부터는 다리에서 떨어지는 사람이 없었다. 이유가 무엇이었을까? 사람들이 믿음을 갖게 되었기 때문이다. 믿음은 사람의 마음에 평안과 안정감을 준다. 그물이 없을 때는 '떨어지면 죽을 텐데' 하는 불안과 공포로 인해 헛발을 디뎠지만 그물을 설치한 뒤로는 '떨어져도 죽지 않는다'는 긍정적인 생각이 믿음을 만들어 헛발을 딛지 않게 했기 때문이다.

영국의 과학자 헉슬리(Huxley)는 '긍정적 사고란 곧 희망을 말하며, 생활의 원동력'이라고 했다. 노만 빈센트 필은 "최상의 것을 생각하면 최상의 결과를 얻고 최악의 것을 생각하면 최악의 결과를 얻는다"고 했다. 믿음과 생각대로 인생이 펼쳐진다는 말이다. 매사를 긍정적으로 생각하고 적극적으로 대처하면, 무슨 일을 하든지 '희망의 빛'이 있다. 긍정은 희망과 같은 식구이기 때문이다.

상황을 뒤집는 힘, '믿음의 생각'
'믿음 기초'에 생각 채우기

다윗의 삶은 믿음이 기초가 된 고백들로 이루어졌다.

> 내가 사망의 음침한 골짜기로 다닐지라도 해를 두려워하지 않을
> 것은 주께서 나와 함께 하심이라(시 23:4)

더 이상 '난쟁이 콤플렉스'와 '두려움 콤플렉스' 더 이상 노예가 되지 않겠다는 고백이다. 이처럼 주님 능력의 날개 아래 있다는 것을 알게 되면, 마음과 생각은 안정감을 만든다. 그리고 눈에는 아무 증거도 안 보이고, 귀에는 아무 소리도 안 들리고, 손에는 잡히는 것이 없어도 확신이 생긴다. 또한 앞길이 칠흑같이 어두워도 주께서 동행하신다는 확신은 평안을 만든다.

다윗이 가진 담대함, 용맹스러움, 지혜와 총명 그리고 아름다운 음악성과 언변 등 모든 것은 하나님이 주신 믿음 위에 세워진 '101% 인생' 건축물이었다.

메릴린 먼로(Marilyn Monroe)와 동시대에 영화배우로 활약했던 여배우 콜린 에반스(Colin Evans)가 조찬 모임에 강사로 초청되었다. 그녀는 그곳에서 자기에게 사랑하는 사람이 생겼다는 깜짝 발언을 한다. 장내는 술렁였다. 당대의 인기 여배우에게 사랑하는 사람이 생겼다는 것은 뉴스거리였다. 사람들은 선택받은 행운의 남자가 누구냐고 물었다. 콜린 에반스는 이렇게 대답했다.

"나는 예수님의 선택을 받았습니다. 내가 선택한 것이 아니라 그가 나를 선택하셨습니다. 나는 선교사 훈련을 받고 있습니다. 선교사와 결혼해 선교지로 떠날 것입니다."

그녀는 말을 통한 믿음의 신앙 고백 위에 생각을 올려놓았다. 믿음의 길을 선택한 것이다. 4년 뒤 남편 루이스 에반스 목사는 로스앤젤레스 교외 벨에어에서 개척 교회를 시작했다. 남편은 훗날 워싱턴의 국립 장로교회로 옮겨 목회를 했다.

인생길을 믿음의 반석 위에 세운 콜린 에반스는 기도의 사람이 되었다. '101% 인생'으로 완전히 바뀌었다. 그러나 모래 위에 인생을 세운 당대 최고의 배우 메릴린 먼로는 37세에 세 번째 결혼을 3일 앞두고 자살로 생을 마쳤다. 돈과 명예를 가진 스타였지만 '허무함 콤플렉스'를 이기지 못했다. 두 여인의 길은 너무나도 달랐다.

빌리 그레이엄(Billy Graham) 목사가 에반스에게 "후회가 없습니까?"라고 물었을 때, 그녀는 "스타의 영광도 부럽지 않습니다"라고 대답했다. 믿음과 만난 생각은 에반스에게 인생 최대의 기쁨을 선물한 것이다. 이처럼 믿음을 기초로 세운 '믿음의 생각'은 모든 상황을 뒤집는 힘이며, '101% 인생'을 만드는 원동력이다.

인내는 '희망'이다
희망의 날갯짓 하기

다윗이 거인으로서의 발걸음을 내딛은 것은 사무엘의 기름부음 부터였다. 기름부음을 받은 다윗은 담대해졌고, 살아계신 하나님의 힘을 의지하는 믿음이 강해졌다. 구약시대에 머리에 기름을 붓는 것은 특별한 의미를 갖는 중대한 의식이었다. 하나님께서 어떤 사람에게 중요한 직책, 예컨대 왕이나 대제사장을 세우실 때 엄숙하게 거행된 예식이었다. 다윗이 기름부음을 받았다는 것은 왕이 되든지 대제사장이 된다는 의미였다.

그런데 다윗이 기름부음을 받은 후 처음부터 왕이 된 것은 아니다. 공격하는 '두려움 콤플렉스'와 '난쟁이 콤플렉스'를 이겨내고, 날개가 강해지고 커지는 시간이 필요했다. 사울에 의해 보금자리를 쫓겨나 벼랑 끝으로 떨어지면서 날갯짓을 배운 후에 창공을 나는 독수리처럼 왕이 된 것이다.

다윗에게 인내는 '희망'이었다. 사울에게 쫓기고 있으면서도 '언젠가는'이라는 희망 코드를 가슴에 새기고 '희망의 날갯짓', '긍정의 날갯짓'을 계속했다. 그리고 다윗에게 하루하루는 왕의 자질을 배우는 학습장이었다. 인도 시인 타고르(Tagore)는 노래했다.

"고통을 멎게 해달라고 기도하지 말게 하시고, 고통을 극복할 용기를 달라고 기도하게 하소서"

그것은 인내하는 용기가 곧 희망이라는 말이다.

위암 말기 환자인 조지에게도 인내는 희망이었다. 조지는 고통스런 항암제 치료를 받던 중 부인에게 화훼단지에 가서 수선화 뿌리를 사달라고 부탁했다. 그러면서 혼자 말했다.

"내가 살면 저 뿌리가 피운 화사한 꽃을 보게 될 것이고, 어쩌다 죽는다 해도 그 아름다운 꽃이 내 무덤을 장식하겠지."

이렇게 피어 오른 수선화에 대한 희망은 한 생명을 구했다. 조지는 수선화를 가슴에 안고 건강하게 퇴원했다. 조지는 희망으로 '살기 위한 날갯짓'을 했다. 하루하루 뿌리를 내리는 수선화를 보면서 화사하게 꽃이 피기를 바라보았다. 수선화의 생명력은 조지의 희망이 되었다. 살아서 꼭 수선화 꽃을 보고 싶다는 '희망의 기대감'을 날마다 커지게 만들었다. 그런 작은 '희망의 날갯짓'이 쌓여 조지를 살렸다. 희망은 '101% 인생'이 되기 위한 기초석이다.

하나님 어깨 위에 있는 작은 거인
자기 모습 바르게 발견하기

다윗은 하나님이 원수를 이기는 능력임을 알았다. 그리고 하나님의 눈으로 자신을 보기 시작했다. 다윗은 이렇게 고백했다.

내가 찬송 받으실 여호와께 아뢰리니 내 원수들에게서 구원을 얻으리로다(사무엘하 22:4)

다윗은 주권자 하나님의 어깨 위에 있는 '작은 거인'임을 알았다. 그리고 하나님이 행하신 일을 묵상하며 깊이 생각하는 '긍정의 날갯짓'을 배웠다. 그런 과정이 왕으로 가는 길임을 알았다.

모험을 좋아하는 소년이 산에서 발견한 독수리 알을 암탉이 계란을 품을 때 살짝 집어넣었다. 드디어 병아리도, 새끼 독수리도 알에서 깨어났다. 그런데 새끼 독수리는 자기가 병아리라고 생각했다. 왜냐하면 자기의 주위에는 병아리들밖에 없었기 때문이다. 그래서 병아리와 똑같이 행동했다.

그런데 어느 날, 큰 독수리 하나가 닭장 상공을 멋지게 맴돌다 갔다. 새끼 독수리가 보니 그 새는 자신의 모습과 무척이나 닮았다. 새끼 독수리는 중얼거렸다.

"나는 병아리들과 모습이 다른데, 저 창공을 나는 큰 새와 내 모습이 같네. 나는 병아리가 아니구나"

새끼 독수리는 비로소 자신의 바른 모습을 발견한 것이다. 그리고 창공을 나는 독수리처럼 '날 수 있다'고 생각하고 독수리처럼 날갯짓을 해보았다. 그랬더니 하늘로 높이 훨훨 날아오를 수 있었다. 병아리 무리 속에 살면서 '병아리 콤플렉스'에 걸려있던 새끼 독수리가 자신이 독수리라는 사실을 알게 되면서 운명이 바뀌게 된 것이다. '101% 독생'이 되었다.

우리도 '병아리 콤플렉스'를 부정하기 위해서는 자신의 존재를 하나님의 눈으로 바라보아야 한다. 자기의 바른 모습을 발견해야 한다. '왕 같은 제사장'이요 '거룩한 나라'다. '하나님의 자녀'요, 예수님께서 우리를 '친구라고 부르시는 존재'임을 알아야 한다. 그리고 성령님이 우리 안에 계시다는 것을 알아야 한다. 하나님의 눈은 우리의 마음과 생각에 용기를 가져온다. 콤플렉스를 이기고 절망적이고 부정적인 환경 속에서도 꿈과 믿음이 생겨나게 한다.

'광야학교'는 축복이다
'섭리신앙'으로 환경보기

독수리 새끼들은 강한 날개를 물려받고 태어나지만 처음부터 고공을 솟아오르며 날카로운 눈매와 힘센 부리를 사용하는 능력이 있는 것은 아니다. 그래서 어미 독수리는 새끼들이 강한 독수리가 되도록 훈련을 시킨다.

아슬아슬한 절벽 위에 독수리의 보금자리가 있다. 어느 날인가부터 어미 독수리는 보금자리를 어지럽히고 그곳에 새끼들이 안주하지 못하게 만든다. 보금자리를 뒤흔들고 부리로 어린새끼들을 낭떠러지 밑으로 떨어뜨린다. 그러면 새끼들은 비명을 지르면서 어설픈 날갯짓을 하며 떨어진다. 새끼 독수리가 바닥에 떨어지려는 찰나, 어느새 어미 독수리는 새끼를 자기 날개로 걷어 올린다.

그러나 잠시 후, 어미 독수리는 다시 둥지에서 떨어뜨리고 다시 걷어 올린다. 어미 독수리는 새끼가 스스로 날 수 있을 때까지 이 훈련을 반복한다. 그러면 새끼들은 날갯짓을 하며 애를 쓰다가 마침내 하늘 높이 날게 되어 또 하나의 강한 독수리로 태어난다. 모세는 독수리 새끼를 훈련시키는 과정과 방법을 통해서 하나님의 사랑을 설명했다.

> 마치 독수리가 그 보금자리를 어지럽게 하며 그 새끼 위에 너풀거리며 그 날개를 펴서 새끼를 받으며 그 날개 위에 그것을 업는 것같이 여호와께서 홀로 그들을 인도하셨고 함께 한 다른 신이 없었도다(신명기 32:11-12)

하나님의 사랑이 어미 독수리의 사랑과 같다는 의미다. 어미 독수리는 새끼를 위해 보금자리를 마련했지만 훈련 때가 되면 갑자기 보금자리를 어지럽힌다. 보금자리가 어지럽게 되는 혼란스러움은 새끼들에게 진정한 독수리가 되는 첫 번째 관문이다.

보금자리는 하나님이 주신 축복의 자리다. 그런데 하나님이 그 보금자리를 어지럽힌다고 생각할 때가 있다. 그럼에도 반사적으로 '모든 것을 합력해서 선을 이루시는 하나님'을 생각해야 한다. 그것은 사고방식의 훈련에서 나온다. 보금자리가 흩어지는 고난의 관문은 우리를 성장시키고, 더 높은 차원의 삶을 위한 하나님의 계획이며 섭리다.

다윗은 사울을 통해 보금자리가 어지럽혀졌다. 골리앗을 이긴 승리, 백성들의 인정, 요나단과의 우정, 군대장관 자리, 부모 형제와의 만남 등 모든 것에서 어지럽혀졌다. 광야생활이 시작된 것이다. '광야학교'는 다윗이 왕이 되기 위해 거쳐야 할 관문이었다. 광야는 하나님이 만드신 섭리 장소이며, 축복의 자리다. 하나님은 '광야학교'에서 다윗의 성품과 자질을 다듬어 가셨고, 말씀하는 장소로 활용하셨다. 다윗이 '101% 인생'을 위한 길에 들어선 것이다.

'광야'는 히브리어로 '미드바르'(Midbar)인데. '말씀'은 '다바르'(Dabar)이다. '거룩함'은 '카도쉬'(Kadosh)인데, 거룩함이 거하는 성전은 '미크디쉬'(Mikdash)이다. 즉 히브리어는 어떤 단어 앞에 '미'(Mi)가 붙으면 그 단어가 이루어지는 장소를 가리키는 명사가 된다. 하나님의 말씀인 '다바르'가 임하는 곳이, 유대인들에겐 '미드바르' 곧 '광야'인 것이다. 그래서 구약의 선지자들은 서재가 아니라, 광야에서 목동 가운데 부르심을 받았다.

신약을 기록한 언어인 헬라어로 '말씀'은 '로고스'(Logos)라고 한다. 헬레니즘이 꽃핀 로마제국은 오늘날 영어권의 유럽과 미국에 이르면서, 신성 로마제국의 영향력을 유지하고 있다. 하나님은 사도바울을 통해 이방교회의 확장을 위해 헬레니즘의 특성을 사용하셨다. 이 '로고스'라는 헬라어는 오늘날의 영어에도 그 단어가 있다. 문과에서는 많은 문장을 이성적으로 연결하는 뜻인 '논리'(logos)로 이어지고, 수학에서는 산술로 계산을 집약하는 '로고스'(logos)로 쓰이고 있다.

생각은 전쟁터, 긍정의 날갯짓을 하라
반복된 '긍정훈련'하기

　보금자리가 어지럽혀질 때 사고방식을 훈련해야 한다. 고난만을 생각하지 말고 보금자리에서 나와 더 큰 것을 생각해야 한다. 그렇게 되기 위해서는 콤플렉스를 부정하고 생각의 패러다임을 전환시키는 훈련을 해야 한다. 다윗은 원수 사울을 죽일 수 있는 기회를 맞아서도 하나님을 두려워했다. 그것은 자신의 행동보다 하나님의 섭리를 더 크게 생각하고 있었기 때문이다. 사울을 죽이면 왕이 될 수도 있었지만 다윗은 하나님의 시간표를 존중했다. 사울도 하나님이 기름 부어 세운 왕이라는 사실을 잊지 않았다.

　더 귀한 것이 무엇인지를 깨달은 나의 소중한 경험이 있었다. 큰딸이 여섯 살, 둘째 아이가 네 살 때였다. 어느 날 서재에 가 보니 옷걸이 스탠드가 넘어져 있었다. 며칠 전 외부 강의를 하고 받은 빳빳한 신권 50만원을 양복 안주머니에 넣어 두었던 것이 생각났다. 나는 쓰러진 옷 사이에서 숨겨 놓은 비상금을 찾아보았다. 비상금이 사라졌다. 맞벌이 부부 시절이라 집에는 어머니와 아이들만 있었다. 그러나 도둑이 들어온 흔적은 아니었다. 도둑이라면 옷걸이를 넘어뜨릴 이유가 없지 않은가. 넘어진 옷걸이를 그대로 놓아두었다면 '혹시 아이들이 알고 있지 않을까' 생각했다. 집사람 몰래 아이들을 불렀다. 아이들이 아직 돈이라는 것이 무엇인지 모를 때라 설명이 어려웠다. 그래서 만 원짜리 지폐를 보여 주면서 "이

146

렇게 생긴 것 못 봤니?" 하고 물었다. 그랬더니 둘째 아이가 말했다.

"그거요, 언니랑 비행기 놀이 했어요."

아이들이 돈으로 비행기를 접어 아파트 12층에서 훨훨 날려 버린 것이다. 나는 순간 멍해졌다. 철모르는 어린 아이들을 혼낼 수도 없고 해서 '그것이 내 돈이 아니었나 보다' 했다. 그래도 아쉽고 아까운 마음이 사라지지 않았다. 잠시 서재에 머물러 눈을 감았다. 그때 마음속에 하나님이 질문을 하셨다.

"그렇게 돈이 아까우냐?"

"아니, 그게 아니고요."

"돈과 아이들 중 누가 귀하냐?"

"우리 아이들이지요."

"그래. 그럼 더 귀한 것이 남아 있는데 왜 아쉬워하느냐?"

하나님의 잔잔한 음성은 나에게 큰 도전이 되었다. 생각과 인생관이 바뀌었다. 사람이 돈보다 귀하며, 잃은 것보다 현재 남아있는 더 가치 있는 것을 보아야 한다는 것이다. 하나님 앞에 수업료를 지불하고 배운 나의 인생관이다.

하나님은 성도들이 더 높은 차원으로 살기를 원하신다. 잃은 것에 연연하지 말고, 더 큰 것이 무엇인가를 생각해야 한다. 편안한 보금자리에서만 안주하는 모습이 아니라 큰 날개로 고난의 폭풍 가운데서도 구름 위를 나는 생각을 해야 한다. 우리는 독수리이기 때문이다. 어려운 환경을 만나 떨어지고 있어도 최선을 다해 '긍정의 날갯짓'을 하라는 것이다. 하나님의 뜻이 무엇인지 고민하고, 선한 일이 무엇인지 생각하고, 사람을 살리는 길이 무엇인지 고뇌하는 그런 날갯짓만으로도 가치가 있다. '101% 인생'은 긍정으로 만들어진다.

축복의 보금자리에서 떨어지는 것 같을 때도 '긍정의 날갯짓'을 계속 하는 것이 믿음이다. 맡겨진 자리에서 최선을 다하고, 하나님이 함께 하신다는 믿음 잃지 않고, 기도하며 행동하라는 것이다. 모든 것을 하나님께 맡긴다고 해서 감이 떨어지기만을 기다리는 것은 믿음이 아니다. '산 믿음'은 긍정 날갯짓을 하는 '독수리 신앙'이고, '죽은 믿음'은 밑으로 떨어지는 대로 그냥 있는 '통닭 신앙' 이다.

절벽에서 떨어뜨리는 어미 독수리의 목적은 새끼들의 생각에 '긍정의 날갯짓'을 넣어주려는 목적이 있다.

"너는 독수리야. 너는 참새가 아니야. 날아 봐."

긍정의 창공을 난다는 것은 처음부터 되지 않는다. 반복된 훈련을 통해 가능하다. 실패하면 밑에서 받아준다. 그래도 날갯짓하고 또 날갯짓해야 한다. 떨어뜨리는 이유는 날갯짓 자체가 목적이기 때문이다.

다윗은 사울에게 쫓기는 상황에서도 블레셋과 전쟁을 했다. 그만큼 다윗은 긍정적이고 창조적인 삶을 살았다. 반면 사울은 다윗을 쫓는 데 군사를 동원했기 때문에 이방 족속과의 전쟁을 소홀히 했다. 다윗의 생각은 하나님에게 머물러 있고, 사울은 다윗을 죽이려는 데 머물러 있기 때문에 이러한 차이가 생겼다.

생각은 전쟁터다. 문제의 거인을 만나면 먼저 긍정적인 마음을 가지고, 승리를 반복해서 생각하는 것이 중요하다. 그리고 문제가 우리를 벼랑 끝으로 밀려고 하면 가능한 모든 것을 동원해 최선을 다하고, 혼신의 힘을 다해서 '긍정의 날갯짓'을 해야 한다. '좋은 방법이 없을까?', '하나님은 이 문제를 어떻게 보실까?', '작정 기도를 해 볼까?' "나는 이길 수밖에 없어" 이렇게 어미 독수리에게 배웠던 그 날갯짓을 해야 한다. 생각 전쟁터에서 승리를 그려보고. 반복해서 '긍정훈련'을 해야 한다.

벼랑으로 떨어져도 '날갯짓'은 헛수고가 아니다. 삶을 사는 힘이 강해지거나, 다른 사람을 도울 수 있는 능력자로 거듭나는 것이다. 또한 문제의 거인 앞에서 반복된 '긍정의 날갯짓'을 해야 하는 이유는, 우리가 독수리이며 하나님 안에서 거인이라는 것을 알게 하고, 인생길에 살아갈 힘과 용기, 희망과 행복을 만들기 때문이다. '긍정의 날갯짓'은 '생각과 말'의 디자인이며, '101% 인생'을 창조하는 힘이다.

'긍정의 날갯짓'을 위한 걸음마
1. 콤플렉스 자체를 부정하라.
2. 자기 자신을 사랑하라.
3. 갈등으로 분석하지 말고 모든 상황을 긍정으로 포장하라.

2장
결단을 통해
생각과 행동을 이끌어라

두 번째 생각의 법칙
'셀프 리더십'을 적용하라

생각의 크기는
제한을 받지 않는다.
성공하는 삶은 항상 긍정적인 생각과
커다란 꿈과 함께 시작된다.

사람은 목표와 비전, 긍정적인 생각과 열정 등, 자기 스스로 설정한 동기부여를 통해 일에 대한 적극성을 가지고 선택한 일에 심취하기도 한다. 또한 앞길을 스스로 개척해 나가는 힘을 만들기도 한다. 이처럼 삶과 인생길 속에서 스스로 '생각과 말', '의지와 행동'을 변화시켜, 자신의 목적과 목표를 달성해 나가는 과정을 '셀프 리더십'(Self-Leadership)이라고 한다. 여기서 '스스로'라는 개념은 '하나님이 주신 은혜 안에서', '하나님의 주권 아래에서' 라는 개념이 포함된다. 내 인생은 내 작품이 아니다. 하나님이 우리의 삶을 기획하셨고 만드셨다. 그러기에 오직 하나님만이 우리의 가능성이 어느 정도인지 아신다. 그래서 하나님은 늘 우리를 '101% 인생'을 만들기 위해, 최고 버전을 향해 인도하신다.

일본인들이 많이 기르는 관상어 중에 '고이'라는 잉어가 있다. 이 잉어를 작은 어항에 넣어 두면 5-8cm밖에 자라지 않는다. 그러나 아주 커다란 수족관이나 연못에 넣어 두면 15-25cm까지 자라고 강물에 방류하면 90-120cm까지 큰다. '고이'는 활동하는 세계의 크기에 따라 난쟁이 물고기가 될 수도 있고, 대형 잉어가 되기도 한다.

우리의 '생각'은 잉어 '고이'가 처한 환경과도 같다. 더 큰 생각을 품고 더 큰 꿈을 꾸면 더 크게 자랄 수 있다. 생각의 크기는 제한을 받지 않는다. 승리하는 삶은 항상 긍정적인 생각과 커다란 꿈과 함께 시작된다. 생각과 꿈은 바닥을 드러내는 일이 없다. 계속 도전하도록 열정을 분출하는 무한의 에너지다.

사람이 '고이' 잉어와 다른 점은 잉어의 크기를 결정하는 것은 환경이지만, 어떠한 환경을 선택하는 것은 우리 자신이라는 것이다. 하나님 안에서 우리 스스로 '어항'으로 갈 것인지, '연못'으로 갈 것인지, 아니면 '강'으로 갈 것인지를 결정해야 한다. 즉 이것은 '셀프 리더십'의 문제다. 물론 이면에는 도우시는 하나님의 손길이 있다.

다윗은 '셀프 리더십'의 천재였다. 자신을 어떻게 관리하고 만들어가야 하는지를 알고 있었다. 하나님이 만들어 주신 기회, 골리앗과의 싸움을 잘 이용해 다윗은 자기 앞길을 여는 동기를 만들었다. '101% 인생'이 되기 위한 문을 연 것이다.

하나님의 개인레슨

때가 있음을 믿고 기다리기

다윗의 등장은 사울의 후퇴로부터 시작되었다. 블레셋이 이스라엘을 침공하기 위해 믹마스에 진을 치고 있었다. 그때 사울은 길갈에서 사무엘을 기다렸다. 그런데 사무엘이 정한 기한에 오지 않자 백성들이 흩어지기 시작했다. 두려움을 느낀 사울은 번제와 화목제물을 가져오게 하고 자신이 제사장이 되어 번제를 드렸다. 늦게 도착한 사무엘이 그 광경을 보고 놀랐다. 사울은 이렇게 말했다.

백성은 나에게서 흩어지고, 당신은 정한 날에 오지 아니하고 블레셋 사람은 믹마스에 모여 있음을 내가 보았으므로 이에 내가 이르기를 블레셋 사람은 나를 치러 길갈로 내려오겠거늘 내가 여호와께 은혜를 간구치 못하였다 하고 부득이 하여 번제를 드렸나이다(사무엘상 13:11 – 12)

사무엘이 하나님의 뜻을 저버린 사울에게 말했다.

여호와께서 마음에 맞는 사람을 구하여 그 백성의 지도자로 삼으셨느니라(사무엘상 13: 14)

사무엘의 말은 곧, 하나님의 말씀이었다. 하나님은 사무엘에게 말의 권세를 주셨다. 성경은 말씀하고 있다.

사무엘이 자라매 여호와께서 그와 함께 계셔서 그 말로 하나도
땅에 떨어지지 않게 하시니(사무엘상 3:19)

하나님은 사무엘이 사울에게 말할 때 다윗을 생각하신 것이다.

사울은 아말렉을 치고 모든 것을 진멸하라는 하나님 명령에 불
순종한다. 사울과 백성들은 아각과 양과 소의 가장 좋은 것을 남기
고 가치 없는 것만 진멸했다. 그들의 논리는 하나님께 제사하기 위
해서 그렇게 했다는 것이었다. 그때, 다시 한번 사무엘은 하나님께
서 사울을 버린 것을 상기시켰다. 하나님의 음성보다 백성의 말에
귀를 기울인 사울은 그렇게 역사의 무대 뒤로 물러났다.

여호와께서 사무엘에게 이새의 아들 중 하나를 왕으로 '예선'(豫
選)하였음을 말씀하신다. 사무엘은 이새와 아들들을 제사에 청했
다. 사무엘이 장자 엘리압을 보자 그의 용모와 신장을 보고 여호
와의 기름부음 받을 자라고 생각했다. 그러자 하나님은 '나는 중심
을 본다'는 말씀으로 사무엘의 선입견을 바꿔 주셨다. 엘리압부터
차례로 일곱째까지 사무엘 앞을 지나갔지만 하나님은 기름부음 받
을 자를 말씀하지 않으셨다. 사무엘이 다른 아들이 또 없느냐고 이
새에게 묻자 막내가 양을 치고 있다고 말했다. 이처럼 다윗은 가족
중에서 인정받고 대접받는 위치에 있지 못했다. 중요한 제사 자리
에 참석시키지 않을 정도로 가족들은 다윗을 무시하고 있었다. 그

러나 다윗은 '셀프 리더십'을 통해 자신을 가꾸고 준비하고 있었다. '삶의 자리'에서 성실하게 최선을 다했고, 양을 치면서 곰과 사자와 싸워보기도 했다. 막대기로 양들을 지키고 물매 던지는 연습도 했다. 처음에는 많이 빗나갔을 것이다.

드디어 다윗이 제사 자리에 도착했다. 양을 치던 모습 그대로 달려온 다윗은 사무엘의 눈에는 붉고 아름다운 소년이었다. 하나님이 다윗에게 기름을 부으라고 말씀하셨다. 다윗은 형제들과 많은 사람 앞에서 공식적으로 기름부음을 받았다. 선지자의 기름부음을 받는 것이 무엇인지를 아는 사람들은 다윗에게 기름이 부어졌을 때 아마 웅성거렸을 것이다. 형들은 질투심도 생겼을 것이다.

"아니 막내에게 기름을 붓다니 무슨 일이야. 저 녀석은 양이나 치고 있어야 하는데."

다윗은 그렇게 처음 사람들 앞에 나타나기 시작했고 기름부음을 받자 그때부터 여호와의 신에 감동되었다. 다윗의 노래와 악기 연주, 찬양, 무용, 구변은 하나님의 기름부음으로 인해 큰 능력으로 나타났다. 그 후 다윗은 사울의 악신을 쫓는 사람으로, 사울의 병기 든 자가 되었다. 그러나 형들은 다윗을 더 가혹하게 대했을 것이다. 요즘으로 치면 이른바 '3D 업종'인 양치기에 지나지 않은 다윗 아닌가? 더럽고 힘들고 위험한 일은 모두 다윗 차지였다.

다윗은 기름부음을 받았다는 사실에 도취되지 않았고 겸손했다. 그는 다시 양치는 삶의 자리로 돌아갔고 그곳에서 하나님의 때를 기다리며 '셀프 리더십'을 활용했다. 다윗이 거인으로 만들어지는 과정 속에 가족의 도움은 없었다. 오직 하나님의 '개인 레슨'을 받고 스스로를 거인으로 만들어갔다. 다윗은 양을 치는 들판 입구에 이런 표지판을 붙여놓았을 것이다.

'지금은 레슨 중'

"나는 이길 수밖에 없다"
'자신감'으로 동기부여하기

다윗의 형 엘리압과 아미나답, 삼마는 전쟁터에 나가 군사가 되었다. 다윗은 베들레헴에서 양을 치고 있었다. 어느 날 다윗은 아버지 이새의 심부름으로 전쟁터를 찾았다. 전쟁터에서는 골리앗이 '40일 동안', 아침저녁으로 나와 이스라엘을 모독하고 있었다. 다윗이 전쟁터에 도착해 보니 긴장감이 돌고 있었다. 이스라엘과 블레셋 군대는 골짜기 사이에서 대치하고 있었다. 그때 다윗은 짐 맡는 자에게 짐을 맡기고 형들을 찾아 달려갔다. 마침 골리앗이 나와서 전과 같이 큰 소리로 이스라엘을 조롱하기 시작했다.

"너희 전능하신 하나님은 어디 계시냐? 숨었냐?"

다윗은 혼자서 중얼거렸다. '감히 여호와 하나님을 모독하네.' 그러나 사울 왕과 이스라엘 모든 사람들은 심히 두려워하고 그 앞에서 도망하기까지 했다. 도망하던 백성들이 수군거렸다.

'저 거인을 봐라. 이스라엘을 모욕하고 있는데 아무도 나설 자가 없으니. 그를 죽이는 사람은 왕이 딸과 많은 재물을 준대. 그리고 그 아비의 집을 이스라엘 중에서 자유케 한다더군.'(사무엘상 17:25)

다윗이 이 백성들의 소리를 듣고 사람들에게 말했다.

이 블레셋 사람을 죽여 이스라엘의 치욕을 제하는 사람에게는 어떠한 대우를 하겠느냐. 이 할례 없는 블레셋 사람이 누구관대 사시는 하나님의 군대를 모욕하겠느냐(사무엘상 17:26)

이스라엘 백성들은 패배 의식과 두려움을 선택했지만, 다윗은 '자신감'을 선택했다. 이스라엘 백성과 사울은 골리앗을 바라보았지만, 다윗은 하나님을 바라보기로 선택했다. 다윗은 하나님의 군대를 모욕한 블레셋 거인이 죽을 것이라는 것을 미리 알았다. 그것은 하나님이 함께 하신다는 믿음과 자신이 누구인지 바르게 알고 있는, 자신에 대한 바른 '정체성'을 갖고 있었기 때문이다.

다윗의 승리를 위한 동기부여는 오직 하나님의 영광을 위한 '자신감'이었다. 다윗은 "나는 이길 수밖에 없다"는 믿음으로, 골리앗을 향해 나아갔다. 그 결과로 골리앗을 쓰러뜨릴 수 있었다.

골리앗을 이긴 뒤 다윗은 사울의 질투에 밀려 블레셋 앞, '죽음의 자리'로 유인되기도 했다. 그리고 생명을 나누는 관계인 요나단과도 헤어졌고 사울이 던진 단창을 피하기도 했다. 이런 위기들을 다윗은 잘 이겨냈다. 오히려 그런 계기를 통해서 하나님이 함께 하신다는 '자신감'을 얻었다. 자기 자신을 바르게 아는 정체성은 '자존 감'을 찾게 한다. '셀프 리더십'을 만드는 것은 자기 자신이다.

어느 미국의 초등학교에서 선생님이 한 흑인 소년에게 물었다.

"조니, 우린 정체에 대한 공부를 하고 있어. 넌 누구지?"

"예, 저의 이름은 조니예요, 흑인이며 좋은 사람입니다. 왜냐하면 하나님은 쓰레기는 만들지 않으시기 때문입니다."

조니는 자신이 하나님의 피조물이라는 사실을 알고 있기 때문에 '자신감'을 가지고, '정체성'을 발견한 것이다. 조니는 자기 정체성에 대한 좋은 해답을, 시편 139편의 '신묘막측'이라는 단어에서부터 찾았다. 사람이 최고의 작품이라는 것을 알게 된 것이다. '101% 인생'이 되기 위한 준비가 된 것이다.

'101% 인생'은 하나님께서 원래 구상하신 바로 '그 사람'이다. 우리의 진짜 모습이다. 내가 그렇게 되지 못하면, 세상이 나를 통해 받게 되어 있었던, 하나님의 선물을 받지 못하는 불상사가 생긴다. 그래서 나를 바르게 발견하지 못하는 것은 내 문제만이 아니다. 이처럼 우리 모두는 서로 연결되어 사는 둥근 원 같은 존재다.

하나님은 우리의 기질과 은사와 재능을 미리 디자인하셨다. 그리고 우리가 어떤 특정한 일에 열정과 소원을 갖게 만드셨다. 하나님은 우리를 만들 때 쓰신 원재료를 버리지 않으신다. 다만 디자인만 바꾸신다. 우리의 원재료는 완벽한 재료다. 그것을 아는 것이 '자존감'이다. 우리 자신이 '하나님의 자녀'라는 것을 확신한다면,

'자존감'을 잃지 않는다.

"나는 하나님의 자녀임을 믿는다. 하나님은 또 나를 사랑하고 계신다. 그러므로 나는 존귀한 사람이다."

이렇게, 자기를 세워주는 '셀프 리더십', '셀프축복'은 인생길의 다이아몬드다.

좌절은 희망을 꺾을 수 없다
'불행환경' 기회로 바꾸기

환경을 이기고 '자신감'으로 일생을 살아간 인물 가운데, 교회음악 작곡가 가운데 가장 뛰어나다고 할 수 있는 요한 세바스찬 바흐(Johann Sebastian Bach)가 있다. 그는 고난과 좌절의 삶을 '하나님의 영광을 위한 자신감'으로 바꾼 사람이다. 바흐는 열 살도 되기 전에 부모님이 돌아가셨다. 결혼한 지 13년 만에 아내가 죽어 그는 재혼을 했다. 자녀 한 명은 정신박약아였고, 그는 말년에 앞을 보지 못할 정도로 눈이 어두워졌으며 뇌출혈로 반신불수가 되었다.

그러나 이런 상황 속에서도 바흐는 계속 작곡을 했다. 그의 수많은 작품은 영혼을 완전히 사로잡을 만큼 웅장하고 장엄했고 찬양과 경배와 감사의 노래들은 불후의 명작이 되었다. 바흐는 칸타타나 오라토리오의 대부분을 다윗의 시편을 주제로 만들었고 마지막 부분에는 항상 '오직 하나님의 영광만을 위하여'라고 적었다.

바흐는 무시무시한 고통 속에서도 좌절하지 않고 항상 긍정적인 '셀프 리더십'을 만들었다. 그리고 하나님의 영광만을 위해서 살아간 믿음의 사람이었다. 바흐는 불행한 환경을 기회로 바꾸었고, 불행을 동반자로 받아들여 하나님을 찬양하는 멜로디를 찾아냈다. 바흐의 고난 가운데 나온 교회음악은 인류의 자랑거리다.

무인 우주선 보이즈 호가 발사될 때 이야기다. 만일 우주에 외계인이 있다면, 그들에게 우리 지구의 인간들이 들려줄 메시지를 무엇으로 정할까를 논의했다. 만장일치로 선택된 것이 바흐의 음악이었다. 우주선은 최첨단 과학의 결정체였지만 그것에 싣고 간 음악은 250년 전에 작곡된 바흐의 음악이었다. 우주 만물을 창조하신 하나님이 기뻐하실 음악을 싣고 가면, 만사가 형통하리라는 점을 과학자들도 믿었기 때문이다. 이처럼 깊은 사고에서 나온 바흐의 음악은 시대를 초월한 최고의 메시지다.

우리에게도 좌절의 강풍은 우리를 강하게 만든다. 그리고 고난의 폭풍은 인생의 배를 앞으로 나아가게 한다. 강풍과 폭풍은 배를 침몰시킬 수도 있지만, 강풍을 친구 삼아 잘 이용하면 배를 더 빨리 나가게 하는 동력으로 만들 수 있다. 좌절은 희망을 꺾을 수 없다. 좌절 속에서도 하나님을 바라고 믿음의 불길을 태우고, 긍정적인 생각으로 환경을 이해할 때 기적이 나타난다.

비가 그치면 땅은 더 굳어지는 법이다. '생각과 말'을 변화시키고 디자인하면, '101% 인생'으로 새롭게 태어난다. 형통할 때 감사하면 형통이 연장되고, 불행할 때 감사하면 불행이 끝난다. 긍정과 자신감의 '셀프 리더십'은 환경과 마음을 변화시키는 힘이며, '101% 인생'의 승리의 길로 안내하는 내비게이션과 같다.

'열등감'은 자기계발의 원동력
'열등감'을 딛고 새로운 기회 만들기

다윗이 형 엘리압을 만났다. 엘리압은 다윗을 보자 아버지의 안부나 동생을 걱정한 것이 아니라 오히려 화를 냈다. '네가 어찌하여 이리로 내려왔느냐? 들에 있는 양들은 누구에게 맡겼느냐? 나는 네 교만과 네 마음의 완악함을 안다. 전쟁을 구경하러 왔구나!'

엘리압이 화를 낸 것은 평소 다윗에 대한 너그러움이나 동생을 돌보는 마음이 없었음을 보여준다. 그는 양은 걱정하면서도 다윗은 안중에 없었다. 그러나 다윗은 형의 꾸지람에 좌절하거나 기죽지 않았다. 그리고 감정을 절제하고 침묵하며 인내했다. 다윗은 막내였기 때문에 가족 중에서는 가장 힘이 없고 낮은 위치였다. 장남인 엘리압의 입장에서 다윗은 어린아이였고 막내 동생일 뿐 어떤 가치도 없었다. 다른 형제들도 마찬가지였다. 외경에는 다윗이 첩의 아들이라는 기록이 있다. 그래서 형제들 사이에서 따돌림을 받았다고 주장하는 이도 있다. 그리고 아버지 이새도 다윗을 인정하지는 않았다(사무엘상 16:11). 사무엘이 왕을 예선하려고 아들들을 데려오라고 했을 때, 이새는 7명의 아들만을 데리고 갔다. 막내 다윗을 데려오지 않을 정도로 별 관심이 없었다.

이런 환경은 다윗에게 '열등감'을 만들어 줄 수 있었다. 부모와 형제들의 무시에 순응할 것인가 말 것인가. 그것은 다윗의 선택에 달려 있었다. 다윗은 '셀프 리더십'을 통해 열등감의 유혹을 이기고 자존감을 선택했다. 사무엘만이, 인정받지 못하고 있는 다윗이 어느 날엔가 이스라엘의 왕이 될 것을 알고 있었다.

'열등감'은 오스트리아의 정신분석학자 알프레드 애들러(Alfred Adler)가 창안한 말이다. 그는 이렇게 강조했다.

"열등감이 모든 인간의 동기와 노력의 기초를 형성하며, 인간이 느끼는 열등감과 그에 대한 보상을 위해 노력하는 결과는 인간 발전과 자아실현의 원동력이 된다."

애들러의 말을 빌리자면 '열등감'의 환경은 곧 새로운 기회에 대한 원동력이 될 수 있다는 것이다. 다시 말하면 '열등감'은 '셀프 리더십'을 통해, '자신감'과 '자존감'을 만드는 기회요, '자기계발'과 '자기발전'의 힘이 된다는 것이다.

내가 원하던 내가 될 수 없다는 것은 사람을 겸손하게 만든다. 행복이다. 우리 안에는 '하나님께서 나를 창조하실 때 의도하신 나'와 그 모습에서 멀어져 '점점 쇠퇴해가는 나' 사이에 싸움이 치열하다. 하나만 살아야 한다고 야단이다. 하나님이 의도하신 내 모습이 되고자 한다면, 그 자리를 대신 차지한 '가짜 나'와 맞붙어 싸워 이겨야 한다. '열등감'은 오히려 '진짜 나'를 찾아가는데 도움이 된다. '101% 인생'은 '진짜 나'를 찾은 인생이다.

접근의 힘

'나 홀로 시간' 만들기

눌려 지내는 위치에 있었던 다윗은 가정에서 거인이 되는 법을 배울 수 없었다. 그래서 하나님은 다윗을 홀로 양을 치게 하셨다. 하나님이 친히 '다윗 거인 만들기 프로젝트'를 행하셨다. 다윗은 양을 치면서 사람들과 단절되어 있었지만 그 시간은 하나님과의 깊은 교제를 할 수 있는 시간이었다. 양을 돌보면서 속성이 사람과 닮았다는 것을 알았고, 자연을 노래했다. 다윗의 '나 홀로 시간'은 하나님을 더 가까이에서 모실 수 있는 기회였다.

하나님을 더 잘 알기 위해서는 '주께로 가까이' 가면 된다. 하나님께 가까이 가면 하나님이 크게 보이고, 문제에 가까이 가면 문제가 크게 보인다. 대화 중 문제에 대해 많이 말하는 사람은 문제와 가까이 있기 때문이다. 그런데 많은 문제를 안고 있는 사람인데 항상 하나님과 더불어 기쁨과 감사, 사람에 대한 고마움을 말하는 사람이 있다. 그것은 하나님이 가까이 계시니, 하나님이 보이고, 행복과 승리가 가까이 있으니 기쁨과 감사가 보여 하나님 사랑과, 사람에 대한 고마운 말을 하는 것이다. 거리의 문제이다.

다윗은 광야에서 많은 문제를 안고 있었지만 그의 고백과 찬양은 온통 하나님으로 가득하다. 하나님께 가까이 있었기 때문이다. 이처럼 '접근의 힘'이 무엇인지를 알게 된 다윗은 깊은 사색을 하며 자기를 발견했고, 생각을 훈련했다. 생각이 하나님께 가까이 가도록 한 것이다. 생각은 하나님의 음성을 듣는 통로이기 때문이다.

우리도 하나님이 어떤 분인지, 내 자신이 어떤 존재인지 바르게 알기를 원한다면, 조용한 장소에서 그분께 가까이 가면 된다. 성경을 읽고, 묵상하고 기도를 통해 교제 하고, 깨달은 바를 실천하면서 하나님이 행하시는 일을 보면 된다. 하나님 음성은 대부분 세미하게 들린다. 그래서 조용한 장소가 필요하다. 하나님은 엘리야가 바알 선지자들과 대결을 벌일 때는 불로 역사하셨지만(열왕기상 18:38), 그에게 말씀하실 때는 지진이 지나고 불이 지난 후, 고요한 정적 속에서 세미한 음성으로 말씀하셨다.

하나님 앞에 접근되어 살면 그분의 마음을 알게 된다. 그러나 멀어져 있으면, 염려와 불안이 앞서 살아갈 이유조차도 잃어버린다. 철학자이며 시인인 헨리 데이빗 소로(Henry David Thoreau)는 말했다.

"죽을 때, 내가 살아도 산 것이 아니었다는 걸 깨닫게 될까 두렵다"

절대 하지 않을 일, 절대 이룰 수 없는 일에 대해 염려하면서 시간을 낭비하지 말아야 한다. 하나님께서 나에게 시키신 일을 하고 살기에도, 삶은 어떤 면에서 너무 짧다. 사랑하기에도 시간이 모자란 인생이다.

하나님 앞에 '나 홀로 시간'을 만들어 가까이 나아가, 그분의 음성에 반응하라. 내 뜻과 내 생각은 버리고 하나님 앞에서 순종으로 나아가라. 그리하면 '101% 인생'이 되는 출발점에 서는 것이다.

하나님 음성듣기

민감한 '생각과 마음' 훈련하기

다윗은 신중하고 민감한 생각을 가지고 있었다. 기름부음을 받고 하나님의 신에 감동되어 있었음에도 사람들 앞에 쉽게 드러내지 않았다. 신중하게 하나님의 때를 기다렸다. 누구보다도 다윗 자신이 하나님의 신에 충만한지 그렇지 않은지를 가장 잘 알고 있었다. 그리고 사울이 자신을 죽이려 한다는 소리를 요나단을 통해 듣고도 바로 도망하지 않고 환경을 살폈다. 수금을 탈 때 사울이 던진 단창이 날아온 후에야 사울이 죽이려 한다는 사실을 확인했다. 생각이 훈련된 사람은 환경을 더 신중하게 사용한다. 하나님은 생각을 통해 일하시기 때문이다. 그래서 스쳐가는 생각이라도 잘 잡아 두었다가 그것이 하나님으로부터 왔는지 점검할 필요가 있다.

나는 생각을 통해 말씀하시는 하나님을 체험한 적이 여러번 있었다. 몇 년 전, 신학교 강의를 시작한 첫 날이었다. 시간 여유가 있어 차 안에서 기도를 했다. 처음 만나는 학생들의 삶을 다스려 달라고 기도했다. 그런데 기도 중 짧은 머리에 허리에는 압박 붕대를 감고 있는 여성의 모습이 갑자기 떠올랐다. 허리 아픈 모습의 그 사람이 지워지지 않았다. '혹시 학생 중에 허리 아픈 사람이 있나' 하고 허리 아픈 학생이 있으면 치료해주시기를 간구했다.

강의가 시작되었다. 그런데 강의 중에도 그 생각이 지워지지 않아서 강의 중간에 조심스럽게 말했다.

"혹시, 여러분 중에 허리에 압박 붕대를 감으신 학우가 계신가요?"

그랬더니 학생들이 술렁였다.

"있어요. 교통사고 후유증으로 허리 못 쓰는 학우가 있어요."

그 학생을 보니 내가 생각 속에서 보았던 짧은 머리의 여학생이었다. 그래서 잠시 강의를 멈추고 학생을 앞으로 나오게 했다. 다른 학생들과 같이 어긋난 허리를 치유해 달라고 기도를 했다. 다음 강의 시간에 만난 그 학생은 치료를 받았다고 기뻐했다.

이 체험을 통해 하나님은 생각을 통해 말씀하신다는 사실을 깨달았다. 하나님의 음성을 들었다는 것은 마음에 감동을 받든지, 아니면 하나님이 주신 생각이 떠올라 깨닫는 것이라고 생각한다. 사람들이 직통계시를 받았다는 듯이, "하나님이 말씀하셨다"라는 표현을 너무 쉽고 가볍게 사용한다. 하나님은 분명 말씀하시는 분이시다. 내 생각에는 그런 상황일 때, 이렇게 말하면 좋을 것 같다.

"하나님이 나에게 이런 생각을 주셨어요."

"하나님이 이렇게 깨닫게 하셨어요."

믿음에 덕이 세워져야하기 때문이다.

사울의 갑옷을 벗은 결단력, 물맷돌 5개를 집은 판단력, 그리고 사울을 죽일 수 있는 기회에서 하나님의 기름부음 받은 자를 하나님께 맡기는 신중함, 사울이 블레셋 사람의 양피 100개를 원했을 때 200개를 가져와 사울의 입을 막아버린 지혜 등은 모두 하나님의 음성을 들은 다윗의 민감한 생각에서 나온 결과였다.

생각이 곧 '자기' 자신
관심 가는 것에 생각 집중하기

다윗이 물매를 잘 던질 수 있었던 것은 집중력이 있었기 때문이다. 다윗이 골리앗과 싸울 때 약점인 이마를 집중적으로 바라보았다. 갑옷으로 가려지지 않은 부분은 이마뿐이었다. 갑옷으로 무장한 다른 곳에 집중하는 것은 의미가 없다.

사람의 생각은 무의식중에라도 지금 관심을 가지고 있는 것을 생각하게 되어 있다. 어느 날 내가 가르쳤던 신학생들의 식사 초대를 받았다. 학생들에게 약도를 그려 달라고 부탁했다. 한 학생이 도로를 그리고 여러 표시를 한 후에 말했다.

"교수님, 여기 있는 은혜약국을 끼고 우회전하세요. 그러면 오른쪽에 교회가 보이고 조금 지나면 병원이 나옵니다. 그리고 조금만 직진하면 풍년약국이 나옵니다."

그런데 다른 학생이 그러면 복잡하다며 다시 말을 했다.

"여기에 큰 간판에 비전부동산이 보입니다. 조금 더 가면 역시 진흥부동산이 보이는데 여기서 우회전하시는 것이…"

똑같은 길을 말하면서도 두 학생은 서로 다른 위치 기준을 잡았다. 나중에 알고 보니 먼저 말한 학생은 직업이 약사였고, 다른 학생은 부동산 중개업을 하는 사람이었다. 자기의 관심사가 더 크게 자리 잡고 있으니 한 사람은 약국을 중심으로, 다른 사람은 부동산을 중심으로 말했던 것이다. 이처럼 사람의 생각은 관심 갖는 것에 집중하게 되어 있다. 미국의 사상가 에머슨(Emerson)은 이렇게 말했다.

"사람이란 종일 자기가 생각하는 바로 그것이며, 사람은 하루 종일 자기가 생각하는 그대로 되기 마련이다"

자기 생각이 곧 자기 자신 '나'라는 말이다.

하나님은 우리의 삶이 끝났을 때, "너는 왜 다윗이나 에스더처럼 살지 않았느냐"고 묻지 않으신다. 이렇게 물으실 것이다.

"왜 너는 네가 아니었느냐"

"너는 어떤 생각을 가지고 살았느냐"

'생각이 나 자신'이기 때문이다. 만약, 힘들고 어려운 생각이 나를 공격하면, 하나님 앞에 솔직하면 된다. 그 어려운 가운데 방황과 갈등하고 있는 것도 내 모습이다. 하나님 앞에서는 가장할 필요가 없다. 깨지고 상한 모습을 있는 그대로, 내 생각과 마음을 솔직하게 보이는 것이 믿음이다.

진정한 내가 되고자 한다면, 넘어져있는 그대로의 나에 대해 솔직해지는 것부터 시작해야 한다. 생각의 '솔직함'은 진정한 믿음이며 신앙이다. '잘나가는 나'를 내려놓고, 하나님이 나를 창조하실 때 생각하셨던 '진짜 나'를 찾도록 해야 한다. '내 생각' 속, 나를 진정으로 발견하는 것도 '101% 인생'으로 나아가는 지름길이다.

분별된 생각, 바른 선택

유혹 거절하기

다윗이 골리앗을 죽인 후 쏟아진 백성들의 칭송은 유혹이었다. 사울도 두려워했던 골리앗을 죽인 일은 백성의 마음을 움직인 대단한 업적이었다. 그리고 사울 왕보다 강한 자라는 백성들의 칭송은 다윗을 교만하게 만들 수도 있었다. 그러나 다윗은 그런 유혹에 넘어가지 않았다. 하나님의 섭리와 시간에 대해 누구보다 잘 알고 있었기 때문이다. 다윗은 '셀프 리더십'을 통해 마음을 다스렸다.

미국 스탠퍼드 대학의 월터 미셸(Walter Mischell) 박사는 이른바 '마시멜로 실험'을 통해 놀라운 사실을 발견한다. 그 실험은 네 살짜리 어린 아이들을 실험군으로 삼아 그들에게 마시멜로(초코파이를 비롯한 여러 과자에 첨가되어 독특한 단맛을 내는 허브의 한 종류) 하나씩 나누어 준 뒤 15분 동안 참고 마시멜로를 먹지 않으면 마시멜로 하나를 더 주겠다고 제안했다. 실험에 참가한 어린 아이 중 3분의 1은 15분을 참지 못하고 마시멜로를 먹었다. 그리고 나머지 3분의 2에 해당하는 아이들은 15분을 잘 견뎌 끝내 마시멜로 하나를 더 먹었다. 그런데 놀라운 사실은 어린 시절 실험에서 마시멜로의 유혹을 참아낸 아이들은 스트레스를 조절하고 통제하는 능력과 사회성이 뛰어난 청소년으로 성장한 반면, 15분을 채 견디지 못하고 마시멜로를 먹은 아이들은 자기감정을 주체하지 못하는 청소년으로 성장했다는 것이다.

미셸 박사는 바로 이 실험에 주목하여 일반화된 원리를 도출한다. 즉, 눈앞의 유혹을 이기지 못하고 자신과 타협하고 현실에 만족을 느끼는 사람들은 자신의 감정을 통제하지 못할 확률이 높다는 결론을 내렸다. 이는 성공적인 삶을 사는 데 지장을 주는 요인으로 작용한다는 것이다. 이에 반해, 눈앞의 유혹을 이기고 자신의 감정을 잘 조절할 줄 아는 사람들은 성공적인 삶을 영위하는 확률이 더 높다고 분석했다. '셀프 리더십'으로 자기를 조절하는 사람이 인생길에서 성공한다는 말이다.

세계적인 자기 개발 전문가인 호아킴 데 포사다(Joachim de Posada)는 바로 이 점을 지적하고 이렇게 말했다.

"성공하는 삶을 위해서는 현실 앞에 자신을 타협하기보다 유혹을 이겨 내면 눈부신 성공을 맞이할 수 있다"

고 말한다. 또한 이렇게 강조했다.

"성공은 세상에서 가장 아름다운 유혹이다. 그러나 그 유혹을 이겨낼 때 눈앞의 성공이 아닌 미래의 성공으로 이끄는 삶을 영위할 수 있으며, 유혹을 이겨내는 순간이 성공을 향한 인생의 닻을 올리는 순간이 된다."

이처럼 분별된 생각의 바른 선택은 좋은 결과를 나타내는 지름길이다. 다윗은 눈에 보이는 순간적인 결정이 아닌 미래를 보는 결정을 했다. 사울이 잠이 든 사이 사울을 죽이고 왕의 자리에 빨리 오를 수 있는 기회가 있었음에도 하나님의 시간표에 맡겼다. 생각의 거인이 된 것이다. 이것이 다윗의 강점이다.

그러나 훗날 왕이 됐을 때, 이 강점은 단점으로 나타났다. 다윗이 '광야학교'에서 긴장된 삶을 살고 골리앗과 싸우며, 전쟁터에 있을 때에는 '셀프 리더십'으로 자기관리를 했다. 그렇게 '생각과 말'을 다스리며 살 때는 유혹이 보이지 않았다. 그러나 왕이 된 후, 평안한 생활과 명예와 권세를 얻고 누림을 가지고 있을 때는, 유혹 앞에 마음이 약해졌던 것이다. 궁 밖에서 목욕을 하던 밧세바를 바라보았을 때, 다윗은 생각의 유혹을 벗어 버리지 못했다. '생각의 거인'이었기 때문에 '부정적인 셀프 리더십'은 큰 재앙이 될 수 있었다. 잘못된 선택에서 나온 빗나간 생각도 빨리, 크게 자랐던 것이다. '101% 인생'으로 거듭나지 못하는 사람의 경우는, 이처럼 생각의 유혹을 이기지 못하고, 죄와 친구가 되기 때문이다. 죄는 관계를 파괴하고, 자기를 늪에 밀어 넣는 불도저가 된다.

문제에 끌려 다니지 말고 리드하라
생각으로 승리하는 법 배우기

싸움의 고수들은 실전에서 돌려차기를 잘하는 것보다, 두려움을 없애는 것이 이기는 방법이라고 말한다. 다윗도 싸움에 앞서 사자와 곰과 싸울 때 힘이 넘치고 지혜가 나타났던 체험, 자신을 강한 용사로 만들어주셨던 하나님을 생각함으로써 두려움을 없앴을 것이다. 다윗을 성장시킨 교과서는 하나님이 만든 '환경'이었다. 다윗은 '환경'이라는 교과서를 통해 '생각으로 승리하는 법'과 '이기는 싸움을 하는 법'을 배웠다. 하나님이 함께하시고 지키고 보호하신다는 것을 믿음으로 아는 것은 큰 능력이다. 다윗은 하나님을 머리로 안 것이 아니라 체험으로, 삶으로 여호와를 알고 있었다. 하나님은 다윗에게 하나님처럼 생각하는 법을 가르쳐 주셨기 때문이다.

세계적인 교회를 일군 어느 목사는 성장 원리에 대한 개념을 한마디로 이렇게 말했다.

"왕대밭에 왕대 난다."

제자들이 큰 교회를 성장시키고 목회를 굵게 할 수 있었던 것은 자신의 목회 스타일을 보고 배우고 실천하면서, 생각의 틀이 커졌기 때문이라는 분석이다. '할 수 있다. 하면 된다'는 자신의 생각을 따라 같이 생각하고, 같이 말하고, 행동하고 자신을 멘토로 목회철학을 배우며 실천했기 때문에 생각이 커졌고, 교회도 성장 했다는 것이다.

생각은 똑같은 모양으로 머물러 있는 존재가 아니라, 커지고 자라는 생물 같은 속성을 가지고 있다. 생각의 성장은 성숙의 질과 깊이, 양과 관련을 맺는다. 그리고 생각의 크기가 현실을 만든다. 사람의 생각은 창조성이 있기 때문이다. 생각하는 것이 작으면 작은 현실의 열매를 맺고, 큰 생각은 큰 열매를 맺을 가능성이 높다. 그렇지만 무조건 큰 생각을 한다고 큰 열매가 나타나지는 않는다. 생각은 시작일 뿐 그 생각에 맞는 행동이 뒤따라야 한다. 예를 들면 농부가 가을에 많은 수확을 얻고 싶더라도 씨를 뿌리지 않으면 열매를 거둘 수 없는 이치와 같다.

이처럼 사람은 생각에 생각을 거듭 심고, 생각으로 그림을 그리고, 진지하게 행동하고 고백하면 생각으로 바라보는 것을 닮게 되어 있다. 다윗은 하나님이 만들어 놓은 왕대밭, 즉 '짐승과의 싸움터'에서 이기게 하시는 하나님의 손길을 보면서 생각과 말을 성장시켰다. 그리고 도전의식이 강해졌다. 다윗은 '셀프 리더십'을 적용시켜 이렇게 말했을 것이다.

"하나님이 함께 하시니 능치 못할 일이 없구나. 곰과 사자도 무서운 것이 아니구나."

다윗은 나중에 골리앗을 만나도 그저 짐승의 하나로 보았다.

하나님이 만들어 놓으신 왕대밭에 사는 사람들은 실패를 성공으로 바꾸는 힘이 있다. 미국의 사업가 프랭크 맥나마라(Frank McNamara)는 자신의 주요 고객을 초청해 뉴욕의 한 레스토랑에서 성대한 파티를 했다. 만찬이 끝나고 음식값을 내려는 순간 지갑이 없다는 것을 알았다. 사무실에 지갑을 놓고 온 맥나마는 돈을 지불하지 못해 초청된 고객들 앞에서 무안을 당했다. 맥나마는 변호사 친구를 찾아가 자신이 봉변당한 것을 털어놓으며 말했다.

"현금이 없을 때 음식 값을 대신 지불할 수 있는 방법은 없을까?"

두 사람은 장시간의 연구와 생각 끝에 먼저 결제하고 나중에 상환하는 카드를 만들었다. 이것이 바로 세계 최초의 신용카드인 '다이너스 클럽 카드'(Diners Club Card)다. 오늘날 신용카드의 원조이다. 맥나마라는 실패와 실수의 환경을 '긍정적인 셀프 리더십'으로 성공길을 만들었다. 그가 '101% 인생'이 된 것은, 생각이 '긍정'으로 디자인되어 만들어낸 아이디어 때문이다. 이처럼 '긍정적인 셀프 리더십'은 성공한 사람들의 '생각 키워드'다. 문제를 만나도 문제에 휩쓸리는 것이 아니라, 문제를 리드해 가는 것이다.

비가 그치면 땅이 굳어진다
밟혀도 꿈과 희망 잃지 않기

보리는 밟힐수록 건강하다. 보리밟기를 하는 이유는 단단히 뿌리를 내려 추운 겨울을 잘 이겨내고 살아나게 하는 필수작업이다. 보리 같은 막내 다윗은 평소 형들의 부정적이고 좌절하게 만드는 소리를 들어야 했을 것이다.

"넌, 막내이기 때문에 안 돼. 형들 말이나 잘 들어."

"넌, 아직 나이가 어려서 안 돼. 양이나 치고 있어."

"넌, 힘도 없고 약해서 안 돼. 시키는 일이나 해."

그러나 하나님의 손에 의해 성장해온 다윗은 밟혀도 강해졌다. 부정적인 환경과 영향력 앞에 굴복하지 않았다. '난쟁이 콤플렉스'를 부정한 것이다. 다윗이 그렇게 성장한 것은 하나님의 생각 깊이를 알았고 자신의 '셀프 리더십'으로 거기에 맞춰 생각과 마음을 훈련했기 때문이다. 하나님으로부터 마음 훈련을 받은 다윗은 당연히 '하나님의 마음 코드'를 알 수 있었다. 하나님께서 다윗에게 "너는 내 마음에 합한 자"라고 하신 것은 "너는 내 마음을 잘 아는 자."
라는 말씀이다. 그만큼 다윗은 하나님의 뜻을 잘 이해했고 반응 속
도가 빨랐던 것이다.

비가 그치면 땅은 더 굳어지는 법이다. 인생이 보리처럼 밟혀도
꿈과 희망을 잃지 않고, '생각과 말'을 디자인해 변화시키면, 삶과
인생이 바뀌어 '101% 인생'이 된다. '언젠가는 기회가 온다'고 믿고,
생각하고, 말하고, 행동하는 사람에게는 인생 역전의 기회가 오는
것이다. 긍정과 감사, 꿈과 희망의 '셀프 리더십'은 인생길을 평탄
하게 한다.

역사상 많은 인물들이 자신의 꿈을 이루는 과정에서 '넌, 할 수
없다.'라는 보리 밟힘 도전에 직면했다. 눌려 있는 그 상태에서 주
저앉은 것이 아니라 새롭게 자신을 일으켜 세웠다. 앨버트 아인슈
타인(Albert Einstein)은 열 살 때 뮌헨 교장으로부터 "너는 절대로 제
대로 자라지 못할 거야."라는 가혹한 말을 들었다. 토마스 에디슨
(Thomas Edison)은 교사로부터 "너무 바보 같아서 가르칠 수 없다."는
말을 들었다. 그리고 루트비히 판 베토벤(Ludwig van Beethoven)은 음악
선생님으로부터 "너는 작곡가로서 전혀 희망이 없다."는 말을 들었
으며, 세계적인 만화가이자 영화제작자인 월트 디즈니(Walt Disney)는
젊은 시절 "당신은 창의적이거나 독창적인 아이디어가 전혀 없다."
는 평을 받고 신문 편집자로나 일하라는 충고를 들었다.

그렇지만 그들은 부정적인 말에 자신을 맡기지 않았다. '열등감'
에 빠질만한 여러 요소들이 있었지만 그것을 극복했다. 초기의 실

패가 자기의 꿈과 비전을 망치도록 내버려두지 않았다. 자신의 내부에서 나오는 '할 수 있다'는 소리를 들었다. 그들은 자신의 꿈이 실현될 때까지 긍정의 생각을 멈추지 않았고 '불가능한 일들을 가능하다'고 생각하고, 믿고, 말했다. 그 결과 다른 사람들이 생각지도 못했던 일들을 생각해냈다. 이처럼 성공한 사람들은 '생각과 말'을 디자인해 자기를 변화시켜 '101% 인생'을 만든 사람들이다.

'반드시' 밀물은 온다

'생각과 말' 디자인하기

인생을 살다보면 가시, 도전, 방해물, 배반, 멸시 그리고 많은 어려운 상황에 직면하지만 이 모든 것들은 오히려 효과적인 '자신감 셀프 리더십'이 더욱 중요하다는 것을 알리는 신호와 같다. 다윗은 형들의 부정적인 '생각과 말' 앞에 눌려 좌절만 하지 않고 오히려 더 강해졌다. 하나님께 더 가까이 가고, '셀프 리더십'으로 마음이 강하게 하고, 사자와 곰과 싸우며 훈련했다. 다윗은 훈련된 '싸움의 고수'로서의 삶이 언젠가는 쓰임 받을 것을 알았다.

농구 황제 마이클 조던(Michael Jordan)은 세계 최고의 농구 선수였지만 고교 재학시절 학교 농구팀에서 탈락했다. 그러나 조던은 포기하지 않고 반드시 기회가 온다고 자신을 믿었다. 세계적인 선수가 된 자기 모습을 바라보았고, 그렇게 말했다. 그는 믿은 그대로 세계 최고의 선수가 되었다.

애플 컴퓨터 설립자 스티브 잡스(Steve Jobs)는 애플을 설립하기 전 개인용 컴퓨터에 관심을 갖고 있을 때 아타리와 휴렛패커드사로부터 입사를 거부당했다. 휴렛패커드의 인사 담당자는 "우리는 당신 같은 사람은 필요 없소. 당신은 아직 전문대학도 마치지 않았잖아." 라고 했다. 그래서 잡스는 거절을 기회로 만들었다. 주저앉아 한탄하지 않았다. 자신의 아이디어를 혼자 추구했고, '인생 썰물이 반드시 온다'고 믿고, 생각하고, 말하고, 행동했다. 결국 애플사는 세계적 컴퓨터 회사로 성장했다. 이처럼 '생각과 말'을 디자인한 조던과 스티브 잡스는 '101%의 인생'이 되었다. 인생 역전을 이루었다.

외부의 환경이 어떠하든지 내면에서 자신의 운명을 지배하는 '자신감 셀프 리더십'을 발휘한다면, 누구나 인생의 성공을 일궈낼 수 있다. '셀프 리더십'은 대단한 업적을 남기는 사람에게만 필요한 특별한 것이 아니다. 자기가 옳다고 여기는 삶을 살고자 하는 모든 사람에게 반드시 필요한 삶의 지혜이다. 어떤 상황이든 영향력을 미치는 최종 요소는 바로 '나 자신'이다.

그런데 자기 자신을 만들어가는 시작은 '생각과 말'의 변화이다. '생각과 말'이 디자인되면, 분명 삶과 인생길에 변화가 나타나고, 긍정적인 열매가 열린다. '101% 인생'이 되는 형통한 길이 열린다.

데일 카네기(Dale Carnegie)의 사무실에는 풍경화 한 점이 걸려 있다고 한다. 물이 빠져나간 황량한 바닷가에 낡은 배 한 척이 을씨년스럽게 놓여있는 장면이다. 그 밑에 이런 글귀가 쓰여 있다.

"반드시 밀물 때가 온다."

비록 지금은 절망스런 때이지만 곧 온갖 생명체들이 노래할 밀물이 몰려올 테니 소망을 가지라는 것이다.

카네기는 "반드시 밀물은 온다."라는 말에 감동을 받고 '생각과 말'을 디자인해 변화시켜, 삶과 인생을 새롭게 시작한 사람이다. 긍정적이고 자신감 넘치는 '생각과 말'은 '반드시' 열매를 맺는다. '반드시' 승리를 불러온다. '반드시' 숨겨진 성공길을 안내한다. 썰물 다음에는 '반드시' 밀물이 오기 때문이다. 카네기의 강력한 말은 '101% 인생'을 만드는 강력한 추진력이 되었다.

셀프 리더십을 적용하기 위한 걸음마
1. 자기 자신의 가능성을 믿고 신뢰한다.
2. 단점은 다른 각도의 또 다른 장점이라고 생각한다.
3. 자존심 상하는 말을 들으면 좋은 것이 온다는 징크스라고 생각한다.

3장
모든 위대함은
작은 차이에서 시작된다

세 번째 생각의 법칙
생각의 '작은 싹'을 소중히 하라

'긍정 방정식'이라는 개념을 만들어 보면
긍정의 해법은 여러 개가 아니라 하나이다.
정확한 답은 "긍정과 희망"이다.
다른 답은 없다.

'방정식'이라는 명칭은 옛날 중국의 수학책 『구장산술(九章算術)』 제 8장의 제목인 '방정'(方程)에서 유래된 것이다. 여기서 '방'(方)은 '대비하다' 또는 '비교하다'는 뜻이고, '정'(程)은 '양'(量)이란 뜻이다. 다시 말해서, '좌변과 우변의 양을 대비한다' 즉 '양변이 균형을 이루는가를 본다'는 뜻이다. 따라서 '방정'은 두 수를 비교하여 서로 같은 수를 만드는 방법'이라고 설명되어 있다. 그렇다면 방정식의 정의는 '미지수를 품은 등식이 그 미지수에 어떠한 특정한 값을 줄 때에만 성립되는 등식'이라고 할 수 있다. 그 특정한 값은 여러 개가 아니라 말 그대로 특정한 값이다.

여기에 맞추어 '긍정 방정식'이라는 개념을 만들면 긍정의 해법은 여러 개가 아니라 하나다. 정확한 답은 '긍정과 희망'이다. 다른 답은 없다. 부정에 긍정을 넣어 희망을 만들어, 긍정과 희망이 같은 등식이 되게 하는 것이다. 여기에서 1.3%의 긍정, 즉, 생각의 '작은 긍정의 싹'만 있으면 된다.

왜 1.3%일까? 인간과 침팬지의 DNA 구조는 98.7%가 동일하다. 다른 것은 1.3%뿐이다. 그러나 '1.3%의 수치 차이는 대단한 것이다. '인생'은 우리 밖에서 침팬지를 구경하며 살지만, '침생'은 우리 안에서 산다. 작은 것이 결코 작은 것이 아니다. 하나님은 1.3%의 작은 변화로 인간과 침팬지를 나누었다. 작은 차이가 위대함을 만든 것이다.

변화를 요구하고, 긍정의 답을 찾고 실천하라고 하면서 90%를 요구하면 누가 실행할 수 있겠는가? 그래서 1.3%다. 실제 하나님은 우리에게 큰 수치를 원하시지 않으신다. 작은 실천, 작은 순종, 작은 결단, 작은 희망을 원하신다. 인간은 우주에서 하나님 다음 존재이기 때문에 인간의 작은 것도 하나님 다음으로 작은 것이다. 그린 우주적인 눈으로 보면 1.3%도 굉장히 큰 것이다.

우리가 무엇을 하든지 1.3% '긍정생각'인 '작은 긍정의 싹'을 소중히 생각하고, 그것을 시작으로 점점 생각의 크기와 넓이를 늘려가야한다. 그리고 1.3%의 답부터 찾으려는 1.3% 행동과 실천이 필요하다. 왜냐하면, 작은 변화에서 큰일을 해낼 수 있는 힘이 만들어지기 때문이다. 예를 들어, 영어를 잘 하고 싶으면 신문에 있는 오늘의 생활영어부터 외우고, 건강을 챙기고 싶으며 좀 더 걷고 계단을 이용하고, 평소보다 한 시간 일찍 잠자리에 들면 된다. 살을 빼고 다이어트를 하고 싶으면, 오늘부터 밤에 간식을 먹지 않는 결단이 필요하다. 어떤 생각을 하는가가 말을 만들고, 어떤 말을 하는가가 행동이 되며, 반복된 행동이 습관으로 굳어지면, 그게 바로 삶과 인생이 되는 것이다. 그래서 처음에 어떤 생각을 일으키고, 결단해서 어떤 행동을 하는가가 굉장히 중요하다.

신앙 성숙을 위해서도 1.3% 긍정 생각과 실천, 1.3%의 결단과 행동이 필요하다. 성경을 읽을 때도, 하루 1장부터, 기도도 하루 10분부터 시작하는 것이다. 그렇게 시작되면 작은 싹이 쌓여, 하루에 성경 20장을 읽게 되고, 하루 1시간을 넘어 '항상 기도' 습관이 만들어지는 것이다. 1.3%를 꼭 기억하자.

절대긍정, 절대희망
1.3% '긍정생각' 만들기

『개미』의 작가로 잘 알려진 프랑스의 베르나르 베르베르(Bernard Werber)가 쓴 『상대적이며 절대적인 지식의 백과사전』에서 '생각의 힘'에 관해 서술된 내용이 있다.

1950년대에 있었던 일이다. 영국의 컨테이너 운반선 한 척이 화물을 내리기 위해 스코틀랜드의 한 항구에 닻을 내렸다. 포르투갈

산(産) 마디라 포도주를 운반하는 배였다. 한 선원이 모든 짐이 다 꾸려졌는지 확인하려고 냉동컨테이너 안으로 들어갔다. 때마침 그 옆을 지나던 한 선원이 컨테이너 문이 열린 것을 보고 그 문을 닫았다. 안에 동료선원이 있다는 사실을 모르고, 그만 냉동실 문을 닫아버린 것이다. 갑자기 안에 갇힌 선원은 있는 힘을 다해 문을 두드렸지만, 주변의 소음 때문에 아무도 그 소리를 듣지 못했고, 배는 포르투갈로 다시 떠났다.

선원은 자기가 오래 버티지 못할 것을 알고 있어서인지 힘을 내서 쇳조각 하나를 들고, 냉동실 벽 위에 자기가 겪은 고난의 이야기를 시간별로 새겨나갔다. 그는 죽음의 고통을 꼼꼼하게 기록했다. 냉기가 코와 손가락과 발가락을 꽁꽁 얼리고, 몸을 마비시키는 과정을 적었고, 찬 공기에 얼어버린 부위가 견딜 수 없이 따끔거리는 상처로 변해가는 과정을 묘사했다. 그리고 자기의 온몸이 조금씩 굳어지면서 하나의 얼음덩어리로 변해가는 과정을 기록했다.

배가 리스본에 닻을 내렸을 때, 냉동 컨테이너의 문을 연 선장은 죽은 선원을 발견했다. 선장은 벽에 꼼꼼하게 새겨놓은 고통의 일기를 읽었다. 그러나 정작 놀라운 것은 그게 아니었다. 선장은 컨테이너 안의 온도를 재보았다. 온도계는 섭씨19도를 가리키고 있었다. 그곳은 포도주 화물이 들어있지 않았기 때문에, 스코틀랜드에서 돌아오는 항해 기간 동안 냉동장치가 작동하고 있지 않았다.

죽은 선원은 단지 '냉동실에 갇혔으니 스스로 춥고 곧 얼어 죽을 것'이라고 착각한 것이었다. '착각'도 생각이다. 선원은 자기 혼자만의 왜곡된 상상 때문에 죽은 것이다. 죽음을 부른 직접적인 원인은 극단적인 생각이었다. 생각은 신체를 조절한다.

'냉동실에 갇혔으니 죽을 거야',

'문을 두드리고 사람을 불러봤지만 응답이 없으니 이제 죽는구나'

라고 생각한 것이다. 선원은 '생각의 힘'을 부정 방정식에 넣어 죽음이라는 결과를 맞이한 것이다. 시간이 흐를수록 그 선원의 체온은 점점 떨어졌고 몸은 얼어갔다. 맥박도 느려지기 시작했다. 그 사람은 얼어 죽을 것이라는 '절망'을 '마음 방정식'에 넣은 것이다. 그러자 '두려움과 불안'의 답이 나왔고, 그 답에 맞춰 결국 부정적인 생각으로, 허황된 착각으로 인해 죽게 된 것이다.

그 사람에게 1.3%의 '긍정생각'만 있었어도 희망을 만들어내 살 수 있었다. '긍정과 희망'은 불씨만으로도 큰 불을 만들기 때문이다. '긍정과 희망'은 막연한 관념이 아니라 현실이다. 반대로 '두려움과 불안'은 1.3%만으로도 죽음을 부를 수 있다. 인간의 체질 자체가 부정으로 가득 차 있어서 '긍정의 작은 싹'은 꺼버리려고 하고, 부정의 작은 파장은 성난 파도로 만들려는 속성을 가진다.

이처럼 긍정과 부정은 한 글자 차이지만 결과는 죽음과 삶의 차이가 날 수 있다. 우리가 대입하고 입력할 '긍정과 희망'은 100%를 요구하지 않는다. '절대긍정과 절대희망'은 하나님 안에만 있다. 그래서 우리의 작은 1.3%가 '하나님의 방정식'에 들어가면 '절대긍정 절대희망'의 답으로 출력된다. 반대로 1.3%의 '절망'이 '부정적인 인간방정식'에 들어가면 '절대두려움, 절대포기'로 출력된다. 생각의

'작은 싹'을 소중히 선택하고, 다스리는 것이 삶과 인생의 디자인이 되는 것이다.

골리앗이 다윗과의 싸움이 이루어지기 전, 다윗의 당당하고 기백 넘치는 고백을 들은 어떤 백성이 사울 왕에게 다윗의 용맹성을 보고했다. 그러자 사울이 다윗을 불렀다.

"너는 소년인데 어찌 거인과 싸우겠다 하느냐. 저 거인을 이길 자신이 있느냐?"

"낙담하지 마십시오. 주의 종인 내가 가서 저 블레셋 사람과 싸우겠습니다. 여호와 하나님이 도우실 것입니다."

사울은 다윗의 모습으로 보고 이렇게 말했다.

"너는 소년이야. 저 블레셋 사람과 싸우기에 무리다. 골리앗은 어려서부터 용사였고 너의 두 배나 되는 거인이야. 불가능하다. 넌 너무 작아."

"왕이시여, 저는 하나님의 능력을 믿습니다. 가능합니다."

"아니래도. 저 거인은 다르다. 저 힘과 용맹을 보아라. 덩치를 봐라 너무 커. 우리는 난쟁이 같지 않느냐."

시울 왕 역시 '난쟁이 콤플렉스'에서 벗어나지 못하고 다윗을 보는 순간에 그의 외모로 판단을 했다. 사울이 백성의 소리를 듣고 다윗을 만나기는 했지만 외모가 왜소하고 골리앗에 비해 너무 작고, 어려보였기 때문에 골리앗의 상대가 아니라고 생각했다. 그러나 다윗은 '1.3% 희망'을 하나님의 방정식에 넣어 '절대긍정, 절대희망'을 찾아냈다. 승리의 답을 얻었던 것이다. 사람의 아주 작은 것이 하나님의 손에 올려질 때 큰 것이 되는 것이다. 어린아이의 오병이어가 예수님의 손에 올려졌을 때 오천 명을 먹인 능력이 된 것처럼.

믿음과 희망은 막연한 관념이 아니라 '현실'
'믿음필터'로 현실보기

사울은 사람의 눈으로 상황을 판단하고 있었다. 그러나 다윗은 여호와 하나님의 힘을 알고 믿고 있었다. 눈에 보이는 것의 배후에 있는 하나님은 '믿음'이라는 패러다임 필터를 장착해야 보인다. 믿음은 관념과 감각이 아니라 '현실'이다. 느낌과 감각은 절망이라고 말해도 그것은 허상이라고 생각하는 것이 믿음이다.

성경은 "믿음은 바라는 것의 실상"(히브리서 11:1)이라고 했다. 지금 눈앞에 보이는 것이 아니라, 바라는 것이 실상이라는 말이다. '바라는 것'은 희망이다. 믿음과 희망은 '무조건 긍정'이라는 관념에 머무는 것이 아니라, 손에 잡히고 눈에 보이고 존재하는 현실 속의 일종의 유기체다.

다윗이 골리앗을 이길 수 있었던 것도 이런 '믿음필터' 덕이었다. 골리앗의 덩치가 실상이 아니라, 자신이 골리앗을 쓰러뜨리고 승리해야만 하는 그 믿음이 실상이었기 때문이다. '믿음필터'는 믿음의 상황만 보이게 한다. '나는 이길 수밖에 없다'는 '절대 믿음'의 고백을 하게 하는 것이다.

그런데 '절대 믿음'도 1.3% 작은 것에서부터 시작된다. 다윗이 처음부터 곰과 사자와 싸워 이겼던 것이 아니다. 작은 짐승들부터 쫓아내고 양들을 지킨 경험들이 쌓인 것이다. 그런 계속된 연습경기 같은 상황이 반복되면서 다윗은 강해졌고, 골리앗을 이긴 것이다. 1.3% 작은 생각의 싹이 쌓여 큰 생각이 되고, 1.3% 작은 승리 경험이 쌓여 큰 경기에서 이기는 힘이 되는 것이다. 작은 것의 차이가 큰 결과를 만드는 것이다. 그래서 생각의 '작은 싹'을 소중히 할 줄 알아야 한다.

영국의 존 메이어(John Mayer) 수상은 매우 가난한 가정에서 태어났다. 그는 열여섯 살 때 학교를 중퇴하고 가족을 부양하기 위해 노동 현장에 뛰어들었다. 그는 새벽부터 공사 현장에서 콘크리트를 반죽했다. 두 시간의 새벽 노동을 마치면 간단한 토스트로 아침식사를 대신했다. 그렇게 메이어는 가난했지만 희망을 잃지 않고, '언젠가는 성공하리라'는 긍정적인 생각으로 살았다. 환경은 어두워 희망이 작게 보였지만, 하나님이 도우신다는 믿음 위에서, 끝까지 '긍정의 작은 싹'을 놓지 않고 붙잡았다. 그리고 하루하루 노동을 하지만, 하루하루의 삶을 소중히 생각했다. 매일 매일을 진보된 생각으로 살았다.

그는 성장하자 은행 간부와 정치가로서 명성을 얻었다. 성공 후에는 어려웠던 시절을 잊지 않기 위해 서민들이 출입하는 식당을 즐겨 찾았다. 그의 집도 주로 서민층이 많이 사는 지역에 있었다.

존 메이어가 수상이 된 후 기자들로부터 고난의 세월을 어떻게 극복했느냐는 질문을 받고 이렇게 대답했다.

"나는 그 어떤 상황에서도 비관적인 생각을 하지 않았습니다. 항상 긍정적인 희망을 갖고 일하면 부정적인 생각이 사라집니다. 하늘은 표정이 밝고 긍정적인 사고를 가진 사람에게 복을 내려 주십니다."

존 메이어는 어떤 상황 속에서도 좌절하지 않고 '믿음과 희망'을 버리지 않았다. 희망의 불씨를 현실 속에서 놓치지 않고, 믿음과 만나게 해 성공길을 찾아냈던 것이다. 그것은 자신의 배후에서 도우시는 하나님을 신뢰했기 때문이다. 이러한 생각이 그를 101% 역전된 인생, 영국의 수상으로 만들었다.

'희망 전도사'인 하버드 의대 제롬 그루프먼(Jerome Groopman) 교수는 '긍정적으로만 생각하면 모든 병이 씻은 듯 나을 거야'라는 마술지팡이 같은, 이상에 머무르는 관념적인 희망의 모습을 경계한다. '무조건 긍정'은 관념이라는 말이다.

'진정한 희망이란 매우 현실적'이라고 그는 말한다. 진정한 희망은 존재하는 모든 어려움과 실패의 가능성을 직시하면서, 그 사이에 숨어있는 더 나은 미래로 나아가는 문을 찾아가는 것이다. 숨어있는 길과 문은, 작은 것, 좁은 길, 좁은 문이다. 열매를 만드는 희망은 막연한 관념이 아니라 '현실'과 함께 손잡고 걸어가는 동료다. 작은 희망, 좁은 길, 좁은 문을 결코 소홀히 말아야 한다. 성경도 넓은 문이 아니라, '좁은 문'으로 들어가라고 가르친다.

좁은 문으로 들어가기를 힘쓰라. 내가 너희에게 이르노니 들어가기를 구하여도 못하는 자가 많으리라(누가복음 13 : 24)

좁은 문으로 들어가라. 멸망으로 인도하는 문은 크고 그 길이 넓어 그리로 들어가는 자가 많고(마태복음 7:13)

확신과 열정은 잠재적인 힘
없는 것을 있는 것처럼 보기

다윗의 시편 가운데 가장 평안하고 목가적인 분위기를 나타내는 23편은 하나님을 긍정과 희망의 기대감으로 바라보는 서정시다.

여호와는 나의 목자시니 내게 부족함이 없으리로다(시편 23:1)

이 고백을 주의 깊게 보자. 다윗이 여호와 하나님을 목자라고 부른 것은 부족함이 없는 경험들을 많이 체험했기 때문이 아니다. 여호와는 원래부터 선한 목자이시고, 분명 다윗 자신을 필요에 따라 채우실 분으로 믿었기에, 꿈을 가지고 "내게 부족함이 없다."라고 고백한 것이다. 반전이다.

하나님의 존재 자체만으로 다윗은 부족함이 없는 하나님을 인정하고 모든 것을 합력해 선을 이루시는 하나님을 이해했던 것이다.

보통사람은 손에 무엇인가가 쥐어지고, 차고 넘치고, 채워져 터지고 눈앞에 무엇이 크게 나타나야만 축복이라며, 하나님의 존재인식을 갖는다. 그런 의식구조와 믿음은 잘못하면 '기복신앙'이 될 수 있다. 손에 잡히는 것 없고, 손에 주어진 것이 없어도 하나님의 존재 속에 있는 것을 바라보며, 현재의 작은 것에 감사할 줄 알아야 한다.

'생각과 말'의 거인 다윗은 하나님에 대한 순수열정과 확신, 깊은 묵상 가운데 지금은 없지만 '양'인 자신에게 좋으신 하나님이 모든 것을 공급하시는 '목자'시라는 것을 알게 되었다. 그리고 자족하는 삶을 살게 하시는 하나님을 인식한 것이다. 목자되신 주권자 하나님 안에서 '족함'과 '부족함'에 대해 새로운 눈을 뜬 것이다.

빈센트 반 고흐(Vincent Van Gogh)는 『반 고흐, 영혼의 편지』에서 이렇게 말했다.

"확신과 힘과 열정을 가진 사람은 진리를 알고 있어서 쉽게 패배하지 않는다. 그는 난관에 맞서고, 일을 하고, 앞으로 나아간다. 간단히 말해 그는 저항하면서 앞으로 나아간다"

고흐의 말처럼 '확신과 열정'은 잠재적인 힘이다. 지금 보이는 것이 없을지라도 '열정과 확신'이 있다면 없는 것을 존재로 본다. 그것이 믿음이다. 믿음은 1.3% 작은 불씨, 없지만 있는 것으로 보기 시작하는 생각의 '작은 싹'에서 시작된다.

그런데 인생길에서 '부족할 때 부족하다'라고 보고 느껴지는 현실대로만 생각하고 말하는 것은 틀린 말은 아니지만, 꿈이 없는 사람이다. 인생을 잘못 디자인 하는 사람이다. 자기 자신의 가치를 알고, 눈에 보이고 손에 잡히는 것 없지만, 작은 불씨 같은 '열정과 확신'을 더해 부족함이 없는 삶을 예측하고, 믿고 고백하는 것이 중요하다.

사람의 마음은 블랙홀 같아서 아무리 많이 채워도 자신이 간절히 원했던 것에서 작은 것 하나가 비워져 있으면 '부족함'을 느낀다. 자족하고 절제하고 조절하는 마음이 없으면 '부족함이 없다'는 고백을 할 수 없다. '족함'과 '부족함'의 차이는 양적인 문제가 아니라, 마음의 작은 생각의 차이에서 나온다. 이렇게 작은 차이가 위대함을 결정한다.

하나님의 시간표와 섭리
절대 주권을 세밀하게 생각하기

다윗은 깊은 굴속에 있던 자신을 찾아 들어온 사울을 죽일 수도 있었다. 그러나 다윗은 그렇게 하지 않고 사울의 옷자락만을 베었다. 하나님의 시간표와 섭리를 알고 있었기 때문이다. 또 한 번은 사울이 3천 명의 군대를 이끌고 다윗이 있던 곳으로 쫓아왔다. 그날 밤 다윗과 아비새는 사울이 자고 있는 진지 가운데로 들어갔다. 아비새가 사울을 죽이자고 했지만 기름부음 받은 자를 하나님께 맡기려는 다윗의 마음은 변하지 않았다. 다윗은 머리 곁에 있던 창과 물병만을 집어 나왔다. 그리고 건너편 산꼭대기에 올라가 사울을 향해 말했다.

> 내 주는 어찌하여 주의 종을 쫓으시나이까. 내가 무엇을 하였으며 내 손에 무슨 악이 있나이까. 청컨대 내 주의 왕은 이제 종의 말을 들으소서. 만일 왕을 격동시켜 나를 해하려 하는 이가 여호와시면 여호와께서 제물을 받으시기를 원하나이다마는 만일 인자들이면 그들이 여호와 앞에 저주를 받으리니(사무엘상 26:18-19)

다윗은 사울이 자신을 쫓는 것이 부당함을 말한다. 그는 비유를 들어 말했다.

> 이스라엘 왕이 한 벼룩을 수색하러 나왔다(사무엘상 26:20)

이 말은 이스라엘의 왕이 벼룩을 잡으려고 많은 군사들을 보내니 어리석다는 의미다. 다윗은 사울을 하나님의 주권과 시간표에 맡기고 당당히 자신을 변호했다. 세밀하게 자신의 삶과 인생길을 인도하실 하나님을 믿었다. 그리고 자신을 낮추고 바른 선택이 무엇인지 사울을 깨우쳐 주고 있다.

하나님의 시간표는 크고 굵게 표시되지 않는다. 세밀하고 작게 표시하신다. 하나님은 큰 분이시기에 작은 것에 더 관심을 가지신다. 우주가 어떻게 돌아가고 있는지, 은하계와 수많은 별들이 어떻게 움직이고 있는지에 관심을 가지시기는 것보다, 우주 속 먼지보다도 더 작은 우리 인생 한 사람, 한 사람에 대해 더 관심을 가지신다. 하나님의 절대주권은 세밀하다. 세밀하다는 것은 작은 것을 주목하신다는 말이 된다. 하나님은 우연을 가장한 필연을 만드시는 분이시다. 스쳐지나가는 작은 생각, 우연 같은 작은 상황 속에서 하나님은 일하신다. 작은 것으로 위대함을 만드시는 분이시다.

나는 세밀하신 하나님의 주권과 시간표, 하나님이 주신 생각의 '작은 싹'이 얼마나 소중한지에 대해 경험한 적이 있다. 인도 마드라스에서 열린 전도성회에 참석할 기회가 있었다. 싱가포르와 말레시아의 페낭을 거쳐 인도로 가는 일정이었다.

나는 인도로 가기 전, 책을 읽다가 바람이 스쳐지나가듯 '영어 성경 몇 권을 가져가서 전도를 해야겠다'는 작은 생각의 싹이 마음에 심겨졌다. 생각은 자랐고 커져갔다. 그래서 출국 며칠 전부터 영어 성경을 꼭 가져가야한다고 생각을 되새기곤 했다. 그런데 비행기에 오르고 나서야 짐 속에 영어 성경을 넣지 않은 것이 생각났다. 빠뜨리지 않으려고 책상 위에 올려놓고 보고, 또 보았었다. 그런데 지금 현실은 빈손이었다. 그래서 처음 계획을 포기하고, 그 상황도 섭리로 인정하고, 환경에 맞추어 전도하기로 마음먹었다.

말레이시아 페낭에 도착해 하룻밤을 지내는데 호텔 객실 서랍 밑에 성경책이 하나 있었다. 호텔의 것인지도 몰랐다. 순간 나는 '이것을 가져갈까' 생각했다. 그렇지만 호텔 물건일 수도 있었다. 그래서 호텔 측에 얘기했더니, 기증 받은 기드온 성경이니 가져가도 된다는 허락을 받았다. 그런데 말레이시아는 무슬림 국가라서 성경에 대해 민감했다. 더구나 출국 심사대에서 성경책이 나오면 안 된다는 말을 누군가로부터 들은 적이 있었다. 하지만 나는 꼭 성경책을 가져가야 할 것만 같은 소원이 일어났다. 그래서 성경책을 짐 속 깊은 곳에 넣었다.

인도 마드라스에 도착했다. 늦은 오후라서 저녁 만찬이 곧바로 있었다. 나는 식당으로 내려갔다. 그런데 저쪽에서 짙은 피부에 흰 셔츠를 입은 젊은 청년이 우리 쪽으로 다가 왔다. 그러더니 나에게 말을 걸어 왔다.

"저에게 영어 성경책을 하나 구해 주실 수 있나요?"

나는 깜짝 놀랐다. 나는 'Yes'라고 대답하고, 곧바로 방으로 뛰어 올라가 성경책을 가져다주었다. 성경책 맨 앞장에 'God Loves You'라고 써 주었다. 그리고 그 청년에게 '왜 나에게 왔느냐'고 물었다. 그랬더니 그는 내가 처음 식당에 들어올 때부터, 나에게 말해야 된다는 생각을 했다고 전했다. 하나님의 주권과 섭리, 하나님이 정하신 시간과 시간표는 놀라웠다. 그 청년은 인도 어딘가에서 '101% 인생'이 되어 전도자로 살고 있을 것이다.

하나님의 시간과 섭리는 그렇게 세밀하고 놀라웠다. 바람이 스치듯 다가온 생각은 하나님의 세밀한 음성이었다. 작은 생각 같았지만 행복한 결과를 만든 큰 생각이었다.

이처럼 하나님의 시간표와 섭리는 크게 표시되지 않는다. 작고 세밀하게 쓰여진다. 하나님은 우레나 벼락처럼 크게 말씀하지 않으신다. 대부분 은밀하고 세밀하게, 다정하고 포근하게, 간단하고 조용히 말씀하신다. 그래서 생각을 통해 말씀하시는 하나님을 바라보며, 작은 생각의 싹을 소중히 해야한다.

'하나님이 정한 시간'을 헬라어로 '카이로스'(Kairos)라고 한다. 즉 하나님이 자신을 나타내셔서, 우리로 깨닫게 하는 시간이다. 또한 '올바른 지점과 적합한 장소'를 뜻하는 장소적 의미도 있다. 고대 그리스인들은 시간을 '카이로스(Kairos)'와 '크로노스(Chronos)'로 구분하며, '카이로스'의 삶이 가치 있는 것임을 역설했다.

'크로노스'는 '자연스레 흘러가는 물리적 시간'이다. 잡을 수도 없고 멈출 수도 없다. 아낀다고 느리게 가는 것도 아니고, 흥청망청 쓴다고 빨리 가는 것도 아니다. 이에 비해 '카이로스'는 '제때를 의미하는 시간'이다. 기회나 결정적 순간에 그에 맞는 올바른 행동을 하는 시점을 말한다. 비록 순간에 일어난 일이라도 놀라운 변화를 체험하고, 자신의 운명마저 바꿀 수 있는 시간인 '하나님의 섭리 시간'을 '카이로스'라고 한다. 운명마저 바꿀 수 있는 시점, 그것은 '기회'와 같은 말로, '카이로스'에는 기회라는 뜻도 함께 있다.

작은 것에서 큰 것을 보라
작은 일에서 아이디어 찾기

다윗은 골리앗과의 싸움에 나가기 전 육신의 눈으로 자신을 판단하는 사울 앞에서도 절대로 굽히는 모습을 보이지 않았다. 그는 사울 왕 앞에서 담대하게 말했다.

"왕이시여, 저에게는 하나님이 계십니다. 저는 아버지의 양을 지킬 때 사자나 곰이 와서 양떼에서 새끼를 잡으려 할 때 내가 따라가서 맹수들을 치고 그 입에서 새끼를 건져 내었습니다."

"오호, 그래? 네가 정녕 그랬단 말이냐."

다윗이 힘주어 말했다.

주의 종이 사자와 곰도 쳤은즉 사시는 하나님의 군대를 모욕한 이 할례 없는 블레셋 사람이리이까. 그가 그 짐승의 하나같이 되리이다. 여호와께서 나를 사자의 발톱과 곰의 발톱에서 건져 내셨은즉 나를 이 블레셋 사람의 손에서도 건져 내시리이다(사무엘상 17:36-37)

그렇게 다윗이 승리를 확신하고 긍정과 희망을 잃지 않은 것은 양을 치면서 짐승과 싸워 연전연승으로 이겼던 연습 경기(?)의 전적이 있었기 때문이다. 양이 잠든 사이에 맹수들이 올 수도 있기 때문에, 다윗은 목동으로서 뜬눈으로 밤을 지새우느라 깊은 잠을 자지 못했을 것이다. 그리고 들판에서 양을 돌보는 시간은 다윗에게 긴장된 시간이었다. 다윗은 잠을 자다가도 곰이 나타나면 날렵하게 물매를 던져 곰을 제압했다.

그런 연습경기를 주최한 분은 하나님이셨고, 다윗은 게으름을 피우거나 연습을 게을리 하지 않았다. 작은 싸움에도 목숨을 걸고 최선을 다해 양을 지켜냈다. 다윗은 충실한 연습을 거듭한 결과 골리앗과의 싸움에서도 이길 수 있었다.

세계 최초로 대서양 횡단에 성공한 사람은 텍사스의 육군비행학교 출신, 찰스 린드버그(Charles Lindbergh)다. 1927년 5월 20일, 그는 '스피릿 오브 세인트루이스'(Sprit of St. Louis)호를 타고, 뉴욕과 파리를 잇는 북대서양 무착륙 단독 비행에 처음으로 성공했다. 린드버그는 국민적 영웅이 되었고, 오티그 상을 수상했다.

뉴욕의 대부호, 뉴욕시티호텔 소유주인 레이몽 오티그(Raymond Orteig)는 한 번도 쉬지 않고, 대서양을 건너는 비행기 조종사에게 상금 2만5천 달러를 주는 '오티그 상'을 제정했다. 전설의 비행사들이 도전하지만 모두 실패했다. 그런데 비행 경험도, 경력도 없는 21세의 린드버그가 이 '오티그 상'에 도전한다. 하지만 그는 다른 도전자들과 달리 초경량 비행기에 동승하는 사람도 없고, 낙하산도 없이 최소한의 도구들을 가지고 비행에 도전한다. 그의 계획에 대해서 방송 매체들은 터무니없는 계획이라고 했지만, 그의 용기와 창의력을 높이 산 사람들노 있었다.

그렇게 비행은 시작되고 거친 안개, 눈보라, 졸음, 고장난 모터 등 우여곡절을 겪으면서, 린드버그는 비행에 성공한다. 루스벨트 공항을 이륙해서, 르부르제 공항까지 3,600마일을 33시간 31분 만에 비행했다. 횡단에 성공하자 미국 언론은 그의 용기를 극찬했고, 「타임」지는 그를 올해의 인물로 선정했다.

린드버그의 비행 성공으로 민간항공기 시대의 새로운 장을 열게 되었다. 그리고 그의 도전정신은 많은 사람들에게 영향력을 미쳤다. 그렇게 린드버그는 초년병 비행사에서 '101% 인생'으로 역전된 것이다.

사실 린드버그가 대서양 횡단에 성공할 수 있었던 근본적인 이유가 있었다. 대서양 항로 개척을 위해서 비행 연습을 게을리 하지 않았기 때문이다. 린드버그는 제작 중이던 자신의 비행기를 점검하러 동료 새뮤얼과 함께 항공사를 자주 찾았다. 그때마다 둘은 낡은 호텔에 묵었는데, 하루는 새뮤얼이 먼저 잠자리에 들었다가 자정이 훨씬 지난 시각에 잠에서 깼다. 그때 린드버그는 창가에 앉아 별들을 바라보고 있었다. 그날의 피곤한 일정을 잘 알고 있던 새뮤얼이 물었다.

"린드버그, 어째서 아직 잠을 안자는 거야?"

"연습하고 있어."

"연습? 무슨 연습을 잠도 안자고 해!"

린드버그가 돌아보며 대답했다.

"밤새도록 잠을 안자고, 깨어 있는 연습을 하는 중이야."

대서양을 횡단하기 위해서는 비행하면서 밤을 새야 했다. 그래서 린드버그는 잠을 안 자는 연습을 했던 것이다. 이처럼 린드버그의 대서양 비행은 낡은 호텔에서부터, 세밀한 연습과 함께 이미 시작되고 있었다.

실패한 다른 조종사들과 린드버그의 차이는 '작은 것'이었다. 비행기술은 오히려 노련하고 경험 많은 유명 조종사들이 더 뛰어났다. 린드버그는 '잠자지 않는 연습', 다른 사람에게는 작게 보인 그것을 한 것이다. 그 작은 차이가 '위대함'을 만들어냈다. 작은 것이 결코 작은 것이 아니다. 작은 것에서 큰 것을 보는 눈이 필요하다.

작은 일에 충성하라
열심에 '충성'을 더하기

다윗은 어린 시절부터 충성된 사람이었다. 막내라고 약자 취급을 당하면서도, 양을 치는 어려운 일을 감당할 때, 군대장관과 왕으로 살면서도 충성을 다했다. 우리의 삶 속에서 하나님께서 경험케 하시는 일은 크기를 따지지 말고 충성해야 한다. 오히려 작은 것일수록 더 충실해야 한다. 무슨 일이든지 기초가 중요하다. 1.3%짜리 경험이라도 100%로 반응해야 한다. 작은 일에 충실한 것을 배워야 작은 것에 민감해지고, 하나님의 세밀한 사인을 잘 볼 수 있다. 작은 것에 대한 충성도는 하나님의 측정 기준이다. 그래서 1.3% 작은 일에 대한 충성은 결코 작은 것이 아니다. '작은 것'에 '충성'이 더해지면 큰 잠재력이 된다. '101% 인생'은 작은 일에서 시작된다. 성경은 이렇게 말씀하고 있다.

지극히 작은 것에 충성된 자는 큰 것에도 충성되고, 지극히 작은

것에 불의한 자는 큰 것에도 불의하니 (누가복음 6:10)

작은 일에 최선을 다하고, 충성할 때 하나님이 기뻐하신다.

런던의 켄더베리 교회에 니콜라이(Nikolai)라는 집사가 있었다. 17
살에 교회를 관리하는 사찰집사가 되어 평생을 교회 청소와 심부
름을 했다. 그는 교회를 자기 몸처럼 사랑하고 맡은 일에 헌신하였
다. 그가 하는 일 중에는 시간에 맞춰, 교회 종탑의 종을 치는 일도
있었다. 니콜라이가 교회 종을 얼마나 정확하게 쳤던지, 런던 시민
들은 도리어 자기 시계를 니콜라이 집사의 종소리에 맞추었다. 그
가 그렇게 교회를 섬기고, 작은 일에 충성을 다하며 열심을 다하면
서 키운 두 아들은 하나님의 축복을 받아 캠브리지와 옥스포드 대
학의 교수가 되었다. 어느 날 그 두 아들이 아버지 니콜라이에게
말하였다.

"아버지, 이제 일 그만 하세요."

"아니야, 나는 끝까지 이 일을 해야 해."

니콜라이는 그렇게 종을 치며, 교회를 사랑하고 관리하였다. 그
가 76세가 되던 해 어느 날, 노환으로 세상을 떠나게 될 상황이 되
었다. 가족들이 그의 임종을 지켜보고 있었다. 그런데 교회의 종을
칠 시간이 되자, 그는 벌떡 일어나 옷을 챙겨 입더니, 비틀거리며
밖으로 나가 종을 쳤다. 그런데 얼마간 종을 치다 종 탑 아래에서
그는 세상을 떠나고 말았다. 그는 죽을 때까지 작은 일에 충성하며

'충성되게' 살았다. '101% 인생'으로 생을 마감했다.

이 이야기를 들은 엘리자베스 여왕은 감동을 받고, 영국 황실의 묘지에 그를 안치했다. 그리고 그의 가족들을 귀족으로 대우해 주었다. 그리고 장례식 날 모든 상가는 문을 닫았고, 시민들은 그 날 하루 일을 하지 않고, 그의 죽음을 애도했다. 심지어 유흥주점도 문을 열지 않았다. 후에 그가 세상 떠난 날이 런던의 공휴일로 지정되었다.

엘리자베스 여왕 시대에 수많은 성직자들이 죽었으나, 황실의 묘지에 묻히지는 못하였다. 그러나 하찮게 보이는 예배당 종지기를 충성스럽게 수행한 니콜라이는 황실의 묘지에 묻히는 영광과 그가 죽은 날이 공휴일이 되는 명예도 함께 얻었다. 사람들이 보기에 작게 보였던 종치는 일에 니콜라이는 최선을 다했다. 시계보다도 더 정확히 종치는 일에 충성을 다했다. 하나님은 '작은 일'에 충성한 그와 자녀들을 축복해 주셨고, 죽은 후에도 후대에 큰 감동과 영광을 남겼다.

지극히 작은 일이라고, 작게 생각하지 말아야 한다. '작은 일'에 충성하면 그로인해 나음 단계인 그보다 더 큰 일이 생각나서 하게 된다. 그리고 그것에 충성하면 더 큰 것을 또 발견해서 하게 된다. 그것에 더 열심히 충성을 더하면 하나님이 더 차원 높은 것을 보여 주시고 깨닫게 하시고 행하게 도와주신다. '101% 인생은 작은 일에 충성된 자가 만드는 작품이다.

고정된 생각을 버려라
유연한 관념 만들기

다윗의 용맹스러움을 본 사울은 다윗에게 골리앗과의 싸움을 허락했다. 사울은 다윗에게 자기 군복을 입히고, 놋 투구를 머리에 씌우고 갑옷을 입혔다. 그러나 다윗은 평소에 갑옷을 입고 싸워 보지 못했다. 다윗에게 갑옷은 익숙한 차림이 아니었다. 투구와 갑옷은 전투에서 중요한 장비지만, 소년 다윗에게는 무거운 고철일 뿐이었다. 다윗은 칼을 군복 위에 찼다. 그리고는 시험삼아 몇 발짝 걸어 보았다. 그렇지만 걷기조차 불편했다. 싸움은 생각할 수도 없었다.

"왕이시여. 저는 한 번도 갑옷을 입어 본 경험이 없어서 굉장히 불편합니다. 맨몸으로 싸우겠습니다. 하나님이 가르쳐 주신 싸움 방식이 있습니다. 제 무기를 가지고 제 방식대로 싸우겠습니다."

다윗은 생각을 바꿨다. 싸움의 전통 관념을 깼다. 일대일 대결에서 갑옷을 벗고, 칼을 버린 것이다. 그것은 도망하기 위한 방법이 아니라 새로운 전투 방법이었다. 전통 관념을 깬다는 것은 일상의 궤도를 이탈하는 것이 아니라, 오히려 궤도로 복귀하는 것으로 이해해야 한다. 사물을 좀 더 유연하게 보고 인식하자는 것이다.

전통적인 관념은 굳어버린 생각, 고정된 시각이다. 굳어버린 생각은 틀에 박힌 '공식'을 좋아하기 마련이고, 경직된 사고는 새로운 세계를 닫아 버린다. 그리고 고정된 시각은 편견, 부정적 사고, 흑백논리, 수직적 사고 같은 것인데, 여기에 빠지면 사물이나 현상을

202

제대로 볼 수가 없다. 동전의 모양은 언제나 둥글지만 다른 각도에서 보면 타원이나 직선으로도 보인다. 유연한 관념은 넓은 시야를 만든다.

나는 어린 시절 새 운동화가 싫었다. 새 것만 신으면 발뒤꿈치가 닿아서 아팠다. 새 운동화만 사면, '새 운동화는 발뒤꿈치를 아프게'라는 생각이 앞서곤 했다. 그래서 헌 운동화가 될 때까지 주물럭거렸고, 시멘트 바닥에 운동화를 갈기도 했다. 옛날의 새 운동화는 항상 발뒤꿈치를 상하게 했다. 그런 경험이 자주 있어서 나는 부드럽게 만든 후에야 운동화를 신었다. 나의 고정관념이 만든 습관이었다. 나의 단순한 '작은 생각'이 행동과 습관을 만든 것이다.

행동은 습관에서 비롯된다. 좋은 습관은 좋은 행동을 만들고, 나쁜 습관은 나쁜 행동을 만든다. 결국 나를 변화시키는 좋은 습관은 나를 성공으로 이끄는 열쇠가 될 수 있는 것이다. '생각과 말'도 습관이다. 습관화된 '생각과 말'을 '아름다움 생각과 말', '살리는 생각과 말'로 디자인하면, 변화된 '101% 인생'이 된다. '작은 생각'이라도 깊은 생각과 만나면 습관이 되고, 습관은 나아가 삶이 되고, 인생이 되는 것이다. 그래서 작은 생각의 출발이 중요하다. 생각이 삶의 방향을 결정하기 때문이다.

잔잔한 호수에 두 돛단배가 있었다. 그런데 한 돛단배는 동쪽으로 가고, 또 하나의 돛단배는 서쪽으로 출항했다. 어찌 그런 일이 있을 수 있는가? 그럴 수 있다. 배의 방향을 결정하는 키를 동쪽을 돌리면 배가 동쪽으로 가고, 키를 서쪽으로 돌리면 배가 서쪽으로 간다. '작은 키'가 큰 배의 방향을 결정하는 것이다.

사람의 생각은 배의 '작은 키'와 같다. 우리의 생각을 어떻게 가지느냐에 따라서 모든 것이 결정된다. 인생배의 방향도 '작은 키' 같은 '작은 생각'에서 비롯된다. 작은 생각이 다자인 되면, '101% 인생'을 만드는 항로를 만들어낸다.

순간의 선택이 생명을 살렸다
'순간생각'에 민감하기

다윗은 갑옷보다 하나님의 도움을 의지했고, 갑옷을 버리고 하나님이 경험케 하신 승리의 경험을 믿었다. 물매로 싸우는 장수가 무거운 갑옷을 입으면 날렵해질 수 없는 것은 오히려 당연하다. 다윗의 순간적인 판단으로는 갑옷보다 연습 경기할 때 입었던 복장이 낫다고 결정했다. 다윗의 순간적인 민감성은 훈련을 통해 배운 지혜였다.

나는 순간의 선택이 만든 작은 생각 실천이 얼마나 중요한지 경험한 일이 있다. 어느 집사가 사업에 실패했다. 사방으로부터 빚 독촉에 시달리고, 압류와 경매가 들어오는 등 모든 상황이 절망적이었다. 그리고 집안은 풍비박산이 되어 급기야 아들은 가출했다. 어느 날 그 집사가 나에게 전화했다. 나는 그저 위로하고 격려해줄 뿐이었다. 누가 그 사람의 마음을 다 알 수 있겠는가. 전화 말미에 그가 이렇게 말했다.

"목사님, 이것저것 다 필요 없고 그냥 죽고 싶어요."

그날 저녁 나는 신학교에서 강의를 했다. 그런데 강의 도중에 그 집사 생각이 나면서, 마음이 아팠다. 그를 위로해야 한다는 생각이 들었다. 학생들에게 양해를 구하고 강의 중간에 문자 메시지를 보냈다.

"집사님 힘내세요. 죽고 싶을 정도로 마음이 아프면 하늘을 보세요. 하나님은 아십니다. '자살'을 뒤집으면 '살자'예요. 거꾸로 생각하세요. 웃으세요."

웃으라고 문자를 보냈다. 강의가 끝나고 집으로 가는데 전화가 왔다. 울먹이는 목소리였다. 그 집사였다.

"하나님께 영광을 돌립니다. 목사님 감사합니다. 목사님이 나를 살리셨어요."

"무슨 말입니까?"

들어 본즉, 그가 죽기로 결심하고 굽은 산길에 차를 세웠다고 했다. 그리고 죽기로 마음먹고 막 실행하려는 찰나, 마침 문자 메시지가 도착했다는 것이다. 어두운 차 안에 핸드폰 불빛이 빛나자 그는 마지막이라고 생각하고 문자 메시지를 보았다고 한다. 바로 내가 보낸 메시지였다.

"자살의 반대는 '살자'잖아요. 거꾸로 생각하세요. 웃으세요."

이 메시지에 그는 용기를 얻었다고 한다. 그래서 죽기를 포기하고 산에서 내려오는 길이라고 했다.

하나님께 너무 감사했다. 내가 그 순간의 생각을 실행에 옮기지 않았다면 어떻게 되었을까? 괄괄한 성격의 그 집사는 아마 스스로 목숨을 끊었을지도 모른다. 하나님은 순간적인 생각을 통해 나에게 말씀하신 것이다. 그분은 그 후 하나님 앞에서 '생각과 말'을 감사와 찬양으로 디자인해 '101% 인생'으로 거듭났고, 믿음과 신앙이 성숙하고 성장했으며, 큰 일식집 사장으로 재기하는 데도 성공했다.

탁월한 선택
익숙한 무기 사용하기

사람들은 갑옷을 입고 싸움에 나가는 것을 당연하게 생각했지만, 하나님의 방식으로 생각해보면, 다윗이 갑옷을 입지 않고 나가 싸워 이겼다는 것은 하나님의 손길을 인정하지 않을 수 없는 극적인 드라마다. 다윗이 갑옷과 칼과 단창을 거부했다는 것은 좋은 무기를 버린 것이다. 다윗의 손에는 막대기와 물매가 있었다. 사람이 보기에는 보잘 것 없고 작은 것이지만, 하나님 편에서 보면 탁월한 선택이었다.

그리고 제구 주머니에는 시냇가에서 주운 매끄러운 돌 5개뿐이었다. 중요한 것은 마음과 생각 깊은 곳에 새겨진 '하나님의 권세와 이름'이었다. 어떤 이는 갑옷과 칼을 버린 다윗을 비웃었을 것이다. 그러나 다윗에게 있어 갑옷이나 놋 투구와 군복은 익숙한 무기가 아니다. 써보지 못했기 때문이다. 다윗은 막대기와 물매를 써보았을 뿐이다. 다윗은 자기 방식의 싸움 방법과 자기만의 무기를 가진 것이다. 다윗에게는 큰 칼이나 갑옷보다 평소에 자주 썼던 무기인 물매가 최고이자 최선의 무기였다. 특히 물매는 다윗이 양을 치면서 사자나 곰과 싸울 때 주로 사용했기 때문에 정확도가 높았다. 다윗으로서는 탁월한 선택이었다. 다윗은 물매 자체보다 하나님 이름을 더 의지했고, 하나님 손에 들린 물매가 강력한 무기임을 알았다.

신앙생활에서도 이처럼 자기에게 익숙한, 자기만의 영적인 무기와 싸움 방법이 필요하다. 자기가 평소에 응답을 잘 받았던 그것, 그것을 찾아야 한다. 예를 들어 새벽예배, 철야기도, 금식기도, 작정기도, 묵상기도, 성경읽기, 합심기도 등 여러 방법 중에서 자기에게 더 익숙한 무기를 선택하는 것이 지혜로운 방법이다.

밤잠이 많은 사람은 '철야기도'를 고집하는 것보다 '새벽기도'가 이상적이다. 밥을 한 끼만 걸러도 천국문 앞을 왔다 갔다 하는 사람은 '금식기도'보다 충분히 먹고 힘내서 기도하는 편이 낫다. 조용한 것을 좋아하는 성품을 가진 사람은 많은 사람이 모인 '통성기도회'보다 '골방기도'가 더 어울린다.

지난날을 생각해 보라. 어려운 상황에서 무엇으로 영적 전투를 했을 때 응답을 자주 받았는가? 살펴보면 자기 체질에 맞는 영적 무기가 있을 것이다. 그것을 주로 사용하는 것이 지혜로운 방법이다. 그러나 성령님과 함께 하면 체질은 변한다.

어머니의 멍든 사과, '애플 전도법'

작은 지혜 실천하기

다윗은 사울의 갑옷을 벗으면서 깊은 생각에 잠겼다. '갑옷을 입
으면 민첩성이 떨어진다. 골리앗이 흥분하면 방패든 자를 앞서서
나올 것이다. 그때 골리앗의 약점인 이마를 맞추면 된다. 지난번
달려오는 곰에게 던졌던 그런 식으로 물맷돌을 던져야겠다.' 다윗
은 갑옷을 벗고 물매를 선택했을 때 유리한 점들을 생각하고 분석
했다. 최상의 조합을 찾았을 것이다. 그것은 하나님의 지혜에 근거
한다.

소독학의 창시자 조셉 리스터(Joseph Lister)는 19세기 수술이 시작
된 후 90% 이상의 환자가 수술 후 죽는 것을 보았다. 세균 감염 때
문임을 깨달은 그는 그때까지의 수술 방법을 개선, 많은 생명을 살
렸다. 수술 도구를 불로 소독해서 수술한 결과 생존율을 80%로 끌
어올리는데 성공했다. 그는 훗날 이렇게 고백했다.

"이 모든 것이 하나님이 주신 지혜의 은총이었습니다."

성경은 이렇게 말한다.

네 귀를 지혜에 기울이며 네 마음을 명철에 두며(잠언 2:2)

이 말씀은 지혜의 근원이신 하나님을 생각하는 말이다. 다윗은
생각이 깊고 지혜로운 사람이었다. 그의 시편을 보면 깊이 생각한

흔적들이 많이 나타난다. 지혜는 생각에서 나온다. 생각의 영역이 하나님의 손에 올려져 있던 다윗은 당연히 생각이 지혜로웠다.

나의 어머니에 관한 이야기다. 어머니는 가끔 집 앞에 있던 리어카 장사나 조그만 가게에서 과일을 사곤 했다. 그런데 항상 멍든 사과, 뭉그러진 귤만을 골라 오셨다. 10개의 사과가 들어 있어야 할 봉지에 9개만 들어 있기도 했다. 그러던 어느 날 나는 어머니의 이상행동의 원인을 알았다. 과일 노점상을 하는 부부가 우리 집을 찾아왔다. 어머니가 멍든 과일을 사시면서 항상 이렇게 말씀하신다는 것이다.

"우리는 금방 먹을 것이니, 좋은 것은 내일 팔아요."

그리고 나서 몇 주 후에 교회에 가자고 전도를 받았는데 어머니의 사랑 덕에 교회에 가지 않을 수가 없었다고 했다. 더구나 남편이 암으로 몸이 몹시 아팠는데, 교회에 나가서 치료 받았다고 했다. 그리고는 싱싱한 과일과 야채 몇 개를 놓고 갔다. 어머니가 이렇게 심어놓은 결과, 멍든 사과와 더불어, 가끔 무료 야채를 먹을 수 있었다. 그제야 나는 어머니께서 상한 사과를 가져오는 '감동전도법', '애플 전도법'에 대해 알았다. 그것은 어머니에게 임한 하나님의 지혜였다. 그 후부터 우리 집은 멍든 사과, 뭉그러진 귤만 먹는 집이 되었다. 그래도 행복했다. 어머니가 그처럼 몸소 보여주신 교훈은 내 삶의 일부가 되었다. 그래서 가능하면 나도 노점상에서 상한 사과를 산다. 훗날 어느 목사는 어머니의 전도방법을 알고 나서, '애플전도선교회'를 만들어 활동 중에 있다.

어머니는 어디에서 교육받는 것도, 누구로부터 아이디어를 제공받은 것도 아닌데 하나님의 지혜가 생각 속에 임한 것이다. 어머니는 큰 능력으로 전도할 수는 없었지만 하나님의 지혜 아래 자기만의 무기를 개발해 전도하셨다. 성경은 이렇게 말씀하고 있다.

대저 여호와는 지혜를 주시며 지식과 명철을 그 입에서 내심이며

(잠언 2:6)

지혜가 제일이니 지혜를 얻으라 네가 얻은 모든 것을 가지고 명철을 얻을지니라 (잠언 4:7)

이처럼 작은 지혜라도 실천하면, 큰 결과를 본다. 반대로 큰 지혜를 얻었어도 실천이 없으면, 그저 이상이나 공상이 될 뿐이다.

1.3% 신앙 실천을 위한 걸음마
1. 성경을 하루에 3장씩 읽기
2. 기도는 아침, 점심, 저녁 하루에 10분씩 하기
3. 암송은 일주일에 한 구절씩 하기

4장
현실은 우리가
믿고 생각한 것의 결과다

네 번째 생각의 법칙
믿음 상상력, '바라봄의 법칙'을 활용하라

우물도 깊어질수록

오염되지 않은 더 나은 샘물이 나오는 것처럼

생각도 깊어지면 깊어질수록 상상을 초월한 아이디어가 나온다.

집중력 있게 바라보는 생각은 힘이다.

성공하는 사람들의 키워드는 생각의 패러다임이 다르다. 생각이 그 사람의 크기를 결정짓고 생각이 결정을 내리며 생각이 미래를 예견하기 때문이다.

강준만의 『이건희 시대』에 나오는 이야기다.

"이건희는 집중력이 강한 것이지 일 중독증에 빠져 있는 건 아니다. 차라리 '생각 중독증'에 빠져 있다고 보는 게 옳을 것이다. 빌 게이츠는 자신의 저택 이외에도 1년에 두 차례씩 미국 서북부에 있는 한 별장에 은둔해 마이크로소프트의 장래를 결정지을 전략과 아이디어에 대한 연구에 몰두한다고 한다. 일주일 남짓한 이 기간

엔 마이크로소프트 직원은 물론 가족이 방문하는 것도 거절한 채 홀로 정보기술 업계 동향이나 새로운 아이디어들을 담은 보고서들을 읽고 이에 관한 생각을 정리하는 '생각 주간'(Think Week)을 보낸다는 것이다. 게이츠는 생각 주간이 따로 있지만, 이건희는 1년 365일이 모두 '생각 주간'이다."

삼성의 이건희 전 회장, 세계 최고의 갑부 빌 게이츠(Bill Gates) 회장의 공통점은 '깊은 생각'을 귀중하게 다룬다는 점이다. 이건희 회장은 '재택근무'로 유명한데 공식적인 사무실보다는 집 안의 사무실에서 업무를 보는 경우가 많다고 한다. 이 때문에 '은둔의 경영인'이라는 별명이 붙여졌을 것이다. 집에서 홀로 연구를 하고 사색에 잠기면서, 삼성의 미래를 결정하는 중요한 결정을 내린다. 마이크로소프트의 빌 게이츠 회장도 별장에 칩거해 미래를 결정할 전략과 아이디어를 찾아낸다.

이들에게 생각은 무기다. 깊은 생각은 내면을 강하게 만든다. 우물도 깊을수록 오염되지 않은 깨끗한 샘물이 나오는 것처럼 생각도 깊어지면 깊어질수록 상상을 초월한 아이디어가 나온다. 집중력 있게 바라보는 생긱은 현실을 만드는 힘이다. 그런 것을 '바라봄의 법칙'이라고 한다. 다윗이 골리앗을 이길 수 있었던 이유도 강한 내면 즉, 강한 마음에서 나오는 '바라봄의 승리법칙'을 사용했기 때문이다. '바라봄의 법칙'은 막연한 생각이나 공상이 아니다. 강한 내면의 힘이 바탕이 된 '믿음 상상력'이다.

생각은 '미래 스케치북'이다
승리를 위한 믿음 그리기

19세기 최고의 시인으로 불리는 롱펠로우(Longfellow)는 매우 불행한 인생을 살았다. 첫 번째 아내는 평생 동안 병을 앓다가 숨졌다. 둘째 아내는 집에 일어난 화재로 목숨을 잃었다. 그러나 두 여인을 잃고도 롱펠로우의 왕성한 창작욕은 식을 줄 몰랐다. 임종을 앞둔 롱펠로우에게 한 기자가 물었다.

"험한 인생 고개를 수없이 넘으면서도 어떻게 그런 아름다운 시를 남길 수 있었습니까?"

롱펠로우는 정원의 사과나무를 가리키면서 대답했다.

"저 사과나무가 바로 내 인생의 스승이었어요. 저 나무에는 해마다 새로운 가지가 자라 그곳에서 꽃이 피고 단맛이 나는 열매가 열리지요. 나는 내 자신을 항상 새로운 가지라고 생각했어요."

롱펠로우는 승리를 바라보는 눈을 떴던 것이다. 좌절의 환경에 자신의 '마음의 눈'을 맡긴 것이 아니라 희망과 용기에 맞추었다. 내면이 훈련되고 마음이 깊어진 것이다. 그 결과 사과나무 속에서 용기 있고, 승리하는 자신의 인생 그림을 발견한 것이다.

다윗도 희망과 용기 속에서 자신을 발견했다. 다윗은 생각의 스케치북에 짐승과의 싸움에서 이겼던 용기를 믿음의 연필로 먼저 스케치했다. 그리고 골리앗을 쓰러뜨리고 목을 베는 그림을 그렸다. '바라봄의 승리 법칙'을 적용한 것이다. 자신은 거인처럼, 골리앗은 난쟁이처럼 그렸다.

생각은 성장하고 생명력을 가진 것이라서 관리하기에 따라 인생 길의 거인이 될 수도 있고 난쟁이가 될 수도 있다. 생각하고 또 생 각하며 묵상하면 내면이 훈련된다. 강한 내면에서 나오는 생각은 미래의 승리를 위한 밑그림, 영적인 그림을 그리는 스케치북이다. 성경은 이렇게 말씀한다.

믿음은 바라는 것들의 실상이요 보지 못하는 것들의 증거니(히브리 서 11:1)

믿음은 내가 소망하는 것의 실체이며 보지 못하는 것을 나타내 는 증거다. 또한 믿음은 어둠 속에서 날이 밝기를 기다리며 노래하 는 새와 같다. 따라서 믿음은 생각에 그려진 미래의 승리와 변화를 위한 스케치가 현실이 되게 하는 힘이다.

에머슨(Emerson)이 "믿음이란 종달새 알에서 종달새의 노래를 듣 는 것이다." 라고 했던 것처럼 다윗은 이미 싸우기도 전에 승리의 노랫소리를 듣고 있었다. 다윗에게 생각의 그림인 '믿음 상상력'은 힘이었고 믿음이었다. 다윗은 이렇게 말했다.

주께서 내 원수의 목전에서 상을 베푸시고 기름으로 내 머리에 바르셨으니 내 잔이 넘치나이다(시편 23:5)

원수 앞에 밥상을 받고 머리에는 기름이 부어지며 하나님의 능력으로 충만하고 축복의 잔이 넘치는 그림을 그리며 고백했던 것이다. 믿음은 겉에서 나오는 소리에 귀를 닫는 것이다. 깊은 곳에서 나오는 진국 같은 소리에 집중해야 한다. 방음장치가 되어 있는 방에서는 아주 작은 소리, 심장이 갈비뼈를 치는 소리를 들을 수 있다. 조용한 곳에서 깊은 마음에 귀를 기울여 보라. 그러면 세미한 하나님의 음성이 들린다.

다윗은 믿음의 사람이었다. 하나님이 함께 하시니 '나는 이길 수밖에 없다'는 생각을 하고, '바라봄의 법칙'을 사용해 승리하는 그림을 그리며, 곰과 사자와 싸웠던 것이다. 다윗의 디자인된 '생각과 말'이 다윗을 승리로 이끌고, '101% 인생'으로 바꾼 것이다. 다윗에게 생각은 미래를 그리는 스케치북이었다.

생각을 행동으로 옮겨라
'할 수 있다' 생각 눈뜨기

다윗은 생각이 깊고, 묵상하는 사람이었다. 시편에서 나오는 다윗의 마음 깊은 표현이 다윗의 마음을 말하고 있다.

여호와는 나의 반석이시요 나의 요새시요 나를 건지시는 이시요…(시편 18:2)

여호와는 나의 목자시니…(시편 23:1).

다윗은 그런 마음을 바탕으로 어떤 위기 속에서도 '할 수 있다.' '이길 수 있다.'라는 강력한 믿음과 고백으로, 위기를 기회로 바꾸고 '바라봄의 법칙'을 적용해 승리했던 것이다.

브라질 리우 올림픽에서 기적의 역전승으로 금메달을 따낸 남자 펜싱 박상영 선수의 '할 수 있다' 고백과 승리는 희망의 메시지였다. 박상영 선수는 펜싱 남자 에페 개인전 결승에서 헝가리 선수를 상대로 대역전극을 펼치며 스코어 15-14로 신승했다. 박 선수는 9-9에서 연속 4점을 내줘 9-13으로 패색이 짙었지만. 스코어 10-14에서 내리 5점을 따내는 엄청난 집중력으로 대역전극을 연출했다. 특히 결승전 막판 '할 수 있다'고 혼자 되뇌던 모습이 카메라에 잡혔는데, 그 모습은 사람들의 눈길을 끌었다. 스스로에게 '이길 수 있다'는 자기 확신을 심었고, 그는 포기하지 않은 끝에 기적을 이끌어 낼 수 있었다. 박 선수는 당시를 이렇게 말했다.

"벼랑 끝에 몰렸지만 반드시 이기고 싶었습니다"

"희망을 조금이라도 잡고 싶어서 '할 수 있다'고 중얼거렸죠"

박상영 선수에게 '할 수 있다'는 생각의 눈이 열리면서, 생각을 통해 이기는 그림을 그렸다. '바라봄의 법칙'을 이용해 승리했던 것이다. 박 선수의 '할 수 있다' 희망은 삶을 역전시켜 '101% 인생'이 되게 한 것이다.

미국의 어느 노인이 식당 사업에 실패해 좌절 속에 있었다. 자신을 돌아보니 나이도 많고 학벌도 없었다. 노인은 자신의 부족한 점만 보았다. 더구나 노인은 병에 걸려 병실에 있었다. 그러던 어느 날 새벽, 누군가 기뻐하며 찬송을 부르는 소리가 들렸다.

"주 너를 지키리, 아무 때나 어디서나 주 너를 지키리, 늘 지켜주시리."

병실 문을 열어 보니 청소부였다. 그런데 더욱 놀란 것은 청소부는 한쪽 다리가 없는 장애인이었다. 노인은 마음이 뭉클했다.

"당신은 목발을 하고 있으면서 기쁘게 찬송을 부를 수 있습니까?"

"이 세상은 내 집이 아닙니다. 내 집은 하늘나라에 있거든요. 그래서 지금 환경은 어려워도 기쁜 마음으로 찬송을 부른답니다."

청소부는 그 노인에게 복음을 전했고, 노인은 퇴원 후 즉시 교회를 찾아갔다. 얼마 후 노인은 하나님 앞에 진지한 기도를 드렸다.

"하나님, 저는 나이도 많은데 이 나이에 무엇을 할 수 있나요?"

그런데 기도 중에 닭들이 하늘을 날아다니는 그림이 떠올랐다. 그 영상이 자꾸 떠올라 기도를 할 수 없을 정도였다. 며칠이 지나도 그 그림은 지워지지 않았다 그래서 노인은 손수 닭을 기름에 튀긴 요리를 만들어 사람들에게 나누어 주었다. 그때까지 닭을 기름에 튀겨서 먹는 사람이 없었다. 그런데 의외로 사람들의 반응이 좋았다. 그래서 그는 켄터키 주에 있는 자기 집에 닭튀김 집을 열었다. 점점 소문이 나고 인기를 얻어 닭튀김은 날개 돋친 듯이 팔렸고 미국 전역과 캐나다로 퍼져 나가 마침내 전 세계적인 브랜드가 되었다. 이 노인이 바로 켄터키 프라이드치킨(KFC)의 창업주 커널

할랜드 샌더스(Colonel Harland Sanders)다.

그는 하나님이 주신 응답의 그림을 생각하고 또 생각하면서 발전적인 결과를 얻었다. 그리고 그의 '할 수 있다'는 '긍정과 희망의 추진력'을 가지고 '바라봄의 법칙'으로 성공을 그리며, 현실에서 성공을 일구었다. 샌더스가 자신은 노인이며 사업의 실패자라는 생각에 머물렀다면 그의 남은 인생은 그저 노인이었을 것이다. 그러나 그는 거인이 되는 길을 선택했다. 닭이 하늘을 날아다니는 꿈을 바라보며, 하나님이 주신 생각이라고 믿고, 닭 사업을 시작한 것이다. 그리고 튀긴 닭들이 팔려 나가는 것을 바라보았다. '바라봄의 법칙'을 통해, 삶과 인생길을 찾았고, 믿음의 눈도 새롭게 뜬 것이다. 변화된 '101% 인생'이 된 것이다.

하나님은 생각에 응답과 승리의 그림을 넣어 주시는 분이다. 그리고 사람들이 '할 수 있다' 생각을 가지고 순종과 신뢰, 행동과 실천으로 그림을 완성하도록 하신다. 하나님은 우리가 '바라봄의 법칙'을 통해 동역자가 되길 원하신다.

내면의 강함과 감동은 힘이다
순종과 실천으로 행동하기

다윗은 골리앗과의 대결 전에 하나님이 주신 생각을 따라 행동했다. 산을 내려가 평소에 짐승들을 물리칠 때 썼던 크기의 매끄러운 돌 5개를 찾았다. 이때 무게, 크기 등 지난번 곰의 머리를 맞추었던 크기의 돌을 생각하면서 신중하게 골랐을 것이다. 다윗은 단순히 '돌'을 집은 것이 아니라 '믿음의 돌', '믿음의 무기'를 찾은 것이다. 다윗이 돌을 다섯 개 고른 이유는 골리앗의 뒤에 4명의 거인 장수가 더 있었기 때문이었다. 다윗은 그들까지 무찌르려고 했다. 다윗의 용맹스럽고 적극적인 생각에서 나온 행동이었다.

다윗은 그렇게 하나님이 주신 생각, 내면의 감동에 충실했다. 내면의 강함과 감동은 능력이다. 다윗은 이해하고 분석하기보다 순종과 실천으로 행동했다. 그리고 '이길 수 있다'는 생각에 초점을 맞추고, 믿음 상상력을 활용해 이기는 것을 바라보고 행동했다.

팽팽한 긴장감이 돌았다. 이스라엘 백성들은 다윗의 이름을 외치며 응원했다. 골리앗이 방패든 자를 앞세우고 움직이기 시작했다. 골리앗이 점점 더 다윗 가까이로 왔을 때였다. 다윗의 모습을 본 골리앗이 다윗을 업신여겼다.

"아니, 이스라엘에는 장수가 없느냐? 너 같은 어린아이를 보내다니. 곱상하게 생긴 꼬마 녀석이 감히 나에게 도전하겠다니 용기는 가상하지만 넌 내 상대가 아니다."

갑옷도 입지 않고, 칼이나 창도 없고 막대기 하나 달랑 든 초라한 목동의 모습을 본 골리앗은 어이가 없었을 것이다. 이 자그마한 소년이 감히 자기 상대라고는 생각할 수 없었을 것이다. 하지만 골리앗은 눈에 보이는 다윗의 겉만 보았지 다윗과 함께 하시는 하나님, 다윗 안에서 역사하시는 하나님을 보지 못했다. 하나님이 쓰시는 사람은 외모의 강함이 아니라 내면적인 강함이 있는 사람이다. 사무엘이 왕의 재목을 찾을 때 하나님이 경고하신 것이 외모에 현혹되지 말라는 것이었다. 내면이 그 사람 자체이고 내면의 강함이 힘이기 때문이다. '101% 인생'은 외면보다 내면이 강한 사람이다.

강의를 마치고 나오는데, 어느 젊은 여학생이 상기되고 진지한 표정으로 상담을 요청해 왔다. 이유는 자신이 예뻐서 그런지 남학생들이 자주 귀찮게 한다는 것이었다. 대응 방법을 물어 왔다. 또 한 가지 고민은 하나님께 쓰임을 받고 싶은데 하나님께 사용되는 사람을 보면 얼굴이 못생긴 사람이 쓰임 받는 것 같다는 얘기였다. 그런데 자신은 주위 사람들이 예쁘다고 칭찬하고 소위 '얼짱'이라고 하는데, 혹시 '하나님께서 쓰시지 않으면 어떻게 하나' 하고 고민된다고 했다. 엉뚱해 보이는 질문이라 웃음이 먼저 나왔지만 미소로 답했다. 이유는 그 학생의 태도가 너무 진지했고, 나름대로 하나님께 쓰임 받고 싶은 열망에서 나온 질문이라고 생각했기 때문이다.

하나님의 선택기준은 '얼짱'이나 '얼꽝'이 아니다. 마음만 보신다. 마음이 하나님 앞에 가까이 있는 사람을 찾으신다. 항상 하나님을 생각하고 모든 일을 하나님의 섭리로 해석하며 예수님의 마음으로 살아가려는 그런 사람을 찾으신다.

그런데 왜 그 여학생이 그런 고민을 하게 됐을까? 이 학생은 '바라봄의 법칙'을 '착각'에 맞추고 있었다. 착각은 생각의 변종인데 생각의 눈에 가시가 박힌 것이다. 착각은 사실을 굴절되게 보이게 한다. 눈을 가리고 회전의자에 앉아 오른쪽으로 돈 후에 갑자기 정지하면, 계속 돌고 있다는 착각이 든다. 귀에 균형을 잡아 주는 달팽이관 속의 림프액이 계속 출렁이며 움직이기 때문이다. 그래서 비행사들의 방향 감각이 착각을 일으켜 사고가 나는 경우가 생긴다. '착각'은 이처럼 무서운 결과를 낳는다.

개처럼 죽을 것을 생각한 '골리앗'
자화상 관리하기

자화상이 긍정적인 사람은 어떤 환경 속에서도 살아날 수 있고 부정적인 사람은 그 모습대로 추락한다. 토크쇼의 여왕으로 불리는 오프라 윈프리(Oprah Winfrey)는 이렇게 말했다.

"인생의 가능성을 믿기 때문에 지금 여기 있다"

그녀는 열다섯 살 때 사촌 오빠에게 강간을 당해 미혼모가 되기도 했고, 가난으로 인한 좌절의 길에 있었다. 그녀의 자화상은 흑인, 가난뱅이, 미혼모 등 실패 그 자체였다.

그러나 그녀에게 유일한 희망은 아버지가 사다 주는 책이었다. 어린 시절부터 수많은 책을 읽었고 책 속에서 자신의 가능성을 발견했다. 실패의 자리가 아니라 성공할 것을 상상하고, 바라보았다. 성공자의 자화상으로 바뀐 것이다. '101% 인생'이 된 지금의 윈프리는 '바라봄의 법칙'과 어린 시절 독서가 만든 인물이다.

골리앗의 패배는 자화상의 추락에 기인한다. 골리앗의 자존심
이 상한 이유는 다윗이 막대기를 들고 나왔기 때문이었다. 골리앗
은 다윗이 갑옷으로 무장하고 날카로운 칼을 가지고 나와도 상대
가 될까 말까한데, 겨우 짐승을 쫓을 때나 쓰는 막대기를 들고 나
온 것을 보니 기가 막혀 이렇게 말했다.

네가 나를 개로 여기고 막대기를 가지고 내게 나아왔느냐?(사무엘
상 17:43)

골리앗은 흥분하기 시작했다. 그는 자기 생각처럼 막대기로 다
스림 받는 성난 개가 되어 가고 있었다. 이렇게 골리앗의 패배는
생각에서부터 시작되었다. 골리앗은 다윗의 전략에 말려들었고 흥
분한 감정의 불은 더욱 타올랐다. 사람이 흥분하면 판단력이 흐려
지고 서두르게 된다. 골리앗은 다윗이 들고 있던 막대기를 보고 자
신을 성난 개 수준으로 낮추어 생각했다. 그 순간 골리앗은 평소의
거인 장수가 아니라 성난 개가 되었다.

자기를 비하한 골리앗의 패배는 어쩌면 당연한 것이었다. 왜 하
필 개란 말인가? 반면 다윗은 항상 믿음을 기초로 자화상을 관리했
다. 다윗은 이렇게 고백했다.

천만 인이 나를 둘러치려 하여도 나는 두려워 아니 하리이다(시편
3:6)

내가 여호와를 찬송하리니 이는 나를 후대하심이로다(시편 13:6)

다윗은 자화상을 '하나님의 보호하심 속에 있는 존재', '하나님으로부터 상을 받는 존재'로 보았다.

미식축구 슈퍼볼에서 MVP를 차지한 하인즈 워드(Hines Ward)는 어린 시절부터 미키 마우스를 좋아했다. 그래서 오른쪽 팔에 미키 마우스 문신을 했다. 그가 그렇게 한 것은 어린 시절부터 가난과 어려움, 혼혈이라는 따돌림 등으로 마음이 아플 때마다 미키 마우스를 보면서 웃고, 긍정적인 생각을 했기 때문이다. 그에게 미키 마우스는 웃게 만드는 친구였다. 그렇게 웃음과 긍정으로 자화상을 관리해 온 하인즈 워드는 웃음을 체질화했다. 경기 중 상대방에 의해 몸을 다치고 코피가 나도 웃고, 터치다운을 해도 웃고, 공을 놓쳐도 웃는다고 한다. 이러한 긍정성이 오늘날의 하인즈 워드, '101% 인생'을 만들었다. 긍정적인 자화상을 가지고 자기 가능성을 바라보고, 믿는 것은 승리를 만드는 큰 힘이다.

환경이 아니라 마음이 중요하다
'생각과 말' 디자인하기

재미있는 것은 같은 환경 속에서 자란 쌍둥이도 자화상이 전혀 다르다는 것이다. 그것은 각자 고유하게 가지고 있는 '생각의 선택'이 다르기 때문이다. '생각의 선택'을 다르게 표현하면, '생각의 차이', '상상력의 차이', '바라봄의 차이'라고 할 수 있다.

일란성 쌍둥이의 일화는 생각의 선택에 대한 중요성을 말해 준다. 어떤 일란성 쌍둥이 형제 중 한 아이는 언제나 희망을 잃지 않고 낙천적이었다. 그러나 다른 아이는 비관적이어서 항상 슬픔과 걱정으로 가득차 있었다. 근심에 쌓인 부모가 아이들을 심리학자에게 데려갔다. 심리학자는 아이들의 성격을 균형 잡히게 만들 계획을 부모에게 일러주었다.

"아이들의 생일에 각자 다른 방에서 생일 선물을 끌러보게 하세요. 비관적인 아이에게는 능력이 닿는 대로 가장 좋은 선물을 주고, 낙천적인 아이에게는 말똥을 한 상자 주세요."

부모는 이러한 제안을 따랐고 그 결과를 주의 깊게 살펴보았다. 부모가 비관적인 아이의 방을 엿들어 보니 이런 불평이 들려 왔다.

"이 컴퓨터는 색깔이 맘에 안 들어. 그리고 이 계산기는 쉽게 깨질 것 같고, 게임기는 내가 좋아하는 것이 아니야. 이것보다 더 좋은 것도 있는데, 이게 뭐야."

부모는 조용히 복도를 건너가 낙천적인 아이가 있는 방을 엿들었다. 그 아이는 기쁨에 넘쳐서 말똥을 공중으로 던져 올리고 있었다. 그러고는 킥킥 웃어 대며 이렇게 중얼거렸다.

"엄마, 아빠가 나를 놀리신 거야. 이렇게 많은 말똥을 어디서 구하셨지? 내 생일 선물로 조랑말을 준비하신 거야?"

비관적인 아이는 어떤 좋은 환경이 되어도 부정적인 것을 찾고, 낙관적인 아이는 나쁜 환경을 넘어 긍정을 선택한다는 것이다. 그것은 내면의 차이 즉, 마음의 차이 때문이다. 그것은 다윗과 골리앗의 '생각의 차이'와도 같다. 다윗은 어떤 환경 속에서도 하나님의 손에 올려져 있는 '능력자'로 자신을 보았고, 골리앗은 거인이며 군대장관이었음에도 불구하고 다윗의 앞에 자신을 '개'라고 생각하고 말한 것과 같다. 골리앗의 몸은 거인이었지만, 내면은 난쟁이였다. 골리앗의 '생각과 말'이 바뀌지 않는 한, 골리앗은 다윗 앞에 백전백패요, 개로서 존재할 뿐이다. '생각과 말'이 바뀌고, 디자인되어야 삶과 인생이 변해 '101% 인생'이 되는 것이다.

불평과 기쁨은 환경이 아니라 '나 자신'이 만드는 것이다. 다시 말하면 자기 자신이 선택하는 것이다. 우리는 볼펜을 살 때, 반찬을 먹을 때, 직업이나 배우자를 고를 때도 선택을 한다. 선택은 삶의 기본방식이기 때문이다. 그러나 그런 선택의 결과에 대해 긍정적인 사람과 부정적인 사람이 있다. 그것은 그 사람이 가지는 내면, 즉 마음이지 환경 자체는 아니다. 삶도, 인생길도 마음에서 만들어진 '생각과 말'의 선택이 길을 만들고 길을 닫는다.

마음이 비관적이고 부정적이면 '생각과 말'을 바꾸어야 한다. '생각과 말'은 마음속에서 나오고, 마음은 '생각과 말'로 만들어진다. 다시 말해 동전의 앞뒤처럼 '생각과 말'은 앞면, '마음'은 뒷면이 되어 언제나 함께 하며, 서로 영향을 끼친다.

딸아이들과 중국여행을 간 적이 있다. 그때 우리 팀에 노인 부부와 딸이 있었다. 효도관광을 온 사람들이었다. 그런데 내가 도보관광을 할 때 무거운 등가방을 메고, 산 상품까지 들고 있기에 내가 들어주겠다고 말했다. 그때 그 딸의 아버지가 "일 없어요." 라며 웃었다. 그때 알았다. 그 사람이 조선족이거나 탈북민일 거라는 생각이 들었다. 이유는 그 사람의 말을 듣고 안 것이다. 사람의 마음을 알려면 그 사람의 '생각과 말'을 들어보면 된다.

하나님 이름으로 승리를 생각한 '다윗'
'믿음 상상력' 훈련하기

다윗은 아버지의 양을 치면서 항상 하나님을 의뢰하는 믿음을 배웠다. 그리고 그 믿음으로 이기는 그림을 생각에 그릴 줄 알았다. 다윗은 골리앗에게 이렇게 말했다.

> 너는 칼과 창과 단창으로 내게 오거니와 나는 만군의 여호와의
> 이름 곧 네가 모욕하는 이스라엘 군대의 하나님의 이름으로 네게
> 가노라(사무엘상 17:45)

이런 다윗의 고백은 전쟁의 승리가 자기 것이 아니라, 하나님의 것이라는 선포다. '바라봄의 법칙'을 통해 칼과 단창을 꺾고 부러뜨리는 여호와 하나님의 권능을 바라보았다. 하나님의 이름표를 달고 나가는 다윗 자신을 바라본 것이다.

보이는 환경은 거인과의 대결, 강한 군대 앞에 선 소년이었지만

마음과 생각, 그리고 말은 승리를 그리고 있었다. 그런 '내면의 힘'은 그냥 생기는 공짜가 아니다. 깊은 생각, 반복된 생각, 땀을 흘린 시간이 만들어준 선물이다. 그러나 아무거나 무조건 상상하고 공상하라는 말이 아니다. 하나님이 주시는 생각과 믿음 안에서, 사람에게 유익이 되고, 하나님께 영광이 되는 범위 안에서 '믿음 상상력'을 가지라는 말이다.

사람들이 모여 중병이 걸린 사람에 대해 논의한 일이 있었다. 그중 한 사람이 심장병 환자였는데, 그 상태가 악화되어 죽음에 이르기 직전이었다. 그때 유명한 심장 전문의가 이런 말을 했다.

'심장은 계속 힘을 제공해야 하기 때문에 인공심장의 발명은 불가능하다.'

사실 이 말은 그 당시에는 정설이었다. 그러나 그 환자와 심장 전문의 몇 사람은 꿈을 가지면 길이 생길 것이라 굳게 믿고, 생각에 생각을 거듭해 아이디어를 짜냈다. 심장병 환자가 다른 무엇인가에 의해서 살아나는 상상력을 가진 것이다. 그리하여 사람의 힘의 근원을 몸 밖에 장치하여 전지를 규칙적으로 갈아 끼우면 되지 않겠느냐는 아이디어를 생각해냈다. 당시는 불가능하게 보였지만, 결정적인 해결안이었다는 것이 오늘날 증명이 되고 있다. 다윗의 '믿음 상상력'은 언제나 구체적이고 드라마틱하다. 한편의 그림 같고, 한편의 단편영화 같다.

내가 환난 중에서 여호와께 아뢰며 나의 하나님께 아뢰었더니 저가 그 전에서 내 소리를 들으심이여 나의 부르짖음이 그 귀에 들렸도다. 이에 땅이 진동하고 떨며 하늘 기초가 요동하고 흔들렸으니 그의 진노를 인함이로다. 그 코에서 연기가 오르고 입에서 불이 나와 사름이여 그 불에 숯이 피었도다. 저가 또 하늘을 드리우고 강림하시니 그 발아래는 어둑캄캄하도다. 그룹을 타고 날으심이여 바람 날개 위에 나타나셨도다. 저가 흑암 곧 모인 물과 공중의 빽빽한 구름으로 둘린 장막을 삼으심이여 그 앞에 있는 광채로 인하여 숯불이 피었도다(사무엘하 22:7 – 13)

다윗의 시편은 구절마다 구체적이고, 세밀하며 서론, 본론, 결론이 뚜렷하고 승리에 대한 묘사가 그림 같다. 그리고 자신의 마음상태와 소원이 그림 같이 펼쳐진다. 서두에 고난과 고통을 말하지만 결말은 언제나 하나님을 찬양하고 회복과 승리를 고백한다. 그것은 다윗의 '믿음 상상력' 즉, '바라봄의 법칙'이 가지는 특징이다.

그런데 다윗의 '믿음 상상력'이 더 큰 능력이 된 것은 하나님의 이름표를 달고 있었기 때문이다. 다윗은 시편에 나타나는 것처럼, 항상 상상력을 훈련하며 시편을 썼고, '믿음 상상력' 훈련을 했던 것이다. 다윗의 '믿음 상상력' 즉, '바라봄의 법칙'은 승리를 예견하는 강력한 힘이었으며, '101% 인생'이 된 다윗의 비밀이었다.

성경에서 예지력, 창조력이 나온다

성경 묵상하기

　다윗이 '생각과 말'로 마음에 그림을 그리는 화가로서 '영성'과 '감성'이 준비되었고, 구변이 뛰어났던 것은 어린 시절부터 말씀을 묵상하고, 말씀으로 내면을 다스리고 '믿음 상상력'을 실천했기 때문이다. 우리의 생각과 마음에 말씀이 들어와서 생각에 생각을 더하며, 말씀이 생명력을 가지면 다윗이 골리앗을 이긴 것처럼 기적적인 놀라운 일들이 생긴다. 성경 말씀은 살아 있는 유기체이며 운동력 있는 힘이다. 어떤 날선 검보다 강해 공격과 방어무기도 된다. 그리고 영과 혼과 골수(육체)를 쪼개는, 다시 말해 사람의 영·혼·육 모든 것에 영향을 미치고, 고치고, 다스리고, 능력을 주고, 지혜를 주고, 소망과 구원, 기쁨과 은혜를 주는 실체이기 때문이다.

　사람의 깊은 생각은 예로부터 지금까지 항상 '예지력'을 낳는다. 그런데 생각이 더 큰 생각을 낳고, 또 그 생각이 정보(성경)를 만나면 좋은 아이디어를 낳는다. 그것은 '창조력'과 '예측력'으로 나타난다.

　미국의 세계적인 기업 네슬레, 제너럴푸드, 켈로그, 캠벨과 같은 식품회사들이 페이스 팝콘(Faith Popcorn)이라는 여성의 도움을 받고 있다. 그녀에게는 독특한 생각의 힘이 있기 때문이다. 그녀의 능력은 바로 사람의 생활 변화를 잘 예측하는 것이다. 그래서 그녀를 가리켜 '라이프 스타일을 만드는 사람'이라고 부른다. 페이스 팝콘은 지난 1980년부터, 어떤 상품을 만들면 크게 성공할 것이라는 예측을 했는데 거의 맞았다.

"건강 지향적인 패스트푸드가 각광을 받을 것이다."

"각 가정에 미디어 룸을 설치하는 것이 일반화될 것이다."

"저지방, 저소금의 식품이 호평을 받게 될 것이다."

그녀의 예측대로 경영한 회사들은 많은 도움을 받았다. 그녀는 인터뷰에서 자신의 정확한 예측 능력은 각종 자료를 바탕으로 정확하게 분석하고 분별하는 가운데, 중요한 실마리를 찾아냈던 것이라고 말했다. 그런데 더 중요한 것은, 이러한 판단력과 분석력, 통찰력 그리고 창조력과 상상력은 하루아침에 만들어진 것이 아니라는 점이다. 내면의 힘은 땀과 노력의 결실물이다. 그녀는 어릴 적부터 읽었던 '성경'을 통하여 '상상력'을 얻었고, 설교 말씀을 통하여 '통찰력'을 얻었다고 한다. 그리고 '예수님의 마음으로 어떻게 사람들을 사랑하고 섬길 것인가'를 생각할 때 '창조력'이 생겨났다고 했다. '101% 인생'으로 나아가기 시작한 것이다.

그녀는 명문대학 출신도 아니고 학교 다닐 때 뛰어난 사람도 아니었다. 하지만 그녀는 지금 많은 사람들에게 도움을 주고 세상을 변화시키는 사람이 되었다. '성경'을 통해서 얻은 생각의 '통찰력'을 배웠기 때문이다. 성경으로 생각과 말이 디자인된 그녀는 '101% 인생'으로 다시 태어난 것이다.

다윗도 마찬가지였다. 하나님의 말씀을 주야로 묵상하면서 '통찰력'을 배웠다. 그래서 생각의 그림이 왜 중요한지, 생각에서 왜 먼저 승리해야 하는지 알고 있었다. 다윗이 하나님 앞에 나아가 묵상하고, 찬양시를 많이 썼던 시절은 사울에게 쫓기며 '광야학교'에 입학한 후부터였다. '광야학교'에서는 하나님을 기도로 만나고, 말씀을 접할 시간이 많았기 때문이다. 그러나 궁궐에서 평안히 지낸 시절에는 시편기록이 거의 없다.

인생의 고난, 어려움, 역경은 다른 측면에서 보면 다이아몬드 원석처럼 가치 있는 시간이다. 거기에 하나님의 말씀과 만나는 시간이 더해지면, 원석이 가공되어 값이 껑충 뛰는 다이아몬드 같은 시간이 되는 것이다. 고난, 어려움, 역경을 접하고 있는 거친 인생의 경험은 '통찰력'과 '예지력'을 만들어 내는 기초석이 된다. 그리고 그런 기초석이 '101% 인생'을 만들어 내고, 인내와 사랑, 행복과 기쁨, 감사와 축복의 삶을 살아가게 한다. 성경은 이렇게 교훈하고 있다.

우리가 선을 행하되 낙심하지 말찌니 피곤하지 아니하면 때가 이르매 거두리라 (갈라디아서 6:9)

다만 이뿐 아니라 우리가 환난 중에도 즐거워하나니 이는 환난은 인내를, 인내는 연단을, 연단은 소망을 이루는 줄 앎이로다 (로마서 5:3-4)

'믿음 상상력'을 발전시키는 걸음마
1. 홀로 있는 시간을 만들어 성경을 읽고 묵상한다.
2. 성경 속 사건과 상황을 뼈대로 더 깊게 살을 붙여 예측해 본다.
3. 성경 인물 속으로 들어가 상상력으로 그들 입장을 체험한다.

5장
어제의 해법으로
오늘의 문제를 해결할 수 없다

다섯 번째 생각의 법칙
플러스 사고방식을 체질화시켜라

플러스 사고방식이 체질화된 사람은
'혹시라도 실패하면 어떻게 하지?'식의 의문형보다는
'분명히 잘 될 거야!'식의
단정형으로 생각하고 행동하는 사람이다.

로저 본 외흐(Roger von Oech)는 『생각의 혁명』에서 '창조적인 사고' 즉, '플러스 사고방식'에 대해 강조하고 있다. 왜 창조적이어야 하는가? 첫 번째 이유는 바로 '변화'다. 세상이 변화하고 새로운 정보가 자꾸 쏟아져 나오기 때문에, 어제의 해법으로는 오늘의 문제를 해결할 수 없다. 두 번째 이유는 '재미'다. 사람의 사고(생각)도 유기체처럼 성장주기를 가지고 있어서, 태어나고 성장하며 성숙하고 죽는다. 그래서 사람은 '새로운 생각'이라는 자손을 임신할 방법이 필요한데 그것이 바로 '창조적인 사고'라는 것이다.

지식은 새로운 생각을 만드는 원료다. 그렇지만 지식이 있다고 해서 모두 창조적인 사람이 되는 것은 결코 아니다. 많은 지식이 있지만 전혀 창조적이지 않은 사람은 얼마든지 있다. 지식은 머릿속 두개골 안에 그저 보관되어 있을 뿐이다. 창조적인 사람이 되는 조건은 '얼마나 많은 지식을 가지고 있느냐'가 아니라 '그 지식으로 무엇을 하느냐'에 달려 있다. 노벨상을 수상한 의사 알베르트 센트 디외르디(Albert Szent Gyorgyi)는 말했다.

"발견은 다른 사람들과 같은 것을 보고, 다르게 생각하는 것"

사람 속에는 '플러스 사고'와 '마이너스 사고'가 공존한다. '마이너스 사고'는 뇌 속에서 불쾌 물질인 '노르아드레날린'(Noradrenalin)을 만들어낸다. 그러나 플러스 사고를 하면 우리에게 유익한 '베타 엔도르핀'(beta - endorphin)이 만들어진다. 플러스 사고방식을 무사태평으로 혼동하는 사람이 많다. 이 둘은 전혀 다르다. 플러스 사고방식은 예를 들면 이러하다.

"넘어져 손을 다쳤지만 머리가 깨지지 않아 다행이야."

"병들었지만 큰 병을 계기로 인간 '됨됨이'를 키울 수 있었다."

"지금 뒤처져 있지만 앞으로가 중요해. 노력하면 갑자기 치고 나갈 수도 있어."

"어떤 문제라도 결국에는 길이 열릴 거야. 찾아보자."

"억지로 멀리 볼 필요는 없다. 한 걸음씩 걸으면 되니까."

플러스 사고방식이 체질화된 사람은 스스로에게 '혹시라도 실패하면 어떻게 하지?'라고 질문하기보다 '분명히 잘 될 거야!'라며 단정형으로 생각하고 행동한다. 그러나 플러스 사고방식을 만들기 위해서는 훈련이 필요하다. 항상 주권자인 하나님 편에서, 긍정 편에서 바라보고, 생각하고, 문제가 있는 상황보다 더 나은 것을 찾으려는 적극적인 노력이 필요하다. 그러기 위해서는 생각을 창조적으로 자라게 해야 한다.

릭 워렌(Rick Warren)은 창의적 과정의 다섯 단계를 말했다.

①문제를 분명히 하라.
②구체적인 목표를 설정하라.
③가능하면 많은 아이디어를 생각해 내라.
④가장 좋은 아이디어로 생각을 좁혀 가라.
⑤지금 당장 행동으로 옮겨라.

창조적인 사고는 '적극성'과 연결되어 있다.

플러스 사고는 '깨달음'에서 시작된다
생각을 증폭시켜 집중하기

다윗에게 생각은 하나님을 만나는 지성소였다. 다윗의 시편은 그의 인생관을 말하는 주옥같은 보물이었다. 그런데 다윗의 시편 대부분은 화려한 궁궐에서 안락한 의자에 앉아서 쓴 것이 아니라 광야와 동굴 등 고난의 장소에서 썼다. 생각해 보라. 고난의 시기는 하나님과 더 가까이 있는 시기며 생각이 많은 세월이다. 하나님이 아니고서는 그 길을 걸어갈 수 없는 시간이다. 다윗은 하나님과의 깊은 교제 속에서 시편을 탄생시켰다.

시편 1편은 지혜시로서 시편 전체의 서시요 시편 전체의 표지판으로서 우리가 인생을 어떻게 바르게 살아가야 하는지를 말하는 안내자이기도 하다. 의인의 삶과 운명, 그리고 악인의 삶과 운명을 말하는 구절마다 옳은 말씀이고, 비유로 든 예는 너무나 이해가 쉽고 마음에 와 닿는다. 의인과 악인의 차이는 이런 것이다.

저는 시냇가에 심은 나무가 시절을 좇아 과실을 맺으며 그 잎사귀가 마르지 아니함 같으니 그 행사가 다 형통하리로다. 악인은 그렇지 않음이여 오직 바람에 나는 겨와 같도다(시편 1:3 - 4)

다윗의 이러한 주옥같은 고백들은, 하나님이 다스리시고 하나님의 섭리를 깨닫게 하신 생각과 마음에서 나온 작품이다.

그리스의 수학자이며 발명가인 아르키메데스(Archimedes)는 목욕탕에서 갑작스럽게 깨닫자, '유레카(Eureka)!'를 외치며 옷도 입지 않고 거리로 뛰쳐나온 사람이다. 그는 종종 무엇에 홀린 듯 식사도 잊고 생각에 열중했다. 목욕 후 몸에 기름을 발라도 생각은 다른데 가있어 기름이 묻은 손으로 도형을 그리곤 했다. 그것은 난제를 만나면 생각을 성장시키고 증폭시켜 깨달음을 얻기 위해 집중했기 때문이다. 플러스 사고는 집중된 '깨달음'에서 시작된다.

나의 작은 깨달음 하나를 소개하고 싶다. 우리 아이들이 어릴 때 아이스크림을 무척 좋아했다. 그래서 아빠인 나에게 주로 전화하는 내용은 "아빠, 오늘은 민트 초코칩 아이스크림 사오세요"였다. 다음날은 초콜릿 무스와 카니발, 또 그 다음 날은 넛 크래커를 찾는다. 생소하고 까다로운 이름도 줄줄 말한다. 내가 집에 들어가면서 제일 먼저 찾는 곳이 아이스크림 가게일 정도였다.

어느 날, 둘째 아이가 전화를 했다.

"아빠, 오늘은 무슨 아이스크림 사 주실래요?"

"우리 예린이는 뭐가 먹고 싶어?"

"저는요. 레몬 샤베트하고 초콜릿 칩이구요, 언니는 아몬드 봉봉하고 범블버즈예요."

나는 복잡한 아이스크림 이름을 메모해야 했다. 아이들이 원하는 것을 사 들고 집으로 향했다. 벨을 누르자 기다렸다는 듯이 아이들이 뛰어 나왔다. 그런데 그날따라 둘째 아이가 내 얼굴도 쳐다보지 않고 대충 인사하더니 아이스크림 봉투를 낚아채듯이 가져갔다. 순간 어찌나 마음이 서운했는지 모른다. '이 녀석들이 아빠보다 아이스크림이 좋은가 보다'라고 생각했다. 그 순간 생각 속에 스쳐 가는 하나님의 음성이 있었다.

"너도 아이들과 똑같다. 나보다 응답으로 받은 결과물을 더 좋아하지 않았느냐?"

그렇다. 우리들도 응답하신 하나님보다, 응답 받은 선물에 더 관심을 갖는 경우가 많다. 하나님보다 승진을, 하나님보다 재산을,

하나님보다 합격을, 하나님보다 병 고침을 더 기뻐하지는 않았는가? 목회자들은 하나님보다 성도 숫자를, 하나님보다 신축교회 예배당을, 하나님보다 교회 크기를 더 기뻐하고 자랑하지는 않았는가? 이러한 깨달음은 순간적으로 생각 속에 나타난 보물이다.

생각은 '깨달음'의 보물창고다. 생각을 긍정적이고 민감하게 가꾸면, 점점 더 하나님의 음성을 듣는 기회가 많아진다. 생각으로 하나님께 가까이 가라. 생각의 주권을 하나님께 드리면 그분이 사용하신다.

'창의성'은 플러스 사고의 결과물이다
문제를 숫자로 보기

다윗은 생각이 깊은 사람이었다. 다윗은 같은 것을 보면서도 다르게 생각하는 사람이었다. 다윗은 깊은 생각에서 나오는 영혼의 즐거움을 누렸으며 창조적인 생각으로 하나님을 찬양했다.

다윗이 던진 물매는 유일한 약점, 놋 투구가 가리지 못한, 이마를 향해 날아갔다. 골리앗이 흥분하지 않고 서서히 다가왔다면 골리앗 앞에 방패든 자가 있었기 때문에 다윗이 쉽게 상대할 수 없었을지도 모른다. 어쨌든 다윗의 손을 떠난 물맷돌은 정확히 골리앗의 이마에 박혔다. 거인은 큰 고목나무가 쓰러지듯이 단번에 쓰러졌다. 그 순간 이스라엘 진영은 천국이, 블레셋 진영은 지옥이 되었다. 여호와 하나님의 이름이 온 땅에 알려지는 순간이었다.

다윗의 플러스 사고방식은 표적인 골리앗의 이마가 더욱 크게 보이게 했을 것이다. 반면 골리앗의 마이너스 사고방식은 방패로 앞장 서 달리던 군사와 물매를 준비 중인 다윗을 무시해 버리고, 성난 개처럼 뛰쳐나가게 했다. 골리앗은 자기가 최고라는 교만에 가득 차 있었다. 교만은 마이너스 사고를 만든다.

내가 사무엘상 17장의 다윗과 골리앗 싸움 부분을 읽고, 묵상하는데 이런 생각이 들었다.

"야구 선수들이 컨디션이 좋은 날은 투수가 던진 공이 축구공 만하게 보인다고 하던데. 아마 다윗에게 골리앗은 눈을 감고 던져도 빗나갈 수 없는 큰 표적이었을 거야. 다윗이 물매를 빙빙 돌리면서 '야! 표적이 굉장히 큰데? 골리앗 덩치가 너무 커서 물매를 던져도 빗나갈 수 없겠구나.' 라는 생각을 했을 거야."

어떤 어려운 상황에서도 다윗은 긍정적인 플러스 발상을 하는 사람이었을 것이라는 전제 하에, 다윗의 마음을 그렇게 해석해 본 것도 나의 플러스 사고에서 나온 것이다. 성경에 기록된 것은 아니지만 다윗의 삶과 골리앗의 경거망동을 봐서, 그런 생각을 했을 것이라는 '깨달음'은 나의 창조성이기도 하다. '창조성'과 '창의성'은 플러스 사고에서 나온다.

나는 그 후 '빗나갈 수 없는 큰 표적'에 대한 '깨달음'을 시작으로, 사무엘상 17장의 다윗과 골리앗의 대결을 계속 묵상했다. 그런데 다윗과 골리앗의 싸움이 '생각과 말'의 대결이었다는 진보된 깨달음을 얻었다. 하나님이 주신 지혜요, 통찰력이었다. 골리앗은 막대기를 들고 나온 다윗을 보자, "나를 개 취급하느냐"고 말했다. 그러나 다윗은 골리앗을 향해, "여호와 하나님의 이름으로 나아간다, 넌 짐승의 하나처럼 될 것이다"라고 말한 부분에서, 다윗과 골리앗의 싸움은 이미 '생각과 말'에서부터 결판이 났다는 것을 깊이 깨달았다. 그래서 이 책 『생각과 말을 디자인하면, 인생이 101% 바뀐다』라는 책이 탄생한 것이다. 나의 플러스 사고의 결과물이다.

우리의 삶 속에서 문제가 없을 수는 없다. 그러나 어떤 큰 문제를 만나도 긍정적인 눈으로 바라보아야 한다. 문제의 크기에 눌리지 말고, 어두움의 진하기에 눌리지 말고, 사단의 엄포에 두려워하지 말고 이렇게 생각하고 말해야 한다.

"문제가 많으면 응답도 많다."

"문제가 크면 응답도 크다."

"어두우면 새벽빛이 가까이 온 것이다."

'생각과 말'을 디자인하고 행동할 수만 있다면 인생길에서 승리를 손에 쥐는 것이다.

문제를 크기나 덩치로 생각하기보다, 문제를 숫자로 보는 것도 창조적인 생각이다. 문제 하나, 문제 둘. 그렇게 되면 하나씩 해결해 가는 통찰력이 생긴다. 다윗은 문제를 크기로 생각하지 않았다. 사울이 3천 명의 군사를 풀어 다윗을 잡으려고 했다. 큰 덩치의 문제였다. 3천 명 소리만 들어도 기절할 상황이었다. 그러니 다윗은 문제의 덩치에 놀라지 않았다. '하나님이 함께 하시면 된다'는 믿음의 눈은 '문제 중 하나'라고 인식하게 했던 것이다. 사울을 죽일 수 있는 상황에서도 다윗은 생명의 주권을 하나님께 맡기고, 사울을 살려 줌으로서 가볍게 문제를 해결했던 것이다. 하나님이 문제의 해결자라는 것을 알고 있었기 때문이다.

플러스 사고는 위기를 기회로 본다

새로운 눈뜨기

다윗은 어려운 상황에서도 항상 소망을 좇아 살았다.

> 나의 영혼아 잠잠히 하나님만 바라라. 대저 나의 소망이 저로 좇아나는도다(시편 62:5)

다윗에게 창조적인 생각은 생명과도 같았다. 모든 지혜와 소망이 하나님으로부터 나온다는 것을 알고 있는 다윗은 깊은 감성으로 하나님을 바라보았다. 위기를 위기로 보지 않고 기회로 보는 다윗의 사고방식은 승리를 이룰 수밖에 없는 절대 법칙이었다.

1848년 미국의 캘리포니아 지방의 세라멘트 강에서 금광이 발견되기 시작했다. 일확천금을 꿈꾸는 많은 사람들이 세계 각지에서 모여 들었다. 1849년에는 골드러시가 전성기를 맞았다. 금광에서의 하루 일과가 끝난 노동자들이 낮에 찢어진 옷을 깁는 모습은 흔히 볼 수 있는 풍경이었다.

독일 남부의 바바리아주 출신의 레비 스트라우스(Levi Strauss)는 유대인으로 미국으로 이민 와 뉴욕의 주택을 돌며 직물을 판매했다. 그는 1853년에 샌프란시스코로 이주하여 금광 주변에서 텐트 만드는 일을 했는데, 금광을 찾아 임시로 정착하는 사람들로부터 텐트 주문이 쏟아져 들어와 제법 짭짤한 수입을 올리고 있었다.

어느 날, 군납 알선업자가 10만여 개 분량의 대형 천막 천을 납품하도록 주선하겠다고 제의했다. 뜻밖의 큰 행운을 잡은 레비 스트라우스는 빚을 내 공장과 직공을 늘려 밤낮으로 생산에 몰두해 주문량을 모두 만들어냈다. 그런데 그만 군납의 길이 막혀버려 천막천이 쓰레기더미가 되어 버렸고, 레비 스트라우스는 파산 직전까지 몰리게 되었다. 엄청난 양의 천막 천을 모두 사 줄 사람은 도저히 있을 것 같지 않았다.

고민을 거듭하던 그는 어느 날 주점에 들렀다가 금광촌의 광부들이 옹기종기 모여앉아 해진 바지를 꿰매고 있는 광경을 우연히 보게 되었다. 그는 무심코 이렇게 중얼거렸다.

'바지 천이 모두 닳았군. 질긴 천막 천을 쓰면 좀처럼 떨어지지 않을 텐데….'

그 순간 그는 어려운 상황을 타개할 해결책을 발견한 것이다. 1주일 후 그는 두꺼운 텐트 천을 잘라 기워 최초의 청바지 한 벌을 만들어 팔기 시작했다. 청바지는 날개 돋친 듯이 팔려 나갔다. 쓰레기 더미가 될 뻔한 천막 천은 이렇게 사용되었고, 오늘날 세계적으로 유명한 리바이스 청바지가 탄생했다.

천막에서 청바지로의 탈바꿈은 위기를 기회로 삼아 창조된 생각의 작품이었다. 레비 스트라우스에게 위기는 기회였다. 좌절의 환경에서 플러스 사고방식으로 문제를 해결해 세계 최고의 청바지 브랜드를 탄생시켰다. 그렇게 스트라우스는 플러스 사고방식으로 변화를 받아 '101% 인생'이 된 것이다.

우리에게도 위기는 온다. 인생이란 크고 작은 위기의 연속이다. 그러나 어떤 경우든지 플러스 사고방식이 체질화된다면 문제는 기회가 된다. 어떻게 해서든지 새로운 기회를 찾으려고 노력하기 때문이다. 플러스 사고가 체질화되면 실패와 위기라는 단어는 어느새 작아지고, 사라져 버린다.

플러스 사고는 끝까지 신중하다
한 번 더 생각하기

'여호와의 이름'이라는 거룩한 이름표를 달고 다윗의 물맷돌은 골리앗의 이마에 박혔다. 골리앗은 고목나무같이 땅에 고꾸라졌다. 블레셋 진영에서는 절망과 두려움의 탄식 소리가 들려 왔다. 이제는 블레셋이 메뚜기가 되었다.

"와, 골리앗이 쓰러졌다! 다윗이 이겼다!"

그러나 다윗은 그 함성에 도취되지 않았다. 자신의 힘이 아닌 하나님의 능력 때문이었음을 알았기 때문이다. 이것이 겸손이다. 연속된 승리가 항상 있는 것은 아니다. 왜냐하면 적도 전략과 전술을 바꾸고 변화하기 때문이다. 승리에 도취되면 신중함이 결여된다. 지속적인 승리의 핵심은 겸손과 첫 경기의 승리를 기억하는 것이다. 성경은 이렇게 말씀한다.

그런즉 선줄로 생각하는 자는 넘어질까 조심하라(고린도전서 10:12)

높은 자세일수록 넘어질 때 충격도 큰 법이다. 다윗은 백성의 환호 속에서 골리앗이 아직 죽지 않은 것을 보았다. 다윗은 쓰러진 골리앗에게로 다가갔지만 손에는 칼이 없었다. 그때 죽지 않은 골리앗의 신음소리가 들려왔다. 아마 이 모습이 다윗과 골리앗 싸움의 가장 드라마틱한 장면일 것이다. 당시 일대일 전투에서는 적의 목을 베어야 완전히 끝이 나는 것이었다. 그래서 다윗은 골리앗의 칼을 뽑아 그의 머리를 베었다. 이처럼 다윗은 짐승과 싸울 때나 골리앗을 이겼을 때나 신중했다.

우리이 인생길 속에서도 하나님의 주권을 인정하고, 하루하루를 믿음으로 살고 훈련해야 한다. 그리고 문제가 넘어지고 어둠이 물러간 것 같아도 정말 문제의 씨가 사라졌는지 확인해야 한다. 골리앗처럼 물매를 맞아 넘어지기만 해버린 문제가, 일단 넘어졌다고 해서 완전한 승리를 거둔 것은 아니다. 문제의 뿌리가 뽑히고, 문제의 나무가 다 불태워질 때 완전한 승리가 온다. 창조적인 사고를 가진 사람은 끝까지 신중하다.

오 헨리(O Henry)의 『마지막 잎새』에는 창조적인 생각이 소녀 존지를 살리는 장면이 나온다. 늦은 가을 초라한 3층 지붕 밑 방에서 존지라는 소녀가 폐렴을 앓고 있었다. 그런데 이 소녀는 폐렴이라는 병보다 삶의 의욕을 잃어버렸다는 점이 더 큰 문제였다. 존지는 자기 병상에서 보이는 건너편 집 담장에 있는 담쟁이 넝쿨을 바라보면서 그 넝쿨의 마지막 잎이 떨어지면, 자신의 생명도 끝난다고 생각하고 있었다. 그 모습을 보고 언니 수우는 말한다.

"담쟁이 잎이 너의 생명과 무슨 상관이야?"

"아냐. 언니. 저 잎이 떨어지면 나도 분명히 죽을 거야."

겨울이 가까워오자 드디어 담쟁이 넝쿨의 마지막 잎새가 남았다. 존지는 마음의 준비를 했다. 그날 밤 유난히 바람이 심하게 불었다. 다음날 아침, 존지는 잎새가 붙어있을 리 없다고 생각하면서도 마지막으로 확인하기 위해 커튼을 젖혀 달라고 했다. 그런데 놀랍게도 '마지막 잎새'는 그대로 아침 햇살에 환히 빛나고 있었다. 더 놀라운 일은 다음날도, 그리고 그 다음날도 '마지막 잎새'가 붙어 있는 것이었다. 마지막 잎새의 강인한 생명력을 본 존지는 삶의 의욕과 희망을 갖고 마침내 병을 이겨낸다. 사실, 그 '마지막 잎새'는 이미 떨어졌지만, 그 집 1층에 살던 무명 화가인 베어먼 할아버지가 담장에 '마지막 잎새'를 그려 넣은 것이었다.

이처럼 '살리는 방법', '살아나는 방법'도 신중한 플러스 사고방식에서 나온다. 인생이 마이너스 상황이라도 생각만 바꾸면 플러스 상황으로 바뀔 수 있다. 플러스와 마이너스는 줄 하나 차이다. 한 번 더 생각하고, 집중하고, 창의적인 발상으로 줄 하나만 더 그으면 플러스가 된다. 플러스 사고는 '101% 인생'을 만든다.

플러스 사고는 '집중력'을 만든다
우두머리 문제부터 해결하기

골리앗이 죽자 블레셋 군대는 우왕좌왕했다. 반면 이스라엘 군대는 기세가 등등해졌다. 블레셋 사람들은 자기 편 장수가 죽은 것을 보고 도망하기 시작했다. 싸워 보지도 못하고 골리앗이 죽었다는 이유 하나만으로 두려움에 떨고 기세가 꺾였다. 그러자 이스라엘과 유다 사람들은 일어나 소리치며 블레셋 사람들을 뒤쫓아 갔다. 이스라엘 군대는 먼 거리까지 쫓아가 블레셋 사람들을 죽이고 진지를 빼앗았다. 블레셋과 이스라엘의 전투는 우두머리 장수의 싸움의 결과에 따라 전체의 승패가 갈라졌다. 골리앗이 죽었어도 블레셋이 강한 군대라면 이스라엘을 무찌를 수도 있었다. 그런데 용사가 죽는 순간 군사들은 기가 빠지고 무기력해졌다.

여기에 영적 전투의 비밀이 있다. 강한 자를 먼저 결박하고 강한 자를 먼저 무너뜨리면 하부 구조는 스스로 무너지는 법이다. 예를 들면 어느 집안에 구원받지 못한 가정이 있다면 그 집안에서 가장 영향력이 있고 힘이 '큰 장수'를 공략해야 한다. 가장 영향력 있는 사람이 예수 그리스도를 영접하면, 집안을 구원하는 속도가 빨라진다. 직장에서도, 군대에서도 마찬가지다. 사장이 먼저 예수님을 알게 되고, 군 지휘관이 예수님을 만나면 아래 구조에 있는 사람들은 쉽게 주님을 찾아 나온다. 우두머리 법칙은 모든 삶 속에 적용되는 영적 법칙이다. 공격을 산만하게 하지 말고 집중력을 가지고 문제의 우두머리를 공격하라.

다윗과 골리앗의 싸움은 프로들의 싸움이었다. 프로는 어디를 공략해야 이기고, 어떤 무기를 사용해야 하는지 안다. 그리고 언제 폭격을 해야 하고, 언제 치고 빠져야 하는지도 안다. 또한 프로는 필요할 때 '집중력'을 발휘할 줄 아는 사람이다. 프로는 상황 파악이 빠르고, 생각이 다르고, 보는 눈이 다르기 때문에 언제 집중할지를 알고 있다. 그래서 프로들이 싸울 때는 난타전을 하지 않는다. 서로에게 신중하기 때문에 결정적인 한방을 노린다.

프로는 프로처럼 생각하고 말하고 행동한다. 선수는 선수를 알아보기 때문이다. 프로는 절대로 자기를 낮추지 않고, 역경이 와도 흔들리지 않는다. 집중력을 가지고 자기를 믿고 자기 확신을 가지고 나아간다. 이러한 태도는 플러스 사고방식에서 나온다. 이처럼 프로페셔널의 조건 중 하나는 집중력을 가진 '플러스 사고방식'이다.

프랑스의 미생물학자 파스퇴르(Pasteur)는 실험을 공식화하던 시기에는 침묵의 명상에 들어가곤 했다. 강력한 집중력으로 수일 동안 쉬지 않고 연구에만 몰입했다. 생각하고 또 생각하며 결과물에만 집중했다. 그의 '집중력'은 창조적인 사고를 통해 위속 헬리코박터

균을 이기는 위대한 발견을 하게 했다. 인류공영의 업적은 '집중력'에서 나온 것이다. 파스퇴르 박사는 부패나 발효가 미생물의 작용임을 설명하였고, 유산균·효모균을 발견하였다. 저온 살균법과 탄저병과 광견병 백신을 개발하여 면역학의 창시자가 되었다.

플러스 사고는 가진 것에 집중한다
단순하게 생각하기

플러스 사고방식은 복잡한 것이 아니다. 오히려 단순해질수록 큰 성과를 나타낸다. 복잡하고 산만한 사고는 머리를 어지럽힐 뿐이다. 여러 생각과 환경이 서로 난타전을 하다보면 문제가 더 복잡해지는 경우를 흔히 보게 된다.

다윗은 문제를 복잡하게 생각하지 않고 평소에 사용하던 물매와 막대기를 무기로 선택했다. 가볍고 익숙한 무기였다. 그러나 골리앗은 육중한 갑옷과 투구, 무거운 놋창과 방패 그리고 앞장서 달리는 방패막이 군사까지 앞세웠다. 골리앗은 다윗을 조그만 소년으로 보았음에도 불구하고 무기와 무장 수준은 수백 명을 상대할 화력으로 복잡하게 준비했다. 이해할 수 없는 상황이다. 대부분의 사람들은 골리앗의 덩치만 보아도 싸워 볼 생각을 못하고, 도망가기 바빴을 것이다. 어떤 면에서 보면 골리앗은 놋 갑옷이나 투구가 필요 없을 수도 있었다. 보여 지는 모습만으로도 힘을 나타냈을 것이다. 오히려 복잡한 무장이 골리앗의 힘을 약하게 만든 것이다.

어느 해 일본의 아오모리현에 있는 후지사키 마을 사과 농가가 태풍으로 큰 피해를 입었다. 떨어져 버린 사과는 상품 가치를 잃었다. 그런데 한 농부가 떨어진 90%의 사과를 생각하기보다 떨어지지 않은 10%의 사과에 집중했다. 그의 머릿속에 스쳐가는 생각이 있었다. '풍속 53.9m의 강풍에도 떨어지지 않은 사과'라는 사실에 착안했다. 그리고 '떨어지지 않은 사과'라는 이름을 붙여 대학 입시 합격 기원 상품으로 팔기로 했다. 종이 선물 상자에 강풍에도 떨어지지 않았다는 것을 나타내는 증명서를 사과와 함께 넣어 포장했다. 정월에 참배객이 많이 모이는 수도권과 칸사이 등 유명한 신사에서 '운이 좋은 사과'라는 이미지로 팔기 시작했다. 목표 판매량은 30만 개였는데, 결과와 전략은 대성공이었다.

플러스 사고는 이처럼 발상의 전환을 가져온다. 인생이 어떤 시련에 부딪힐 때, 사람은 두 종류의 사고방식 중에서 하나를 선택한다. 하나는 없는 것, 잃은 것을 보는 '마이너스 사고'이며, 또 하나는 있는 것, 남아 있는 것을 보는 '플러스 사고'이다. 예로 든 일본의 사과 농부와 같이 있는 것, 남겨진 것을 보고 "어떻게 팔지?"라고 단순하게 생각하는 것이 플러스 사고방식이다.

생각을 활용하여, '무엇을 할 수 있을까'만을 집중적으로 생각하고, 해결할 수 있다고 믿고 행동하면, 오히려 문제 속에 답이 보인다. 그것이 '단순함'의 비밀이다. 플러스 사고방식인 가진 것에 집중하며, 문제를 향해 '단순함'과 '집중력'으로 접근하면 더 나은 생각을 만들어 내고 해결책을 찾게 한다.

플러스 사고는 넓게 보게 한다
생각의 틀 바꾸기

이스라엘 군대가 블레셋을 무찌르고 승전가를 부르며 성으로 돌아올 때 백성들 사이에서는 이미 소년 다윗이 거인 골리앗을 죽인 일이 화제가 되어 있었다. 여인들은 이스라엘 모든 성에서 나와 노래하며 춤추며 소고와 경쇠를 가지고 사울 왕을 환영했다.

"이스라엘의 하나님을 찬양하라. 그 존귀한 이름을 높이자. 여호와는 우리의 힘이시며 노래시며 산성이시다. 만군의 여호와의 이름에 합당한 찬양을 올려 드리자. 여호와는 우리의 왕이시며 반석이시며 우리를 지키시는 분이다. 할렐루야!"

백성들은 하나님을 찬양하며 축제의 한마당을 베풀고 있었다. 노래하며 춤추며 악기를 연주하고 시끌벅적한 분위기가 연출되고 있었다. 그때 어디선가 가락에 맞추어 여인의 큰 소리가 들렸다.

사울이 죽인 자는 천천이요. 다윗은 만만이로다(사무엘상 18:7)

이 소리를 들은 사울은 불쾌하고 화가 났다.

"아니 이게 무슨 소리냐? 다윗에게는 만만을 돌리고 내게는 천천만 돌리니 그렇다면 다윗이 더 얻을 것이 나라밖에 무엇이냐?"

그 후부터 사울은 다윗을 주목하기 시작했다. 그는 마음이 좁아졌고 좁아진 마음은 다윗을 향한 경계심과 질투심, 미움과 분노가 자리 잡기 시작했다. 사울은 사람을 세우는 리더십의 소유자가 아니었기 때문에 더더욱 질투심이 강하게 일어났다.

사울은 전형적인 마이너스 사고방식을 가진 인간형이다. 사울이 여유 있는 리더십, 섬김의 리더십, 넓고 너그러운 리더십의 소유자였다면 상황은 달라졌을 것이다. 그가 플러스 사고를 가졌다면 생각의 틀을 바꾸었을 것이다. 다윗이 자신의 신하라는 위치를 바로 알았다면 사울 자신이 '천'이라 할지라도 다윗이 '만'이면, '1,000 + 10,000 = 11,000'이라는 간단한 수학에 따라 그는 '11,000'을 가진 자라고 할 수 있었다. 사울의 마이너스 사고방식은 결국 자신을 추락시킨 원인이기도 했다.

반면 다윗은 플러스 사고를 가진 '만만'이라는 소리 앞에 교만하거나 우쭐하지 않았다. 더 겸손하게 자신을 낮추고 더 넓게 보았다. 사울을 높이면서 자신의 존재 위치를 잘 알렸다.

플러스 사고는 성실한 태도를 만든다
'좋은 태도' 습관화하기

다윗은 골리앗을 이기기 전부터 사울 앞에서 수금을 타며 악신을 쫓았고 병기든 자가 되어 있었다. 그렇게 사울은 다윗을 알고 있었지만, 전형적인 마이너스 사고방식을 가진 사울은 다윗이 골리앗을 죽이고 승리를 하자 모른 체한다. 신하들에게 '저 소년이 누구의 아들이냐'고 물었다.

그러나 다윗은 달랐다. 넓게 보고 크게 생각하는 태도, 사람을 존중하는 리더십을 가진 다윗은 문제를 보는 눈이 달랐다. 군대장관에서 천부장으로 강등되었어도 백성들을 찾아다니며 그들을 섬기자 백성들이 다윗을 사랑했다(사무엘상 18:16). 다윗은 어느 위치에 있든지, 사람을 섬기고 사랑했으며, 성실한 태도로 업무를 수행했다.

태도는 평소의 습관이 쌓이고 쌓여 만들어지는 것이다. '플러스 사고방식'에서 나오는 태도와 '마이너스 사고방식'에서 나오는 태도는 결과가 다르다. 커밍 워크(Comming Walk)는 사람들의 성공 요인을 4가지로 요약했다. 첫째는 '머리'(I.Q)가 좋아야 하며, 둘째는 '지식'(Knowledge)이 있어야 하며, 셋째는 '기술'(Technique)이 있어야 하며, 넷째는 '태도'(Attitude)가 중요하다고 했다. 그런데 이 4가지 요인 중에서 성공적인 삶에 적어도 93% 이상으로 결정적인 영향을 주는 것은 바로 '태도'라고 했다.

몇 해 전 인류는 미국에서 발사한 고장난 우주선의 파편이 어디에 떨어질 것인가 하는 '스카이랩 공포'에 사로잡힌 적이 있었다. 컴퓨터로 계산한 결과 스카이랩의 파편이 호주에 떨어질 것이라는 소식이 전해졌다. 그 소식을 들은 호주 사람들은 대개 2가지 서로 다른 반응을 나타냈다. 어떤 사람은 스카이랩 파편이 자기 소유의 건물이나 토지 위에 떨어지면 많은 손실을 보게 될 것이라고 두려워했다. 그러나 또 다른 사람은 스카이랩의 파편이 자기 소유의 건물이나 땅에 떨어지면 아주 훌륭한 우주의 기념품이 될 것이라고 생각했다.

당시 미국의 샌프란시스코 일간지에서는 1만 달러의 현상금을 내걸고 스카이랩 파편을 주워오는 사람에게 주겠다고 공지했다. 결국 어떤 호주의 젊은이가 그 파편을 주워 상금을 탔다.

두려움이 앞선 사람들은 분명, 어떤 위기나 역경 그리고 좋은 환경 속에서도 반사적으로 부정적인 습관이 태도로 만들어진 사람이다. 반면, 기쁨으로 반응해 아이디어를 찾아낸 사람은 긍정 습관이 태도가 된 사람이다. 똑같은 현실 속에서 일어나는 똑같은 현상을 앞에 놓고서 어떤 사람은 마이너스 반응을 보이는가 하면, 어떤 사람은 플러스 사고방식 반응을 보인다. 결정은 생각이 하는 것이다.

그런데 그 생각의 결정을 좌우하는 것이 '태도'라는 것이다. 사람의 숨겨진 태도는 위기나 좋은 환경 가운데 결정하는 순간 선택에 잘 나타난다. 태도는 숨길 수 없는 성품이다.

창의적인 사고를 체질화시키는 걸음마
1. 말에는 결과가 따른다는 것을 인식한다.
2. 집중력을 가지고 넓게 보고 크게 생각한다.
3. 지금의 실패를 통해 오히려 얻을 이익을 찾는다.

3부

형통한 인생을 만드는
4가지 말의 법칙

1장
응답을 미리 말하는
습관을 가지라

첫 번째 말의 법칙
구체적인 '믿음의 말'을 하라

믿음의 고백이 생각에만 머물 때는
설계도이거나 스케치한 그림이지만
말로 믿음을 풀어 놓으면
색감이 들어간 풍경화로, 입체화된 집으로 나타난다.

누에고치를 보라. 누에가 자기 입에서 뽑아낸 실로 자기 몸을 칭칭 감는다. 말이란 누에고치와 같다. 지금 내가 하는 말이 나와 내 삶을 동여맨다. 성경을 말하고 있다.

우리가 다 실수가 많으니 만일 말에 실수가 없는 자면 곧 온전한 사람이라. 능히 온 몸도 굴레 씌우니라(야고보서 3:2)

말은 그 사람의 마음과 인격이다. 참된 경건은 언어생활에서 시작한다. 말을 들어보면 그 사람의 신앙을 알 수 있다.

유대인의 지혜서 탈무드에 말에 대한 중요성을 일깨우는 내용이 있다. 어떤 왕이 광대 2명을 불러 한 사람에게는 이 세상에서 가장 훌륭한 것이 무엇인지 알아오도록 했고 다른 한 사람에게는 가장 악한 것을 찾아오라고 명령했다. 얼마의 시간이 흐른 후 두 광대는 답을 찾았다. 그런데 두 광대의 답은 같았다. 그들은 모두 '혀'라고 답했다. 혀는 어떻게 사용하느냐에 따라 약이 될 수도 있고 독이 될 수도 있다. 그런 의미에서 말은 선택이다.

말에도 여러 종류가 있지만 특히 '믿음의 말'은 능력의 원천이다. 다윗의 마지막 말을 기록하고 있는 사무엘하 23장에는 다윗의 말의 힘이 어디에 있었는지를 말하고 있다. 다윗의 혀는 하나님께 붙잡혀 있었고 하나님의 신에 민감했으며 하나님은 다윗의 말을 통해 자신을 나타내셨다(사무엘하 23:2).

다윗의 신앙 핵심은 '하나님이 함께 하신다는 믿음'에 초점이 있다. 다윗은 '하나님이 함께 하는 공의로운 자의 모습'(사무엘하 23:3 - 4)과 '하나님을 멀리한 사악한 자의 모습'(사무엘하 23:6 - 7)이 어떤 것인지 말하고 있다. 공의로운 자는 '돋는 해 아침 빛 같고, 구름 없는 아침 같고, 비가 내린 후 광선으로 땅에서 움이 돋는 새 풀 같으며' 사악한 자는 '다 내어 버릴 가시나무 같아 당장 불살라진다'는 것이다. 아무리 어려운 일이 찾아와도 다윗처럼 주님이 나와 함께 하시면 무엇이든지 가능하다는 확신에 찬 믿음의 말을 해야 한다. 믿음의 말은 반드시 결과를 가져온다. 그리고 '101% 인생'을 만드는 필수조건이다.

'믿음의 말'은 '설득력'을 만든다

창조적으로 말하기

1970년 스펜서 실버(Spencer Silver)가 중합체 연구를 하던 중 우연히 접착력은 있지만 쉽게 떨어져 버리는 물질을 만들어냈다. 접착제로 쓰기에는 너무 약해 이 물질은 사람들의 기억에서 사라져 버렸다. 실버 자신의 사무실에서 압침 대신 메모를 붙여 놓는 데에만 사용되고 있었다. 그러던 중 1974년 어느 일요일, 그의 동료 과학자인 아트 프라이(Art Fry)에게 마치 섬광 같은 영감이 떠올랐다.

교회 성가대원인 그는 찬송가 페이지를 찾기 위해 미리 종이쪽지를 끼워두는 습관이 있었다. 그때마다 불러야 할 찬송가가 있는 페이지에 종이가 쉬 떨어져 내리는 탓에 자주 불편을 겪어야 했다. 간단히 붙이고 뗄 수 있는 메모지라면 찬송가가 훼손되지도 않고 효과적일 것이라고 생각했다. 그의 머리를 스친 해결책이 바로 그의 동료가 만들어 놓은 그 살짝 붙는 접착제였다.

그는 샘플을 얻어 종이쪽지에 발라 책갈피에 붙여 봤다. 그것은 붙어 있었다. 더 좋았던 것은, 언제든 떼어낼 수 있다는 것이다. 그 결과 프라이는 찬송가 페이지를 찾아 황급히 책장을 넘겨야 하는 수고를 더 이상 할 필요가 없었다. 잘 붙으면서도 떼어낼 수 있고 여러 차례 사용할 수 있는, 그 접착제의 효용성이 선명하게 인식되었다. 이 결과 생겨난 것이 바로 '포스트잇'(Post-it)이다.

그런데 아트 프라이가 개발을 추진하는 과정에서 어려운 기술적 문제 등에 부딪쳤다. 그러자 포기하자는 동료들이 생겨났다. 그는 동료들을 계속해서 설득했다.

"쉬운 일이라면 누구나 만들어 내겠죠. 하지만 만약 그렇게 어려운 일이라면, 그것이야말로 우리가 할 수 있는 일이죠."

이처럼 '믿음의 말'은 설득력을 만든다. 창조력을 '진행형'으로 만들고, 열매를 맺게 한다. 긍정적인 말은 긍정적인 결과를 가져온다. 우리는 고난과 역경 가운데 있어도 '주님이 나와 함께 하시면 고난은 잠깐이요, 기쁨과 행복은 영원하다'고 긍정적인 믿음의 말을 해야 한다. 유대인만큼 고난과 역경으로 얼룩진 역사를 가진 민족이 없다. 그런데 그들이 즐겨 하는 말이 있다.

"삶에 대하여 어떤 경우라도 '네'라고 말하라."

'믿음의 말'은 파도와 같다
구체적으로 말하기

다윗에게 말은 영적 무기였다. 골리앗이 이스라엘의 하나님 이름을 모독할 때 격분하여 말했다.

이 할례 없는 블레셋 사람이 누구관대 사시는 하나님의 군대를 모욕하겠느냐(사무엘상 17 : 26)

다윗은 말의 거인이었다. 골리앗으로 인해 두려움으로 가득했던 이스라엘 백성 앞에서 '말의 거인'의 모습을 드러내기 시작했다. 사울이 "너는 소년 아니냐? 블레셋 거인과 싸우기에는 합당치 못하다"고 말하자 다윗은 더 당당하고 강력하게 말했다.

> 주의 종이 아비의 양을 칠 때 사자와 곰이 와서 양 떼에서 새끼를 움키면 제가 가서 새끼를 건져 내었고 나를 해하고자 하면 내가 그 수염을 잡고 그것을 쳐 죽였었나이다. 주의 종이 사자와 곰을 쳤은즉 사시는 하나님의 군대를 모욕한 할례 없는 블레셋 사람이 리이까? 그가 그 짐승의 하나와 같이 되리이다… 여호와께서 나를 사자의 발톱과 곰의 발톱에서 건져 내셨은즉 나를 이 블레셋 사람의 손에서 건져 내시리이다(사무엘상 17:34-37)

다윗은 구체적으로 '믿음의 말'을 했다. 짐승의 수염을 잡고 쳐 죽였는데 블레셋 사람도 그런 모양으로 죽을 것이라고 구체적으로 말을 한다. 구체적인 묘사는 골리앗과 싸움에서도 그렇게 이기겠다는 선포다. 또한 구체적인 고백은 하나님이 세밀하게 지켜주실 것이라는 믿음에서 나온다. 믿음의 고백이 생각에만 머물 때는 설계도거나 스케치한 그림이지만 말로 믿음을 풀어 놓으면 색감이 들어간 풍경화가 된다. 그것은 또한 입체화된 집으로 나타난다. 생각과 믿음과 꿈이 말과 만나면 강력한 힘으로 변화 받는다.

어느 목사님이 직무를 보기 위한 탁자와 의자, 그리고 심방 다닐 때 사용할 자전거를 하나님께 구했다. 그런데 몇 달을 기다려도 아무 것도 생기지 않았다. 그는 다시 하나님께 기도를 했다. 믿고 구하면 응답하신다고 하셨는데 아직 탁자도, 의자도, 자전거도 주시지 않았다고 기도했다. 그러자 성령님께서 이렇게 말씀하셨다.

"나는 너에게 모든 것을 풍성히 주기를 원한다. 그러나 네가 원하는 바가 무엇인지 너는 구체적으로 구하지 않았다. 탁자도 12가지 종류가 있고 의자도 12가지 종류가 있다. 그리고 12가지 종류의 자전거가 있는데 어느 것을 원하는지 너는 말하지 않았다"

그는 히브리서 11장 1절에 "믿음은 바라는 것들의 실상이니"라는 말씀을 붙잡고 원하는 크기와 형태, 필리핀 마호가니산 탁자와 돌아가는 다리 바퀴가 있는 철제의자, 그리고 측면에 변속 레버가 있는 미국산 자전거를 하나님께 달라고 구체적으로 요청했다. 그리고 몇 달 후, 하나님께 요청했던 것과 똑같은 마호가니산 탁자와 철제의자 그리고 자전거를 보게 되었고 그것들을 얻을 수 있었다.

'믿음의 말'이 구체적인 것을 만날 때 역사가 나타난다. 하나님은 인격적인 분이시기 때문에 구체적인 기도를 원하신다. 다윗은 하나님의 인도하시는 손길과 승리의 노래를 구체적으로 고백한다.

하나님은 나의 견고한 요새시며 나를 온전한 곳으로 인도하시며 나의 발로 암사슴 발 같게 하시며 나를 나의 높은 곳에 세우시며 내 손을 가르쳐 싸우게 하시니 내 팔이 놋활을 당기도다(사무엘하 22:33-35)

'믿음의 말'은 마치 파도와 같다. 반복된 파도가 바위를 부수듯이 믿음의 말은 어둠을 이기도록 문제의 바위를 깬다. '믿음의 말'이 승리로 나타나기 위해서는 구체적인 공격력을 가진 지속적인 고백이 필요하다. 한 곳을 계속 부딪치는 말의 물결은 우리 앞에 있는 문제의 바위를 둥글게 만든다.

'믿음의 말'은 결재 도장이다
응답을 미리 말하기

다윗과 골리앗이 첫 대면을 했을 때 골리앗은 자화상을 잊어버리고 거인답지 않게 '너는 나를 개로 여기고 막대기를 가져왔느냐'고 소리친다. 그러자 다윗이 믿음을 담아 강력하게 말했다.

> 너는 칼과 창과 단창으로 내게 오거니와 나는 만군의 여호와의 이름 곧 네가 모욕하는 이스라엘 군대의 하나님의 이름으로 네게 가노라 (사무엘상 17:45)

다윗의 무기는 하나님의 이름을 부르는 말이었다. 말의 거인 다윗은 더 큰 소리로 골리앗과 블레셋 군대에게 구체적인 믿음의 말과 승리의 말을 퍼부었다.

오늘 여호와께서 너를 내 손에 붙이시리니 내가 너를 쳐서 네 머리를 베고 블레셋 군대의 시체로 오늘날 공중의 새와 땅의 들짐승에게 주어 온 땅으로 이스라엘에 하나님이 계신 줄 알게 하겠고 또 여호와의 구원하심이 칼과 창에 있지 아니함을 이 무리로 알게 하리라. 전쟁은 여호와께 속한 것인즉 그가 너희를 우리 손에 붙이시리라(사무엘상 17:46 - 47)

다윗에게 '말의 폭격'을 받은 골리앗은 이미 무너져 내리기 시작했다. 믿음의 눈으로 보는 망원경이 있었다면, 다윗이 한마디, 한마디를 할 때마다 블레셋 사람들과 골리앗이 녹아내리는 것을 볼 수 있었을 것이다. 다윗은 사울에게 쫓길 때도 강하고 담대하게 믿음의 말로 신앙을 고백했다.

여호와는 나의 반석이시요 나의 요새시요 나를 건지시는 자시요 나의 하나님이시요 나의 피할 바위시요 나의 방패시요 나의 구원의 뿔이시요 나의 산성이시로다(시편 18:2)

다윗이 하나님을 반석, 요새, 바위, 방패 등에 비유한 것은 강한 이미지의 하나님을 말하고 생각하기 위한 방법이다. 다윗의 이 말을 오늘날 한국식으로 재미있게 바꾼다면 이렇게 될 것이다.
"여호와는 나의 한국형 장갑차시오, 나의 월드컵 경기장이시오, 나를 건지시는 자시오, 나의 하나님이시요 나의 피할 63빌딩이시

오, 나의 핵폭탄 벙커시오, 나의 F16이시오, 나의 한국형 이지스구
축함이시고, 나의 남한산성이시로다."

다윗은 당시에 표현할 수 있는 가장 강한 것을 예로 들어 하나님
의 크신 능력을 찬양했다. 그만큼 다윗은 어휘력이 있었고 말의 능
력을 알고 있었다. 다윗은 절대로 패배하는 말을 하지 않고 승리의
말, 이기는 말, 보호 받는 말을 통해 응답을 미리 말했다.

응답을 미리 말하는 영성을 가진 대표적인 사람은 21세기 성자
로 불리는 마더 테레사(Madre Teresa) 수녀다. 그녀는 환경을 뛰어 넘
는 믿음의 사람이었다. 그녀는 캘커타 사랑의 집에서 7천 명의 인
도 사람들을 돌보았다. 하루는 음식을 담당하는 수녀가 테레사 수
녀에게 와서 금요일과 토요일에 먹을 양식이 떨어졌다고 걱정했
다. 그러나 테레사 수녀는 걱정의 말을 하지 않았다.

"걱정하지 마세요. 아버지가 되시는 하나님께서 알아서 돌보아
주실 것입니다."

테레사 수녀는 곧 하나님께 엎드려 성령님과 함께 믿음의 기도
를 하기 시작했다. 이미 응답됐다는 것을 말로 고백한 것이다.

"저희를 돌보시는 하나님 아버지를 믿습니다. 저희들의 필요를
채워 주심을 믿습니다."

드디어 금요일이 되었다. 그날 아침 갑자기 정문 앞에서 트럭 소
리가 나더니 빵을 잔뜩 실은 트럭이 들어왔다. 그리고는 7천 명의
사람들에게 줄 수 있는 빵을 내려놓기 시작했다. 그 빵은 캘커타의
모든 학교가 갑작스런 당국의 지시로 휴교를 하는 바람에 급식되

지 못했던 것들이었다. 당시 학교에서는 학생들에게 급식으로 주기 위해 만들어 놓은 빵을 어찌 할까 궁리하다가 테레사 수녀가 운영하는 사랑의 집에 주기로 결정했던 것이다. 그래서 금요일과 토요일 사랑의 집에서는 모두 빵을 배불리 먹을 수 있었다.

믿음이란 '선택'이다. 테레사 수녀는 하나님을 아버지로 철저히 신뢰하는 길을 택했다. 그리고 응답을 미리 말했고 그대로 이루어졌다. 하나님이 주신 믿음의 응답을 말로 표현하는 것은 결재 도장을 찍는 것과 같다.

다윗은 사울에 쫓기면서도 '시냇가에 심은 나무같이 만사가 형통하며 내게는 부족함이 없다'고 고백했다. 하나님은 다윗의 고백을 듣고 그에게 왕권을 넘기셨고 정말 그 말대로 부족함이 없게 하셨다. 성경은 "너희 말이 내 귀에 들린 대로 내가 너희에게 행하리니"(민수기 14:28)라고 말씀한다. 우리는 부정과 실패를 말하지 말고 적극적으로 응답을 미리 말해야 한다.

'믿음의 말'은 자신을 묶고 푸는 손이다
결박을 풀어 놓는 말하기

다윗이 골리앗을 무찌르고 승리를 거두자 사울왕은 그의 존재에 대해 군대장관 아브넬에게 물어보았다.

"그래. 골리앗을 이긴 그 소년의 정체는 무엇이냐? 누구의 아들이냐?"

"왕이시여, 죄송합니다. 그 소년에 대해 아는 바가 없습니다."

그런데 사울과 군대장관 아브넬은 다윗을 알고 있었다. 다윗은 사울이 악신 들었을 때 수금 타는 소년으로 사울 앞에 있었고, 더구나 다윗은 사울의 병기든 자였기 때문이다. 또한 군대장관의 허락 없이 그 누가 왕 앞에 나갈 수 있다는 말인가. 아브넬은 군대장관으로 자신이 싸워 이긴 것이 아니기 때문에 다윗을 모른 척했다. 모른다는 말을 왕의 이름으로 맹세까지 할 일은 아니었다.

사울 또한 다윗을 모른 체한 것은 열등감 때문이었다. 사울과 군대장관 아브넬은 자신들의 말로 스스로를 묶었다. 다윗을 품으면 그 영광이 같이 오는 것인데, 아브넬은 스스로 궁지에 자신을 몰아넣었다. 그 결과 다윗이 군대장관으로 임명되었다.

다윗은 항상 '믿음의 말'을 풀어 놓는 사람이었다. 사울에게 쫓기던 시절 어두운 동굴에서 사울을 죽일 수 있는 기회가 있었지만 기름부음 받은 종을 치는 것은 여호와께서 금하시는 것이라며 자신의 친위대에게 지시해 사울을 살려 주었다. 그 후 다윗은 굴에서 나와 사울에게 자신의 결박을 스스로 풀어 놓는 '믿음의 말'을 했다.

오늘 여호와께서 굴에서 왕을 내 손에 붙이신 것을 왕이 아셨을 것이니이다. 혹이 나를 권하여 왕을 죽이라 하였으나 내가 왕을 아껴 말하기를 나는 내 손을 들어 내 주를 해치 아니하리니 그는 여호와의 기름부음을 받은 자가 됨이니라 하였나이다. 나의 아버지여 보소서 내 손에 있는 왕의 옷자락을 보소서. 내가 왕을 죽이지 아니하고 겉옷 자락만 베었은즉 나의 손에 악이나 죄과가 없는 줄을 아실지니이다. 왕은 내 생명을 찾아 해하려 하시나 나는 왕에게 범죄한 일이 없나이다. 여호와께서는 나와 왕 사이를 판단하사 나를 위하여 왕에게 보복하시려니와 내 손으로는 왕을 해하지 않겠나이다(사무엘상 24:10 - 12)

다윗은 하나님이 자신의 손에 사울의 목숨을 붙여 주셨고, 자신이 왕을 아끼는 마음에 자신의 손으로 죽이지 않겠다고 고백한다. 그리고 자신은 죄가 없으며 하나님이 판단하셔서 하나님이 사울에게 보복할 것이라는 믿음의 말로 사울의 시기가 만든 결박을 풀었다. 다윗의 '믿음의 말'처럼 훗날 하나님은 사울을 죽음의 자리로 나가게 하셨다.

자신의 결박을 풀어놓는 구체적인 '믿음의 말'로 인생을 승리의 길로 만들고, 역전시켜 '101% 인생'을 만든 사람이 있다. 미국의 다국적 기업 코카콜라 회장이었던 아사 캔들러(Asa Candler)다. 그는 원래 알코올 중독자였다. 캔들러 자신도 그러한 자기의 삶을 돌이키려고 피나는 노력을 했지만 실패했다. 그러던 어느 날, 술에 취해 비틀거리며 집으로 오는데 귀에 벼락같은 소리가 들렸다.

'자신의 본능적 욕구를 절제하는 사람이 성공한다.'

캔들러는 깜짝 놀라 주위를 둘러보았다. 그러나 아무도 없었다. 캔들러는 이상했지만 집으로 돌아와 아내에게 그 말을 했다. 믿음으로 사는 그의 아내는 그것이 무엇인지를 알아차릴 수 있었다. 그의 아내는 이렇게 말했다.

"하나님께서 당신을 사랑하셔서 계시해 주신 거예요. 나와 함께 교회에 나가 예수 그리스도를 구주로 모시고 주님께 부르짖어 당신의 본능을 제어해 달라고 같이 기도해요. 당신의 본능을 십자가에 못 박고 하나님을 섬기며 십일조를 드리며 신앙생활을 열심히 하면 우리에게 희망이 있을 거예요. 하나님은 당신을 사랑하셔서 지금까지 기다리고 계세요. 회복된다는 말을 하세요."

지혜로운 아내는 캔들러에게 꿈과 용기를 심어 주었다. 캔들러는 기도하는 아내의 말을 듣고 순종하기로 작정했다. 즉시 교회를 찾아갔고 신앙생활을 하기 시작했다. 그리고는 생각을 바꾸고 '믿음의 말'을 풀어 놓기 시작했다.

'나는 알코올 중독자가 아니다. 나는 새사람이 되었다.'

절망의 결박을 풀어 놓는 '믿음의 말'을 계속하던 어느 날 캔들러에게 기적이 일어났다. 술을 먹고 싶은 생각, 술병에 끌리던 의지, 그리고 몸이 부르던 술이 싫어졌다. 술의 사슬에서 벗어나게 된 캔들러는 자신의 수입에서 십일조를 드리며 하나님께 자신의 사업을 번창시켜 달라고 기도했다.

어느 날 그에게 기회가 왔다. 영세한 코카콜라 회사가 있는데 이 회사가 법원에 경매 처분을 당하게 된 것이다. 캔들러는 당시 2,300달러를 주고 그 회사를 인수하여 코카콜라를 세계적인 기업으로 키웠다. 그리고 아내와 함께 하나님을 믿으며 주님을 위한 선교 사업으로 일생을 보내게 되었다. '믿음의 말'로 자신을 묶고 있던 절망과 부정적인 사슬을 풀어버린 것이다.

이처럼 믿음을 풀어 놓는 말은 현실 속에서 '변화와 승리'라는 선물을 가져온다. 다윗이 이런 말의 힘을 알고 있었기 때문에 골리앗을 보고 결코 부정적인 말을 하지 않았다. 성경은 이렇게 말한다.

네 입의 말로 네가 얽혔으며 네 입의 말로 인하여 잡히게 되었느니라(잠언 6:2)

'믿음의 말'은 우리 인생의 어려움과 역경을 묶고, 희망과 승리가 나타나도록 결박을 푸는 손인 것이다.

'믿음의 말'을 하는 걸음마
1. 삶에 대하여 어떤 경우라도 '네'라고 말하라.
2. 응답을 미리 그려 보고 구체적인 말로 표현한다.
3. 문제가 풀렸을 때의 모습을 미리 말한다.

2장
사랑과 감사로
'마음의 귀'를 만들어라

두 번째 말의 법칙
말하기 전에 먼저 들어라

듣는 '경청'도 일종의 대화이다.
경청은 남의 말을 열심히 듣는 것이다. 경청은 사람을 이해하고,
설득하고, 궁극적으로 성공할 수 있는 역량이다.

듣는 '경청'도 일종의 대화이다. 경청은 남의 말을 열심히 듣는 것이다. 경청은 사람을 이해하고, 설득하고, 궁극적으로 성공할 수 있는 역량이다. 성공은 유창한 언변이 아니라 경청에 달려 있으며, 말을 하기 전에 먼저 듣는 것이야말로 승리의 지름길이다. 지식은 말하려 하지만, 지혜는 들으려 한다. 지혜롭지 못한 사람은 "나는 그 정도는 다 알아"에서 시작하기 때문에, 새로운 것이 들어갈 틈이 없다. 그러나 지혜로운 사람은 "나는 아직 몰라"라는 마음으로 다른 사람의 이야기에 귀 기울이기 때문에, '마음의 귀'가 넓어져서 더 큰 지혜가 쌓이는 것이다.

다윗이 하나님 앞에 치명적 허물이 있음에도 불구하고 '마음에 합한 자'라는 칭호를 얻은 것은 차별화된 신앙 때문이다. 그것은 '여호와께 묻자와 가로되' 곧 '듣는 신앙'이었다. 다윗은 하나님께 세밀하게 여쭈어 보았고, 하나님으로부터 듣기를 원했다. 다윗은 마음으로 응답을 받았고 그대로 행했으며, 전쟁과 삶 속에서 승리를 이룰 수 있었다. 또한 선지자의 말에도 '사랑 마음'으로 귀를 기울였다. 그렇게 다윗은 훌륭한 리더십을 가졌다. '듣는 신앙'과 '경청', '사랑 마음'은 리더십의 필요조건이다. 성경은 말씀하고 있다.

이에 다윗이 여호와께 묻자와 가로되 내가 가서 이 블레셋 사람을 치리이까(사무엘상 23:2)

그후에 다윗이 여호와께 물어 가로되 내가 유다 한 성으로 올라가리이까(사무엘하 2:1)

다윗이 여호와께 물어 가로되 내가 블레셋 사람에게로 올라가리이까(사무엘하 5:19)

다윗의 '듣는 신앙'은 승리와 성공의 원천이었다. '경청'은 자동차 업계의 절대 강자였던 'GM'과 '도요타'의 운명을 갈랐다. 세계 1위의 자동차 업체요 미국의 상징이며 자존심이었던 GM은 고객과 직원, 주주들의 말을 듣지 않았다. 그러나 도요타는 정반대로 행동했다. 'GM'이 생산 직원들을 하인처럼 취급할 때 도요타는 그들로부터 비용을 절감하고 더 품질 좋은 차를 만드는 법을 들었다. GM보다 월급과 복리후생이 못하지만 도요타 직원들이 자율적으로 '입을 연' 이유는, 도요타의 경영진들이 현장으로 내려가 고개를 숙이고 경청했기 때문이다. 반대로 GM의 경영자들은 막대한 복리후생비를 지급하는 길을 택했다. 그것은 '돈 줄 테니 닥치고 일이나 해'라는 말과 별다르지 않았다.

거대 기업 IBM도 PC 혁명 당시 고객의 말을 듣지 않았고, 결국 '죽어가는 공룡'이라는 말을 듣게 됐다. 그런데 구원투수로 등판한 루이스 거스너(Louis V. Gerstner, Jr.)는 '경청의 리더십'을 통해 IBM을 살려냈다. 거스너는 임직원들에게 이렇게 물었다.

"당신들은 자랑스러운 '빅 블루'(IBM의 애칭)를 회생시킬 방안을 알고 있습니다. 저에게 그 방안을 들려주시기 바랍니다"

그리고 그들에게서 나온 방안을 그들의 권한과 책임 하에 추진함으로써 IBM을 살려냈다.

'엎드림'은 작은 소리를 듣게 한다
낮은 자리에서 듣기

다윗의 지략은 하나님의 음성이었다. 행동 하나하나를 어떻게 해야 하는지를 하나님 앞에 구했다. 블레셋이 르바임 골짜기에 진을 치고 이스라엘로 쳐들어 왔다. 그때 다윗이 여호와께 어떻게 싸워야 하는지 물었다.

> 올라가지 말고 저희 뒤로 돌아서 뽕나무 수풀 맞은편에서 저희를 엄습하되 뽕나무 꼭대기에서 걸음 걷는 소리가 들리거든 곧 동작하라. 그때에 여호와가 네 앞서 나아가서 블레셋 군대를 치리라
>
> (사무엘하 5:23 - 24)

하나님은 아주 구체적으로 전략과 전술을 말씀하셨다. 다윗은 그대로 행했고 블레셋에게서 승리를 거둔다. 이처럼 다윗이 생각의 통치를 받고 하나님께 세밀하게 여쭈어 보고 응답을 따라 행할 때는 아무 문제가 없었고 승리의 연속이었다. 다윗은 경청의 힘이 무엇인지 아는 사람이었기 때문이다.

그러나 '여호와께 묻자와 가로되' 신앙이 사라지면서 문제가 발생하기 시작했다. 그 원인은 첫째, 궁궐에서 시작한 평안하고 안정적인 생활 때문이었다. 그때 나타난 병폐가 많은 처첩이었다.

> 다윗이 헤브론에서 올라온 후에 예루살렘에서 처첩들을 더 취하였으므로 아들과 딸들이 또 다윗에게서 나니(사무엘하 5:13)

그리고 두 번째는 현장(싸움터)에서 뛰는 일을 멈추고 축복을 육신으로 누렸기 때문이었다. 그때 기도생활이 끊어졌다. 기도는 자기

를 지키는 방어책인데 다윗은 그것을 놓친 것이다. 성경은 그때 상황을 이렇게 말씀하고 있다.

> 해가 돌아와서 왕들의 출전할 때가 되매 다윗이 요압과 그 신복과 온 이스라엘 군대를 보내니 저희가 암몬 자손을 멸하고 랍바를 에워쌌고 다윗은 예루살렘에 그대로 있으니라(사무엘하 11:1)

다윗은 전쟁터에 신복들만을 보내고 자신은 예루살렘에 남았다. 장군이던 다윗이 싸움터를 버리고 왕의 자리에서 안주했던 것이다. 물론 편안함 가운데 기도생활도 멈추어졌다. 그렇게 홀로 성에 남은 다윗은 저녁 때 침상에서 일어나 왕궁 지붕을 거닐다가 밧세바를 발견했다. 밧세바는 몹시 아름다워 보였다. 높은 데 올라가면 안 보일 것이 보이는 법이다. 다윗은 '여호와께 묻자와 가로되'가 사라지자 육신을 따라 살게 된 것이다.

마이크로소프트사의 빌 게이츠(Bill Gates) 회장은 부하 직원의 말을 낮은 자리에서 경청해 오늘날의 세계적인 기업을 만들었다. 마이크로소프트사가 막대한 자금을 투자해 인터넷을 구동시키는 '익스플로러'(explorer)를 개발했을 때 일이다. 임원회의에서 한 간부가 그 프로그램을 무료로 고객들에게 다운받게 하자는 제안을 했다. 그렇게 하면 다른 부가가치 사업에서 이익을 취할 수 있다는 제안이었다. 그 말을 들은 빌 게이츠는 처음에는 화를 내면서 그 임원을 나무랐다. 자신의 사무실로 돌아간 빌 게이츠는 곰곰이 생각해 보니 그 임원의 말에 타당성이 있다고 생각했다. 많은 사람이 인터넷을 하게 된다면 다른 프로그램의 수요가 급증할 것이라는 판단이 섰다. 결국 빌 게이츠는 그 임원에게 사과를 하고 무료로 프로그램을 고객에게 내놓았다. 이 일을 계기로 마이크로소프트사는 세계 최고 기업으로 성장할 수 있었다.

'엎드림'은 하늘 소리를 듣게 한다
회개의 자리에서 듣기

'생각과 말'의 거인 다윗의 강점은 하나님 앞에 납작 엎드리는 신앙이다. 밧세바와의 범죄를 나단 선지자가 지적했을 때 다윗의 반응은 엎드림과 회개였다.

> 다윗이 나단에게 이르되 내가 여호와께 죄를 범하였노라 하매 나
> 단이 다윗에게 대답하되 여호와께서도 당신의 죄를 사하셨나니
> 당신이 죽지 아니하려니와(사무엘하 12:13)

다윗은 회개 후, 나단을 통해 하나님의 음성을 들은 것이다. 다윗의 이런 반응 태도는 그의 장점이다.

스위스의 종교개혁자 츠빙글리(Zwingli)는 '신자의 낮아짐이 신앙의 상승'을 이룬다는 진리를 염소들을 통해 깨달은 적이 있다. 어느

날, 스위스의 산 위를 걷다 좁은 산길에서 두 마리의 염소를 보았다. 한 마리는 위로 올라가려고 하고, 또 한 마리는 아래로 내려가려고 했다. 그러나 워낙 좁은 길이라 두 마리가 다 오르내릴 수 없었다. 염소들이 서로 팽팽히 맞서는 것 같은 순간, 놀라운 일이 벌어졌다. 올라가려던 염소가 길가에 누웠다. 그러자 누운 염소를 밟고 위에서 내려오던 염소가 먼저 내려갔다. 그러고 나서 누웠던 염소가 일어나 올라가는 것이었다.

츠빙글리는 이 모습을 보고 하나님 앞에서와 사람 앞에서 넙죽 엎드리는 사람이 은총으로 올라간다는 깨달음을 얻었다. 츠빙글리는 염소의 지혜와 배려, 섬김을 통해 마음의 귀에 들리는 하나님의 음성을 들은 것이다.

이처럼 '엎드림'은 하나님 은총의 계단을 오르는 힘이다. 다윗 옆에 나단 같은 선지자가 있다는 것은 행복이다. 그리고 하나님의 말씀을 대언한 선지자의 말에 무릎을 꿇을 수 있다는 것은 겸손이다. 서양 문명의 3대 흐름이 있다. 첫째는 로마의 법과 질서, 둘째는 그리스의 이성과 논리, 셋째는 히브리 예언자들의 사회 정의다. 이처럼 예언자의 역할은 역사에 나타나는 중요한 흐름이다.

다윗이 낮은 자리로 나아가 회개한 후 '여호와께 묻자와 가로되' 신앙이 회복된다. 낮은 자리는 위의 소리, 즉 하늘의 소리를 들을 수 있는 자리다. 다윗이 밧세바와의 범죄를 회개하면서 몸의 진액이 녹듯이 회개했다고 말하고 있다. 그러나 사울은 사무엘이 죽은 후 무당에게서 소리를 듣는다. 하나님께 여쭤보는 다윗과 신접한 무당을 찾은 사울, 바로 이 차이가 하나님의 마음에 합한 자인가, 아닌가를 구분지었다. '101% 인생'은 바르게 듣는 영성에서 나온다.

감사의 힘
내면에 '감사습관' 만들기

다윗의 일생은 역경과 고난의 드라마였다. 물론 기쁨과 환희도 있었다. 그러나 종합 평가를 해보면 역경을 딛고 일어난 인물이다. 그런 종합 평가를 받을 수 있는 이유는 '감사의 힘' 때문이다. 다윗이 일어나 찬양할 수 있었던 것은, 하나님의 음성에 귀를 기울이는 습관 때문이었다. 다윗의 시편은 감사의 고백이라고 해도 과언이 아니다. 시편의 구조는 항상 찬양으로 마무리하는 형태다. 감사는 다윗의 체질이었다.

내가 여호와의 의를 따라 감사함이여 지극히 높으신 여호와의 이름을 찬양하리로다(시편 7:17)

이는 잠잠치 아니하고 내 영광으로 주를 찬송케 하심이니 여호와 나의 하나님이여 내가 주께 영영히 감사하리이다(시편 30:12)

내가 대회 중에서 주께 감사하며 많은 백성 중에서 주를 찬송하제2차 세계대전 당시 가와가미 기이찌라는 일본 해군장교가 있었다. 전쟁이 끝난 뒤 그가 고향에 돌아와 보니, 당시 일본의 국내 상황은 참담했다. 그는 불만을 품고 살다가 전신이 마비되어 조금도 움직일 수 없는 몸이 되고 말았다. 병원에 가서 진찰을 받았지만 치료 방법이 없다고 했다. 이때 고향에 있는 정신 치료사 후지다를 만나게 되었는데, 그는 매일 밤 '감사합니다'를 억지로라도 1만 번씩 하라고 가르쳐 주었다. 환자 자신이 말한 것을 듣고 믿음을 가지라는 뜻에서였다. 기이찌는 후지다의 말을 경청했고, 그대로하기로 마음먹었다. 그날부터 기이찌는 자리에 누운 채로, 억지로라도 "감사합니다"를 1만 번씩 하고, 잠이 들곤 했다. 시간이 지나다 보니 "감사합니다"를 수없이 해야, 잠이 들 정도로 습관화가 되었다.

그러던 어느 날, 그의 아들이 익은 감을 따서 가져왔다. 그 순간 그는 그동안 몸과 입술과 생각에 습관화된 감사 표현이 반사적으로 튀어나왔다. 그는 아들에게 자신도 모르게 '감사합니다'고 하면서 손을 내밀었다. 꼼짝도 하지 않았던 그의 손이 움직인 것이다. 그 후 기이찌는 서서히 몸이 움직이기 시작해서 마침내 병이 나았다. 그리고 감사의 사람이 되었다. '생각과 말'이 '긍정과 감사'로 디자인되자, 삶과 인생이 101% 바뀐 것이다. 의사의 말을 경청한 후, 내면에 만들어진 '감사의 습관'이 치유의 힘으로 나타났다.

켈리포니아 주립대학교 로버트 에몬스(Robert Emmons) 교수는 감사를 고백하는 것이 정신과 신체 건강에 영향을 미친다는 것을 실험으로 증명했다. 사람들에게 매일 고마운 일 5가지를 택해 매일 '감사 일기'를 쓰도록 했다. 그리고 그렇지 않은 사람들과 비교했는데, 결과는 '감사 일기'를 썼던 사람들이 그렇지 않은 사람들보다 건강했고, 스트레스도 적게 받았으며, 행복지수가 높아져 행복감을 느꼈다는 것을 발견했다. 단지 감사한 일을 찾아 기록했을 뿐인데도 수면이나 일, 운동 등에서 그렇지 않은 그룹보다 더 좋은 성과를 냈다는 것이다. 이처럼 감사는 신체에 영향을 미친다. 더구나 믿음의 감사는 더더욱 능력으로 나타난다.

'감사'는 하나님 음성을 듣는 통로

감사 할 수 없을 때, 감사하기

믿음의 사람들은 가려서 듣고 말을 조심한다. 한번 들은 말은 영향력을 미치고, 쏟아진 말은 담을 수가 없기 때문이다. 성경은 하나님 앞에 섰을 때 말에 대한 심판을 받게 된다고 경고한다(마태복음 12:36-37). 하나님은 우리의 무익한 말 한마디도 그냥 흘리지 않으신다. 성경은 말씀하고 있다.

너희가 내 안에 거하고 내 말이 너희 안에 거하면 무엇이든지 원하나님 또한 들으시는 하나님이시라는 것이다. 우리가 구하는 것을 들으시고, 우리가 구한대로 응답해 주신다는 말씀은 놀라운 약속이다.

다윗은 체질적으로 감사를 고백하는 사람이었다. 사울과 3천 명의 군사에 쫓기면서 죽음의 위기를 넘기면서도 하나님께 불평하기보다 감사를 했다. '광야학교'에 입학시키신 것도 하나님이요, 사울에게 쫓기는 환경을 허락하신 것도 하나님이시라는 것을 알기에 감사를 한 것이다.

다윗이 그렇게 감사로 하나님 앞에 반응하며 음성을 들었던 것은 하나님을 앞서가지 않기 위해서였다. 그리고 "나의 말에 귀를 기울이시며"(시편 5:1)의 고백처럼, 하나님도 자신의 기도를 들으시는 '경청의 하나님'이신 것을 알았기 때문이다.

네덜란드의 코리 텐 붐(Corrie Ten Boom)은 예수님을 믿는다는 이유로 독일군에게 잡혀서 감옥에 들어갔는데, 감옥에 어찌나 벼룩이 많은지 도저히 견딜 수가 없었다. 잠도 잘 수가 없고 앉아 있을 수도 없었다. 그런 어느 날 감방을 지키는 독일군 병사들이 하는 이야기를 듣고 하나님께 감사를 드렸다. 독일 병사들이 코리 텐 붐이 갇혀 있는 감방을 가리키면서 말하기를 '저 방에는 벼룩이 어찌나 많은지 근처에만 가도 벼룩이 옮으니 조심하라'고 했다. 코리 텐 붐은 독일군 병사들이 가까이 오지 못하기 때문에 감방에서 열심히 기도하고 성경을 읽을 수가 있었음을 감사히 여겼다.

진정한 감사는 평안하고 여유 있을 때만 하는 것이 아니다. 역경 중에, 병들고 지쳤을 때, 눌림과 학대를 받을 때, 핍박과 실패의 자리에서도 감사를 해야 한다. 그렇게 할 수 있다면 감사의 능력을 체험하게 된다.

듣는 말 중에 제일 강한 능력을 나타내는 것은 하나님의 말씀이다. 하나님 말씀이 마음에 들려와 박히면 역사가 나타난다. '감사'는 하나님의 말씀을 들어오게 하는 통로다.

'듣는 신앙'과 '사랑 마음'은 리더십의 필수 조건
사랑의 마음으로 듣기

다윗은 하나님의 사람들을 사랑하고 존중하는 마음을 가지고 있었다. 비록 사울이 자신을 죽이려 한다 해도 그와 똑같이 반응하지 않았다. 다윗은 사울을 살려 주고 이렇게 말했다.

여호와께서 각 사람에게 그 의와 신실을 갚으시리니 이는 여호와께서 오늘날 왕을 내 손에 붙이셨으되 나는 손을 들어 여호와의 기름부음을 받은 자 치기를 원치 아니하였음이니이다. 오늘날 왕의 생명을 내가 중히 여긴 것같이 내 생명을 여호와께서 중히 여기셔서 모든 환난에서 나를 구하여 내시기를 바라나이다(사무엘상 다윗은 사울에게 하나님의 기름부음 받은 자를 귀하게 여기고, 사울을 귀중히 여기는 마음을 전했다. 그 말 속에는 자신도 기름부음 받은 자라는 항변도 포함되어 있다. 사울은 다윗의 지혜로운 말과 믿음의 말 앞에서 태클을 걸지 못하고 돌아갔다. 또한 다윗은 아들 압살롬의 반역으로 궁궐에서 쫓겨 나왔으면서도 압살롬이 죽었을 때 깊이 슬퍼했다. 상대방을 너그럽게 이해하고 '사랑 마음'을 표현하는 다윗은 왕의 리더십을 가진 사람임이 틀림없다. 이처럼 다윗은 사람을 존중하고 아끼고 사랑하는 사람이었다. 그런 성품을 얻은 것은 타고난 기질과 하나님께 '듣는 신앙'을 가졌기 때문이다.

미국의 수도가 워싱턴으로 결정된 후 얼마 지나지 않았을 때의 일이다. 당시 워싱턴은 도로 포장이 되지 않아 비가 오면 도시가 온통 진흙탕으로 변했다. 도로는 널빤지를 깔아놓아 겨우 한 사람이 지나다닐 정도였다. 어느 날 평소 라이벌 의식이 강했던 란돌프 의원과 그레이 의원이 좁은 길에서 마주쳤다. 성격이 급하고 직설적인 란돌프는 팔짱을 낀 채 버티고 서서 그레이를 향해 독설을 퍼부었다.

"나는 악당이나 위선자에게는 길을 비켜주지 않소."

그러자 예의바른 그레이 의원이 정중하게 인사한 후 말했다.

"나는 악당에게는 언제나 길을 비켜준다오."

그리고 그는 구두를 벗고 흙탕물로 내려서서 란돌프가 지나가도록 배려했다. 그 순간 란돌프의 얼굴이 벌겋게 달아올랐다.

악으로 악을 이기면 승자와 패자로 나뉜다. 그러나 선으로 악을 이기면 모두 승자가 된다. 예수님이 인류에게 가르쳐 주신 승리의 열쇠는 사랑이기 때문이다. 사랑의 마음으로 듣고, 섬기는 마음으로 행동하는 것은 능력이다. 그것은 곧, 자기 자신이 사랑 받는 조건이며, 좋은 리더의 필수 성품이다.

미국의 41대 대통령 조지 하버드 워커 부시(George H. W. Bush)는 '선거의 천재'로 불리는 참모 한 사람을 거느리고 있었다. 그의 이름은 리 애트워터(Lee Atwater)인데, 부시가 대통령 선거에서 승리한 것은 '애트워터 전법'에 힘입은 바가 컸다. 이 전법의 핵심은 두 가지였다. '상대방을 파괴하지 못하면 내가 죽는다', '적의 적은 아군이다. 이를 이용해 적을 물리쳐라'였다.

1988년 대통령 선거 때 애트워터는 부시의 선거 운동을 총지휘했다. 그는 상대방의 약점을 잡으면 무차별 융단폭격을 퍼부어 굴복시켰다. 그런데 그는 불행히도 서른아홉 살의 젊은 나이에 뇌종양에 걸려 숨졌다. 그는 병실을 찾은 젊은이들에게 눈물로 호소했다. '파괴는 승리가 아니었다. 나는 실패자다. 예수 그리스도의 사랑이 진정한 승리임을 알았다.'

사랑의 음성을 듣지 못하고 상대방을 공격할 때 파괴하는 말을 하면, 결국 자신을 죽이게 된다. 파괴의 말은 돌아서면 자기를 공격하기 때문이다. 사랑만이 진정한 승리를 가져다준다. '사랑 마음'은 리더십의 필수 조건이다.

사람의 본심은 틀린 말보다는 '옳은 말'을 듣기를 원하고, 옳은 말보다는 '진심이 들어간 말'을 더 듣기를 원한다. 나아가 진심이 들어간 말보다는 자신을 낮추고 남을 도와주는 '행동'을 더 원한다. 자기 안을 가만히 들여다보라. 내가 진정으로 원하는 것은 누군가가 나의 목소리를 경청해주고, 공감해주고, 나의 존재를 인정해주고, 나의 가치를 알아주는 그런 사람을 만나 대화하고 싶지 않은가? 그렇기에 내가 당장 실천할 수 있는 '사랑 마음'은 큰 행동이 아니라 다른 사람의 말을 잘 들어주고 공감해주는 것이다.

친구가 나의 힘든 이야기를 들어준다고 해서 그 친구로 인해 내 고민의 근본적인 해결책을 찾을 것이라고는 생각하지는 않는다. 그냥 들어준다는 것 자체가 고맙고, 그것이 위로가 되는 것이다. 누군가 다가와 자신의 힘든 이야기를 한다면 해결책을 찾으려고 하기보다는 먼저 진심으로 들어주는 그것이 '사랑 마음'이다.

순종도 경청이다
하나님만 높이는 마음으로 듣기

하나님의 언약궤가 아비나답의 집에 있었다. 다윗은 언약궤를 다윗성으로 옮기려 직접 언약궤가 있는 장소로 갔다. 아비나답의 아들 웃사와 아효가 언약궤를 수레에 싣고 나왔다. 다윗과 백성들은 잣나무로 만든 여러 악기와 수금과 비파와 소고와 양금과 제금으로 오케스트라를 만들어 여호와 앞에서 주악을 연주했다. 그런데 타작마당에 이르러 소가 뛰는 바람에 웃사가 손을 내밀어 언약궤를 만졌다. 그러자 하나님의 진노가 임해 웃사가 그 자리에서 죽었다. 그 모습을 본 다윗이 두려워 언약궤를 다윗성으로 가져가지 않고 오벧에돔의 집으로 가져갔다. 언약궤는 3개월 동안 그곳에 머물렀는데 머무는 동안 오벧에돔과 온 집이 복을 받았다.

생각해 보라. 언약궤로 인해 진노하신 하나님을 보고 다윗왕도 두려워했는데, 오벧에돔이 그것을 자기 집에 모셨으니 복을 받지 않을 수가 없었다. 위험을 무릅쓴 순종의 자세를 하나님이 보셨기 때문이다.

다윗은 오벧에돔이 복 받는 것을 본 후에야 다시 언약궤를 성으로 가져오기로 결정했다. 궤를 멘 사람들이 여섯 걸음을 움직이자 다윗은 죽은 웃사가 생각났는지, 아니면 너무 기뻐서였는지 언약궤의 행진을 멈추고 제사를 드렸다. 그리고 여호와 앞에 힘껏 춤을 추었다. 많은 백성 앞에서 에봇을 입고 왕이 춤을 춘다는 것은 보통 일이 아니다. 그런데 다윗은 하나님께 기꺼이 몸으로 찬양을 드렸다. 그러자 백성들도 함께 춤추며 하나님을 높였다. 그러나 오직 한 사람 사울의 딸 미갈만은 다윗의 모습을 보고, 왕이 주책을 부린다고 생각해 마음속으로 업신여겼다.

언약궤가 성에 들어오자 다윗성은 축제의 마당이 되었다. 다윗은 먼저 번제와 화목제를 하나님께 드리고 백성들을 축복했다. 그리고는 떡과 고기와 건포도로 백성들을 위로했다. 그러나 다윗이 가족들에게 왔을 때 미갈이 다윗에게 빈정대며 말했다.

> 이스라엘 왕이 오늘날 어떻게 영화로우신지 방탕한 자가 염치없이 자기의 몸을 드러내는 것처럼 오늘날 그 신복의 계집종의 눈 앞에서 몸을 드러내셨도다(사무엘하 6:20)

그러자 다윗이 말했다.

> 이는 여호와 앞에서 한 것이니라. 저가 네 아비와 그 온 집을 버리시고 나를 택하사 나로 여호와의 백성 이스라엘의 주권자를 삼으셨으니 내가 여호와 앞에서 뛰놀리라. 내가 이보다 더 낮아져서 스스로 천하게 보일지라도 네가 말한바 계집종에게는 내가 높임을 받으리라(사무엘하 6:21 - 22)

다윗은 하나님의 눈으로 상황을 보았고, 미갈은 인간의 눈으로 환경을 보았다. 다윗은 하나님의 음성을 들었고, 미갈은 육신의 소리를 들었다. 결국 다윗은 하나님을 높이는 말을 했고, 미갈은 다윗을 업신여기는 말을 했다. 미갈은 하나님의 음성을 듣지 못했고, 경청의 귀가 없는 사람이었다. 잘 듣는 사람은 경망스럽게 말하지 않는다. 그 후 미갈은 평생 자식을 낳지 못했다.

하나님을 존귀하게 여기는 태도는 다윗이 하나님의 음성을 듣는 원천이었다. 입의 말은 경청과 깊은 관계가 있다. 하나님을 높이는 마음은 축복의 근원이다. 하나님도 지·정·의(신격)를 가지고 계시기 때문에 높이는 말을 들으시면 기뻐하신다.

미국의 아폴로 13호가 달을 향해 발사되었다. 과학자들은 모든 것이 완벽하다고 장담했다. 그런데 지구로부터 2만 마일 떨어진 곳에서 사고가 발생했다. 산소통이 깨져 버린 것이다. 더 이상 비행할 수 없게 되었다. 우주 비행사들은 본부인 휴스턴을 향해 어떻게 하면 좋겠냐고 연락을 했다. 그 때에 지휘 본부에서는 북극성을 바라보면서 방향을 잡아 돌아오라고 했다. 인간의 힘으로는 도저히 어떻게 할 수가 없었던 상황이었다. 그때 전 미국 국민이 고장이 난 캡슐을 몰고 오는 우주인들을 위해서 오전 9시를 기해 함께 기도했다. 우주비행사들도 우주선 안에서 함께 기도했다. 인간의 최고 과학적 성과가 고장 났을 때 전 미국 국민이 기도한 것이다.

얼마 후에 고장이 난 아폴로 13호는 태평양에 무사히 귀환했다. 우주비행사들은 미리 대기하고 있던 미 해군에 의해 구조되었다. 그리고 그들이 가장 먼저 취한 행동은 해군 군목의 손을 잡고 기도하는 것이었다.

"하나님, 감사합니다. 주님을 찬양합니다!(Thank God. Praise the Lord!)"

그 주간의 타임지 표지에 이들이 기도하는 사진이 실렸다.

듣는 신앙(경청)을 위한 걸음마
1. 듣게 하시는 하나님의 섭리를 인정한다.
2. 마음속에 깨달아지는 작은 것에 주목한다.
3. 설교가 마음에 들어오면 그것을 잡는다.

3장
'적극적인 말'로
인생길을 만들어라

세 번째 말의 법칙
'없는 것'을 '있는 것'처럼 말하라

"산이 앞에 가로막힌다 해도 나는 단념하지 않고 계속 도전하리라.
나는 산에 오르리라. 그것이 힘들면 산 밑에 터널을 뚫고 통과하리라.
그래도 안 되면 하나님의 도움을 받아
그대로 산을 변화시켜 금광으로 만들겠다."

'적극적인 말'과 '소극적인 말'은 습관이다. 어느 쪽이든지 반복하면 그런 결과를 얻는다. 삶의 기쁨과 소망을 얻기 위해서는 적극적인 말을 훈련해야 한다. 예를 들면, 아침을 시작할 때

"오늘이야말로 좋은 날이다. 내 생애 최고의 날이 된다"

고 고백하고, 하루 일과를 마치는 저녁 시간에는

"오늘은 행복하고 좋은 날이었다"

고 끝을 맺으며, 잠자리에 들어서는

"내일은 나의 생애 최고의 날이 된다"

고 고백하는 사람은 적극적인 사람이다. 하루의 일이 자기 생각

에 빗나가도 현실은 분석하고 파악하되 입은 내일의 승리를 말해야 한다. 다윗은

> 내가 주를 의뢰하고 적군에 달리며 내 하나님을 의지하고 성벽을
> 뛰어 넘나이다(사무엘하 22:30)

라고 고백한다. 적극적인 자세다. 적군 속으로 들어가 성벽을 뛰어 넘는 적극성이 다윗을 승리의 왕으로 만들었다. 다윗은 입으로 항상 적극적인 고백을 한다. 다윗의 중요한 습관이다.

세기의 권투선수였던 무하마드 알리(Muhammad Ali)는 경기를 앞에 놓고 항상 말로 먼저 경기를 했다. 조 프레이저(Joe Frazier)와의 세계 타이틀매치 방어전을 앞두고는

"지난 번 버그너와의 경기는 일본군의 진주만 기습처럼 했다면, 오늘은 나비처럼 날아서 벌처럼 쏠 것이다"

라는 '적극적인 말'을 남겼다. 그의 말처럼 챔피언 벨트는 알리의 것이 되었다. 알리는 선수 생활을 정리하면서 이렇게 말했다.

"나의 승리의 절반은 주먹이었고, 절반은 말이었습니다."

알리의 '적극적인 말'은 상대에게 퍼부은 융단 폭격이자 자신에게는 날개를 달아주는 힘이었다. 성공한 사람들은 공통적으로 긍정적이고 적극적인 말을 했다. 또한 지금은 손에 없어도 나중에 현실로 나타날 것을 믿었다. 만약 시합에 졌다면 "내가 졌다."고 소극적으로 대하지 말고 적극적으로 말하고 재도전해야 한다.

"이번에는 자네가 이겼네. 다음에는 내가 이길 거야."

실패했어도 주저 앉지 말고 이렇게 말하고 재도전 하라는 말이다.

"한 번의 기회를 놓친 거야. 다시하면 돼."

"지금 곧 떠나겠습니다"
적극적으로 '도전정신'을 말하기

다윗은 '적극적인 말'을 하는 사람이었다. 문제를 만나면 뒤도 물러가기보다 도전정신으로 그 문제 속으로 들어가 결과를 보는 사람이었다. 다윗이 밧세바를 통해 얻은 첫 아들은 하나님이 내리신 벌로 병이 들었다. 다윗은 하나님 앞에 잘못된 행위를 했다는 것을 알았지만 밤새도록 아이를 위해 금식하며 간구했다. 다윗의 적극적인 태도가 보이는 부분이다. 곁에 있던 신복들이 다윗을 말렸지만 다윗은 그들과 식사를 하지 않을 정도로 하나님 앞에 적극적인 태도로 간구했다. 그러나 이레 만에 아이는 죽었다. 다윗은 아이가 죽을 것을 알고 나서 땅에서 일어나 몸을 씻고, 기름을 바르고 옷을 잘 입고는 하나님 앞에 나아가 경배했다.

다윗의 적극적인 태도는 아이가 죽은 후에 더 빛난다. 신하들이 아이가 살았을 때는 금식하더니 죽은 후에는 음식을 먹는 이유를 물었다. 그러자 다윗은

"아이가 살아 있을 때 내가 금식하고 운 것은 혹시나 여호와께서

나를 불쌍히 여겨 아이를 살려 주실까 했는데 이제 아이가 죽었으니 어찌 금식할 수 있겠으며 아이를 돌아오게 할 수 없지 않느냐"

고 했다. 그렇게 말한 것은 다윗이 하나님의 주권 앞에 도전정신을 내려놓았다는 말이다.

금융 제국 로스차일드(Rothschild) 가문에서 샌프란시스코 지점장을 선발할 때의 일화다. 로스차일드 가문은 250년 전 프랑크푸르트의 가난한 고물상이던 마이어 암셀 로스차일드와 그의 다섯 아들이 환전과 대금업으로 막대한 부를 쌓으면서 시작되었다. 로스차일드 가문이 운영하는 스위스 소재 은행 RCH는 세계 최고 수준의 개인 금융 서비스로 유명하다.

선발 과정에서 사장은 직원들에게 이렇게 질문했다.

"미국에 지점을 낼 생각인데 기간이 얼마면 되겠나?"

사장의 질문에 직원들은 심각한 얼굴로 생각에 잠기더니 제각기 말했다.

"10일 정도 걸릴 것 같습니다."

"저는 3일이면 되겠습니다."

그런데 세 번째 사람은 이렇게 대답했다.

"지금 곧 떠나겠습니다."

"좋아. 자네는 이제 샌프란시스코 지점장일세. 내일 가게."

세 번째 사람의 이름은 줄리어스 메이(Julius May)다. 메이는 후일 샌프란시스코 최고의 갑부가 되었다. '적극적인 태도'는 무엇을 하든 꼭 필요한 덕목이다. 메이의 적극적인 말, 이기는 말은 그의 인생을 디자인했고, '101% 인생'을 만들어 냈다. 결국 승진과 행복한 열매를 얻게 했다.

'적극적인 말'은 인생을 이끄는 나침반
좋은 결과를 말로 표현하기

　다윗은 '적극적인 말'과 '이기는 말'의 결과를 알았기 때문에, 골리앗과의 싸움 전부터 골리앗이 짐승의 하나처럼 될 것이라고, 없는 것을 있는 것처럼 말했다. 이미 이긴 것을 말했다는 말이다. 말은 결과를 낳기 때문에 긍정적이고 이기는 말을 해야 그렇게 된다. '말의 힘' 때문이다. 자꾸만 소극적이고 실패의 말을 하면 그대로 우리 인생에 이루어질 가능성이 높다.

　열 정탐꾼과 출애굽 1세대가 광야에서 다 죽은 것은 부정적이고 소극적인 보고와 말을 했고 그것을 믿었기 때문이다. 여호수아와 갈렙처럼 하나님을 믿고 적극적 태도의 말을 해야 한다. 이러한 우리의 믿음의 선포, 없는 것을 있는 것처럼 고백하는 '적극적인 말'은 우리 인생을 이끄는 나침반이 된다. 얼마나 빨리 달려가느냐 보다, 얼마나 바르게 가고 있느냐가 더 중요하다. 날마다 적극적인 말을 하고 좋은 결과를 미리 말하면서, 하나님의 꿈에 이끌리는 인생이 되어야 한다.

　그런 적극적인 인생의 한 예로, 귀신 들린 딸을 고쳐 달라고 예수님을 찾아온 수로보니게 여인을 들 수 있다. 여인의 간구에 예수님의 반응은 전혀 의외였다.

"자녀에게 줄 떡을 취하여 개에게는 줄 수 없다."

예수님은 오히려 면박을 주었다. 그러나 이 여인은 더 담대하게 말했다.

"옳습니다. 그러나 개들도 주인의 상에서 떨어진 부스러기를 먹나이다."

그 말에 예수님이 감동했다. 예수님은 응답해 주셨다.

이 말을 하였으니 돌아가라 귀신이 네 딸에게서 나갔느니라(마가복음 7:29)

어머니의 적극적인 태도의 말이 기적을 만든 것이다. 예수님의 태도에 소녀의 엄마가 원망을 했더라면 딸은 고침을 받지 못했을 것이다. 그런데 이 여인이 개들도 주인의 상에서 떨어진 부스러기를 먹는다고 적극적인 태도로 겸손한 고백을 하자 예수님께서 축복을 하신 것이다.

적극성을 말하면 미국의 수정교회 담임목사였던 로버트 슐러(Robert Schulle) 목사를 들 수 있다. 그의 환경을 뛰어넘는 적극적인 믿음의 신조는 많은 사람들에게 큰 감동을 주고 있다.

"산이 앞에 가로막힌다 해도 나는 단념하지 않고 계속 도전하리라. 나는 산에 오르리라. 그것이 힘들면 산 밑에 터널을 뚫고 통과

하리라. 그래도 안 되면 하나님의 도움을 받아 그대로 산을 변화시켜 금광으로 만들겠다."

이러한 그의 절대적인 태도와 '적극적인 말'은 좋은 결과를 주시는 좋으신 하나님에 대한 신뢰에서 나온 것이다.

예비하시는 하나님을 고백하라
믿음으로 담대하게 입으로 시인하기

다윗의 시편 23편이야말로 구구절절 '없는 것을 있는 것처럼' 부른 다윗의 말의 힘이 나타난 믿음의 시다. 다윗은 자신의 영혼을 소생시켜 의의 길로 인도하시는 하나님을 미리 말하고 있으며, 사망의 음침한 골짜기까지도 함께 하시는 하나님의 모습을 그리고 있다. 또한 주님의 지팡이가 자기를 보호한다고 '구체적으로 말'을 한다.

가장 드라마틱한 고백은 원수의 바로 눈앞에서 자신이 상을 받고 하나님의 능력의 기름이 부어지는 것을 말하며, 자신의 잔에는 차고 넘치는 축복이 있다고 말한 부분이다. 다윗의 고백을 들으면 머릿속에 그림이 그려질 정도로 없는 것을 있는 듯 말하고 있다. 다윗은 항상 현실적이며 바로 내 눈 앞에 있는 것처럼, 손에 잡혀 있는 것처럼 말했다. 시편 23편 첫 고백은 다윗의 모든 신앙이 집약된 표현이다.

여호와는 나의 목자시니 네게 부족함이 없으리로다(시편 23:1)

다윗은 목자 하나님이 모든 것을 예비하시는 분임을 알고 있었다. 다윗은 지금 자신의 손에 아무 것도 없지만, 하나님이 모든 것을 예비하시고 부족함이 없게 채우시는 목자라는 것을 알고 있었다.

고아의 아버지로 불리는 조지 뮬러(George Müller) 목사는 평생 동안 5만 번의 기도에 응답을 받았다. 그는 기도실에 '여호와 이레' 즉 예비하시는 하나님이라고 크게 써 붙여 놓았다고 한다. 어느 날 저녁, 고아원의 총무가 다음날 아침 식사가 없다며 당황해하고 불안해했다. 그러자 뮬러 목사는 성경책을 들고 기도실로 들어가 '여호와 이레'라는 글자 앞에 엎드려 밤새도록 기도했다.

다음 날 아침 식사시간에 뮬러 목사는 식탁을 준비하고 수천 명의 아이들을 식탁에 앉게 했다. 그러나 식탁 위에는 물 한 컵 외에는 먹을 음식이 하나도 없었다. 그런데 조지 뮬러 목사는 이렇게 기도했다.

"하나님 아버지, 오늘도 당신의 자녀 수천 명에게 일용할 양식을 주시니 감사합니다. 이 양식에 축복하시고, 우리가 이 양식을 먹고 건강하게 오늘 행할 일을 다 하게 해 주시옵소서."

기도가 끝나자 모두 "아멘" 하고 화답했다. 그런데 아이들과 선생님들이 눈을 떴을 때 식탁 위에 음식이 차려지기 시작했다. 그 것도 여느 때보다 더 좋은 음식이어서 아이들은 실컷 먹을 수 있었다. 자초지종을 알아보니 시내에 있는 일류 호텔에서 그날 아침에 열릴 예정이던 큰 모임 갑자기 취소되는 바람에 음식을 어떻게 처분할까 상의하다가 뮬러 목사의 고아원에 주기로 결정했다는 것이다. 결국 호텔에서 모임을 위해 준비한 일류 식탁은 고아들을 위한 만찬이 되었다.

하나님은 예비하시는 분이다. 필요하면 모임을 취소시켜서라도 양식을 주신다. 조지 뮬러 목사는 끝까지 부정적인 말을 하지 않았다. 믿음으로 담대하게 입으로 시인하고 없는 것을 있는 것처럼 부르며 고백했다.

하나님은 죽은 자를 살리시고 없는 것을 있는 것같이 부르시는 분이다. 죽은 자를 살린다는 것은 기적을 행하신다는 것이고, 없는 것을 있는 것같이 부른다는 것은 입으로 담대하게 긍정적으로 시인하라는 것이다.

"네 믿음대로 될지어다"
응답을 미리 말하기

없는 것을 있는 것처럼 말하는 것은 '믿음'이다. 그렇다고 분수에 넘치고 과한 것을 무조건 있는 것처럼 부르라는 뜻은 아니다. '무조건' 있는 것처럼 부르는 것은 '맹신'이고 미신이다. 믿음이란 하나님으로부터 나오는 것이니 하나님이 주신 믿음의 약속을 받았다면, 지금은 손에 없는 것을 있는 것처럼 부르라는 뜻이다. 다시 말하면 하나님이 주신다는 '믿음의 약속'이 선행되는 것을 말한다. 약속을 붙잡고 지금은 없지만 주실 것이니 받아 손에 잡혀 있는 것처럼 바라보고, 말하고 기대하라는 것이다.

쉬운 예를 들어 보자. 만약 63빌딩 꼭대기에서 믿음이 있다는 이유만으로 뛰어 내리면 죽는다. 그러나 하나님께서 천사가 받쳐 줄 테니 뛰어 내리라는 응답을 받았다면 얘기가 달라진다.

없는 것을 있는 것처럼 말하라는 것은 아브라함이 이삭에 대한 응답을 받고 기다리는 과정 속에서 '아들을 주셨다'고 말하라는 뜻이다. 하나님이 가나안 땅을 이스라엘에게 주시겠다는 약속을 받고, '가나안을 주셔서 감사합니다.'라고 고백하라는 뜻이다. 주체가 하나님이라는 얘기다.

기도하고 하나님이 믿음을 주시면 눈에는 아무 증거가 안 보여도 담대하게 시인해야 한다. 하나님은 없는 것을 있는 것같이 부르시는 분이기 때문이다. 성경은 이렇게 말씀하신다.

기록된바 내가 너를 많은 민족의 조상으로 세웠다 하심과 같으니 그의 믿은바 하나님은 죽은 자를 살리시며 없는 것을 있는 것같이 부르시는 이시니라 (로마서 4:17)

그리고 예수님께서도 이렇게 말씀하셨다.

하나님을 믿으라. 내가 진실로 너희에게 이르노니 누구든지 이

산더러 들리어 바다에 던지우라 하며 그 말하는 것이 이룰 줄 믿고 마음에 의심치 아니하면 그대로 되리라. 그러므로 내가 너희에게 말하노니 무엇이든지 기도하고 구하는 것은 받은 줄로 믿으라. 그리하면 너희에게 그대로 되리라(마가복음 11:22-24)

문제를 해결하기 위해서는 눈에 보이지 않는 것을 미리 보아야 한다. 다리가 아파 걷지 못하는 사람은 걷는 모습을 바라보고 말하고 병실에 누워 있는 사람은 병원 문을 박차고 나가는 모습을 그려보면서 '건강하다'고 말해야 한다. 믿음으로 기도하고 입술로 없는 것을 있는 것같이 시인하면 주님은 이렇게 말씀하신다.

네 믿음대로 될지어다(마태복음 8:13)

하나님의 뜻 안에서 '없는 것을 있는 것처럼 부르는 믿음'은 응답을 받는다. 다윗은 항상 입술의 고백이 앞섰다. 원하는 바를 이루시는 하나님을 그만큼 신뢰했음을 보여준다.

사람은 믿음의 그림을 그린 대로 살게 되어 있다. 화가가 그림을 그릴 때 스케치를 먼저 한다. 밑그림이 좋으면 좋은 그림이 나오지만 밑그림을 생각 없이 대충 그리면 생명력 없는 그림이 나온다. 판화를 새길 때에도 밑그림은 중요하다. 어떤 물건을 만들 때에도 먼저 밑그림을 그린 후에 만든다. 우리 인생에서도 밑그림은 중요하다. 마음의 도화지에 밑그림을 스케치하듯 '생각과 말'을 통해 자신의 인격, 지식, 실력, 꿈, 사람과 인생을 경영하는 감각 등을 그릴 수 있다. 프랑스의 철학자 데카르트(Descartes)는

"믿어라. 당신의 인생은 당신이 생각하고 그린 대로 이루어진다."

고 했다. 미국의 「트리뷴」이라는 잡지에 페기 풀(Peggy Pull)이라는 여성이 암으로 사형 선고를 받고 죽음 직전에서 고침 받은 기적이 간증으로 실렸다. 낙심하고 있는 이 여성에게 어떤 사람이 쟁반에 물을 떠 와서 마시라고 주었다. 물을 마시려고 컵을 들자 그 컵 밑에 '포기하지 마세요'라는 글이 쓰인 종이쪽지가 있었다. 그녀는 그 글을 보고, '그렇다. 내가 죽을 때 죽더라도 끝까지 암과 싸워 투쟁하리라'고 결심했다. 그리고 창밖을 보니 토끼 한 마리가 누군가 던져 준 오렌지를 갉아 먹고 있었다. 그 모습을 보고 페기 풀은 정상적인 세포가 암 세포를 갉아먹는 그림을 그리며 하나님께 기도했다.

"하나님, 암세포가 하나씩 없어지고 정상 세포가 이기게 하여 주시옵소서."

그녀는 종일 기도하면서 그 모습을 마음에 그렸다. 그랬더니 점점 병이 호전되면서 암세포는 사라지고 깨끗하게 고침을 받았다. 그녀는 자신의 간증 마지막에

"무엇이든지 당신이 상상한 대로 믿고 진심으로 구하면, 하나님께서 이루어 주십니다."

라고 말했다. 그녀는 없는 것을 있는 것처럼 불렀다. 즉 완치된 모습을 입으로 고백하면서 암세포를 갉아먹는 정상 세포의 그림을 그렸다. 페기 풀은 '생각과 말'을 승리와 건강으로 디자인해, 죽음

을 이기고 '101% 인생'으로 새로 태어난 것이다.

　미국에서 '자기개발 프로그램'으로 선풍적인 화제를 몰고 온 베리 파버(Bari Paver)는 그의 책 『지금 당장 시작하라』에서, 성공을 이루기 위해서는 먼저 '성공 시나리오를 마음속에 그리라'고 말한다. 성공을 꿈꾸는 사람들이라면 누구나 일의 결과가 성공적으로 끝나는 장면을 연상해야 한다. 없는 것을 있는 것처럼 상상하라는 말이다. 어떤 어려움과 고난이 몰려오더라도 포기하지 말고, 성공적으로 사는 장면을 항상 머릿속에 그려야 한다. 그러면 성공과 축복, 행복이 현실로 나타날 확률이 높은 것이다.

꿈을 실현시키려면, 선포를 중단하지 말라
꿈의 관점에서 말하기

　여호와 하나님께서 다윗으로 하여금 사방의 모든 대적을 파하게 하시고, 예루살렘 궁에 편안히 거하게 될 때 다윗은 꿈을 가진다. 그 꿈은 하나님의 성전을 건축하는 것이었다. 다윗은 선지자 나단에게 성전을 짓는 문제를 의논하게 된다.

> 볼지어다. 나는 백향목 궁에 거하거늘 하나님의 궤는 휘장 가운데 있도다(사무엘하 7:2)

그런데 하나님께서 다윗에게 나단 선지자를 통하여 말씀하셨다.

너는 피를 많이 흘렸고 크게 전쟁하였느니라. 네가 내 앞에서 땅
에 피를 많이 흘렸은즉 내 이름을 위하여 전을 건축하지 못하리
라(역대상 22:8, 28:3)

다윗의 꿈이 사라졌다. 그 대신 여호와 하나님께서는 다윗에게
모든 대적을 물리치게 하여 다윗의 이름을 존귀케 만들어 주겠다
고 말씀하셨다. 또한 가나안 땅에서의 정착과 아들 솔로몬으로 하
여금 성전을 짓게 하며, 그 나라 위를 영원히 견고케 하여 주시겠
다는 축복의 언약을 해 주셨다(사무엘하 7:5-16). 이에 다윗은 성전 지
을 준비를 철저히 하게 된다(역대상 22:1-4, 22:14-15). 돌을 다듬고 철
과 놋, 백향목, 금을 준비하고 석수와 목수도 준비시킨다. 다윗은
성전 지을 준비를 위한 꿈으로 만족해야 했다. 그럼에도 불구하고
자신의 분량 안에서 최선을 다했다. 그것은 하나님의 약속을 믿었
기 때문이다.

다윗은 비록 성전 건축 준비만 하지만, 이미 꿈으로 솔로몬을 통
해 성전이 이루어진 것을 보고 있었다. 그래서 열심히 재료를 준비
시켰다. 아직은 현실로 이루어지지 않았고, 손에 잡히는 것 없지만
마음으로는 실체를 그리고, 없는 것을 있는 것처럼 말하는 것은 믿
음이다.

예수님 당시 유대 땅에 주둔하고 있던 로마 백부장이 예수님을

찾아와 하인의 병을 고치고 싶다는 꿈을 말한다. 그런데 백부장이 절대 믿음을 고백한다.

"여기서 말씀만 하시면 내 종이 나을 것입니다."

이 말을 들은 예수님은 이방인이 이처럼 훌륭한 믿음을 가지고 있음을 보고 심히 놀라셨다. 그리고 이렇게 말씀하셨다.

"네 믿은 대로 될지어다."

그러자 즉시 그 하인이 고침을 받았다. 백부장은 예수님을 청할 때부터 자신의 하인이 고침을 받을 것을 이미 그리고 있었다. 그런데 백부장이 그럼 믿음을 마음에만 가지고 입으로 말하지 않았다면 기적이 일어나지 않았을 것이다. 백부장의 고백처럼 "말씀만 하옵소서"라는 말은 깊은 의미를 지니고 있다. 그것은 예수님이 말로써 사역을 하신다는 것이다.

'없는 것을 있는 것처럼 말한다'는 것은 하나님이 주신 꿈을 가리킨다. 하나님이 주신 꿈이 있는 사람은 부정적일 수가 없다. 하나님의 관점으로 사물과 세상을 바라보면, 모든 것이 긍정적이기 때문이다. 일이 잘 안 되어도 '안 된다'고 말하지 않고, '아직 안 되었다', '장차 된다'고 말한다. 따라서 우리는 무슨 일을 만나든 하나님이 주신 꿈의 관점에서 말해야 한다.

다윗은 꿈의 사람이었다. 성전 건축에 대한 꿈과 비전을 하나님으로부터 받았다. 다윗은 하나님을 찾고 또 찾았다. 그 결과, 다윗의 꿈은 솔로몬을 통해 기적 같이 성취되었다. 이처럼 하나님이 주신 꿈은 대를 넘어 이루어지기도 한다.

'절대긍정'의 믿음을 강조하는 로버트 슐러(Robert Schulle) 목사 교회의 장로 한 사람이 심장병으로 고생하고 있었다. 의사는 그에게 살아남는다 해도 식물인간이 될 것이라고 말했다. 어느 날, 그 장로가 로버트 슐러 목사를 찾아왔다. 슐러 목사는 유명한 정신과 의사 스미레이 브랜턴 박사의 '중상을 입은 두뇌에는 항상 상처가 미치지 아니한 부분이 있다'는 말을 기억하고는 그 장로에게 말했다.

"나는 당신이 건강한 사람이 될 것을 믿습니다."

그러자 그 장로는 눈물을 흘리며 모든 악조건에서도 자신이 건강하게 된다는 꿈을 가지게 되었다. 그리고 얼마 후에 그는 정말 회복되어 교회에 나와 이렇게 말했다.

"목사님, 당신은 정말 위대한 분입니다."

"장로님, 위대한 분은 하나님이십니다."

하나님은 우리의 꿈이 이루어지기를 원하신다. 로버트 슐러 목사는 병자가 나아야 한다는 꿈의 관점에서 '적극적인 말'을 했다. 그리고 심장병 환자도 질병에서 치유되고 싶다는 꿈을 받아들인 결과 기적이 나타난 것이다. 믿음으로 꿈을 받아드리고, '생각과 말'을 디자인한 그 장로는 '101% 인생'으로 새롭게 태어났다.

로버트 슐러 목사는 꿈을 실현시키려면, 선포를 중단하지 말라고 강조한다. 성경은 이렇게 말씀하신다.

환난 날에 나를 부르라. 내가 너를 건지리니 네가 나를 영화롭게 하리로다(시편 50:15)

적극적으로 하나님을 부르고 찾는 말은 기적을 동반한다. 하나님은 들으시는 분이시고, 기도와 간구에 응답해 주시는 분이시기 때문이다. 그리고 하나님의 성품 자체가 적극적이고 창조적이시며, 믿음과 은혜를 넘치게 채워 주시는 사랑의 하나님이시기에 환난 날에 우리가 부르짖는 소리를 외면하지 않으신다. 기적은 부르짖을 때 나타난다.

적극적인 말을 위한 걸음마

1. 10분간 반복해서 승리를 말한다. – "나는 승리한다."
2. 포기하지 말고 매일 말을 훈련한다. – "나는 할 수 있다."
3. 꿈이 이루어지는 것을 그리며 말한다. – "기적은 일어난다."

4장
'셀프축복'으로
자기를 세워라

네 번째 말의 원칙
성공과 승리언어를 사용하라

환경은 변화를 두려워한다.
그러나 불행의 환경이라도 딛고 일어서 도전하면
환경은 변화 앞에 무릎을 꿇는다.

환경은 고착된 것이 아니다. 얼마든지 변화를 가져올 수 있다. 환경이 갑자기 변하지 않더라도 마음이 변하면 환경은 달라 보인다. 부정적인 환경 속에서 좌절하고 넘어져 있으면 환경은 박수를 친다. 환경은 변화를 두려워한다. 그러나 불행한 환경이라도 딛고 일어서 '생각과 말'을 디자인하면, 인생 환경은 변화 앞에 무릎을 꿇는다. 인생의 부정적인 환경을 변화시키는 것은 말이다. '성공과 승리언어'를 사용해야 말처럼 승리하고, '101% 인생'으로 변화되는 것이다.

우리가 삶을 살면서 환경 가운데 하나님의 돌보심이 얼마나 필요한 것인지 체험하곤 한다. 다윗은 하나님의 돌보심에 대해 이렇게 고백했다.

나를 눈동자같이 지키시고 주의 날개 그늘 아래 감추사(시편 17:8)

모세도 하나님의 보호하심을 이렇게 고백한다.

여호와께서 그를 황무지에서, 짐승의 부르짖는 광야에서 만나시고 호위하시며 보호하시며 자기 눈동자같이 지키셨도다(신명기 32:10)

하나님이 눈동자같이 지키셨다는 것은 한시도 눈을 떼지 않고 지켜보고 도와주셨다는 말이다.

눈은 자동으로 조절되는 기관이다. 사람의 눈에 먼지나 모래와 같은 이물질이 들어가려고 하면 어느새 눈꺼풀이 감겨 눈동자를 보호한다. 이런 작용이 가능한 이유는 눈이 가진 특수한 구조 때문이다. 현재까지 밝혀진 바로는 사람의 눈에는 30만 개의 회로가 있고, 1억 개의 신경세포가 있다고 한다. 그래서 아무리 작은 그 무엇이라도 눈에 들어오려고 하면 이것을 눈동자가 감지하고, 눈꺼풀을 내려서 눈동자를 보호한다.

이처럼 하나님은 세상을 살아가는 동안 열악한 환경과 위기 가운데서도 눈동자처럼 항상 우리를 지켜주신다. 하나님은 사람들의 행동만이 아니라 그들의 마음 속 깊이 감추어진 동기까지도 다 헤아리신다. 따라서 우리도 하나님의 눈으로 우리 환경을 바라보아야 한다. 그리고 이기는 말, 성공의 말, 승리의 말을 해야 한다. 나아가 성공과 승리의 말로 '셀프축복'을 해야 한다.

"내게 능력주시는 자 안에서 승리한다."

'셀프축복'으로 자기 세우기

믿음이란 환경의 협박에 두려워하지 않고, 담대히 신앙 고백을 하면서 살아 나가는 것이다. 골리앗은 산이 쩡쩡 울리는 큰 소리로 다윗을 신들의 이름으로 저주했다(사무엘상 17:43-44). 그럼에도 불구하고 다윗은 하나님을 신뢰하고, 하나님 말씀을 믿었기 때문에 저주 같은 어려운 환경이나 골리앗 같은 큰 문제를 바라보고 두려워하지 않았다. 그는 담대한 신앙 고백으로 저주를 물리쳤다.

다윗의 적극적인 신앙 고백 자세는 그의 일생에 나타나는 큰 힘이다. 그런 고백들은 환경을 바꾸는 능력으로 나타났다. 신앙이란 '입술의 고백'이다. 저주가 올 때 하나님의 이름으로 방패를 세우고 말로 물리쳐야 한다. 그래서 성경에서 이렇게 말씀한다.

사람이 마음으로 믿어 의에 이르고 입으로 시인하여 구원에 이른다(로마서 10:10)

우리는 저주에 휩쓸리고 인정하지 말아야 한다. '이기는 말'로 강하고 담대하게 저주를 물리쳐야 한다.

오늘날 수많은 사람이 입으로 신앙을 부정한다. '나는 못해요, 나는 안 돼요, 할 수 없어요, 망했어요, 능력이 없어요, 나는 패할 거예요…' 이와 같은 부정적인 신앙 고백은 원수에게 격려의 박수를 쳐주는 것이다. 원수는 자기 말에 동의해 주면 더 힘을 얻는다. 부정적인 말은 원수편이 되어 스스로에게 던지는 저주다. 그래서 사람들이 하나님을 믿다가 입술로 잘못되고 부정적인 고백을 하여 하나님을 멀리하고, 결국에는 원수에게 짓밟히게 되고 만다. 마음속에 믿었으면 눈에는 아무 증거도 보이지 않고, 귀에는 아무 소리도 들리지 않고, 손에는 잡히는 것이 없어도 강하고 담대하게 그 믿음을 고백해야만 한다.

"나는 구원 받았다."

"나는 축복 받았고 나는 승리했다."

"나는 할 수 있다."

"나는 하면 된다."

"나는 내게 능력 주시는 자 안에서 승리한다."

이런 '셀프축복'이 믿음의 고백이 되어 저주를 물리치고, 승리의 길을 만들어 내는 것이다.

다윗이 압살롬에게 궁궐을 내어 주고, 바후림에 이르렀다. 그곳에서 사울의 집 족속 중 하나인 게라의 아들 시므이가 나와 다윗에게 돌을 던지며 저주하며 말했다.

피를 흘린 자여 비루한 자여 가거라, 가거라. 사울의 족속의 모든
피를 여호와께서 네게로 돌리셨도다. 그 대신에 네가 왕이 되었
으나 여호와께서 나라를 네 아들 압살롬의 손에 붙이셨도다. 보
라, 너는 피를 흘린 자인 고로 화를 자취하였느니라(사무엘하 16:7 - 8)

아비새가 왕을 저주하고 있으니 목을 베어 버리자고 했다. 그러
자 다윗은 왕다운 말을 한다.

스루야의 아들들아 내가 너희와 무슨 상관이 있느냐? 저가 저주
하는 것은 여호와께서 저에게 다윗을 저주하라 하심이니 네가 어
찌 그리하였느냐 할 자가 누구겠느냐? 하고, 또 아비새와 모든 신
복에게 이르되 내 몸에서 난 아들도 내 생명을 해하려 하거든 하
물며 이 베냐민 사람이랴? 여호와께서 저에게 명하신 것이니 저
로 저주하게 버려두라. 혹시 여호와께서 나의 원통함을 감찰하시
리니 오늘날 그 저주 까닭에 선으로 내게 갚아 주시리라(사무엘하
16:10 - 12)

다윗은 시므이의 저주스런 말을 하나님 앞에 주권으로 돌린다.
'그 저주 까닭에 선으로 갚아 주실' 하나님을 고백하고 있다. 놀라
운 고백이다. 다윗은 저주의 공격을 하나님 손에 올려놓는 겸손과
믿음으로 저주를 물리친다. 성경은 이렇게 말씀하신다.

까닭 없는 저주는 참새의 떠도는 것과 제비의 날아가는 것같이
이르지 아니하느니라(잠언 26:2)

다윗은 부정적인 환경과 저주를 물리치는 용기가 있었다. 다윗은 부정적인 환경에서도 부정적인 말을 하지 않았다.

로마의 시스틴 성당에서는 300년 동안 알레그이의 명곡인 '미제레레(Miserere)의 노래'가 연주되어 왔다. 그런데 이 작품은 중세 말기를 거치면서 성스러운 곡으로 간주되어 악보 공개가 금지되어 있었다. 그리고 이 악보를 채보(採譜)하는 사람은 파문을 당할 것이라는 경고까지 내려져 있었다. 음악가에게는 저주스런 환경이었다. 그런데 1769년 어느 날, 용감하게도 그 아름다운 음률을 악보에 옮겨 적은 13세 소년이 있었다. 그 소년은 바로 음악계의 신동 모차르트(Mozart)였다. 그는 파문을 당할 것이라는 경고와 저주스런 환경에 아랑곳하지 않고, 성스러운 음악을 들으며 빠르게 악보를 적어 내려 갔다. 모차르트는 이렇게 말했다.

"이토록 아름다운 선율을 듣고도 연주할 수 있는 악보가 없다는 사실은 통탄할 일이다"

모차르트는 용기를 가지고 채보 작업에 착수했다. 그렇게 시작된 채보 작업은 그의 실력이 유감없이 발휘되어 완벽하게 악보화되었고, 그 악보는 즉시 출판되어 이내 유럽 전역에서 연주되었다. 모차르트의 목숨 건 '믿음의 용기'는 아름다운 곡을 되살려 냈고, 저주스런 환경도 아름다움으로 역전시킨 힘이 되었다.

다윗은 부정적인 환경에서도 부정적인 말을 하지 않았다. 성공과 승리 언어의 말을 하면서 자신을 축복했다. '셀프축복'으로 자기를 세우고, 저주를 이겨냈을 것이다. 우리 인생도 마찬가지다. 자기를 사랑하지 못하면, 남을 사랑할 수 없다. 먼저 자신을 사랑하고 세워주어야 한다. '셀프축복'이야 말로 인생길에 승리를 가져다 주는 가장 강력한 힘이다.

"나는 나를 사랑해."

"나는 지구상에 나 하나 밖에 없는 가치 있는 존재야."

"나는 하나님과 사람 앞에 사랑 받는 존재야."

이런 셀프축복이 저주스런 환경을 바꾸는 힘이 된다.

"내가 너를 지켜봐 줄께"
이웃을 살리는 말하기

다윗이 사울에게 쫓겨 다니면서도 이스라엘을 위해 싸움을 했다. 어느 날 다윗을 따르던 자가 와서 블레셋이 그일라를 쳐서 타작 마당을 탈취했다는 보고를 듣는다. 다윗은 하나님께 물었다.

내가 가서 블레셋 사람을 치리이까(사무엘상 23:2)

그러자 하나님께서는 다윗에게 블레셋을 치도록 명하셨고, 다윗은 블레셋을 크게 도륙하고 가축을 끌어 왔다. 사울이 그일라에 다윗이 있다는 보고를 받고 군사를 모아 다윗을 에워쌌다. 그러자 다윗은 다시 하나님께 어떻게 해야 하는지 여쭈었다.

그일라 사람들이 나를 그의 손에 붙이겠나이까? 주의 종의 들은 대로 사울이 내려오겠나이까? 이스라엘의 하나님 여호와여 원컨대 주의 종에게 일러 주옵소서. 여호와께서 가라사대 그가 내려오리라. 다윗이 가로되 그일라 사람들이 나와 내 사람들을 사울의 손에 붙이겠나이까? 여호와께서 가라사대 그들이 너를 붙이리라(사무엘상 23:11 - 12)

다윗은 그일라 사람들이 자신을 사울의 손에 내 줄 것이라는 하나님의 응답을 받고 600명의 군사들과 함께 그곳에서 철수했다. 그리고 황무지 요새에 숨어 사울을 피해 있었다. 그때 다윗이 목숨처럼 아끼던 요나단이 찾아와 다윗의 마음을 살리는 말을 한다.

곧 요나단이 그에게 이르기를 두려워 말라. 내 부친 사울의 손이 네게 미치지 못할 것이요 너는 이스라엘 왕이 되고 나는 네 다음이 될 것을 내 부친 사울도 안다 하니라(사무엘상 23:17)

요나단의 살리는 말로 인해 다윗은 회생했고, 요나단의 말처럼 다윗은 왕이 되었다. 요나단은 사울의 아들로서 왕이 될 위치에 있었지만, 하나님의 마음을 알기에 다윗을 말로 성공시켜 주었다. 요나단은 다윗을 자기 생명보다도 더 사랑했다.

'보리밭'의 작시로 잘 알려진 박화목 시인은 어린 시절부터 문학에 재능에 있었다. 그러나 가난한 형편에 그의 꿈을 펼치기 어려웠다. 그런데 그의 재능을 알아본 선생님이 「소년」 잡지를 구독할 수 있도록 해주면서 박화목 소년을 격려했다. 선생님이 이렇게 말했다.

"내가 너를 지켜봐 줄께. 열심히 해봐"

박화목 학생은 선생님의 그 말 한마디에 감동을 받고 어려울 때마다, "내가 너를 지켜봐 줄께"라고 말하신 선생님의 말을 떠올리며 살았다고 한다. 그렇게 노력한 결과 유명한 시인이 되었다고 고백했다.

말 한마디가 한 사람을 살리고 성공시켰던 것이다. 우리 그리스도인의 말은 이와 같이 사람을 살리는 말이 되어야 한다. 말 한마디는 이웃들에게 좋은 덕을 끼친다. 창조적이고 성공적인 말, 승리하는 말은 자기도 살아나고, 이웃도 살리는 능력인 것이다. '살리는 말'은 없는 것을 있는 것처럼 부르는 능력이다.

지금은 찌그러져 있는 것처럼 보여도 미래에 꽃이 핀다는 희망의 응원가를 불러주어야 한다. 그렇게 '살리는 말'은 '101% 인생'을 만들어낸다.

"그래, 난 할 수 있어"

자기를 응원하기

요나단은 다윗의 진정한 친구였다. 위기상황에 있던 다윗에게 이스라엘 왕이 될 것이라는 큰 비전을 되새겨 주었다. 요나단은 살리는 말, 성공의 말, 이기는 말을 하는 사람이었다. 요나단의 말 한마디에 용기를 얻은 다윗은 사울의 손을 피할 수 있었다.

격려 한마디에 자기의 '생각과 말'을 디자인해 인생을 101% 바꾼 사람이 있다. 초등학교를 막 졸업한 한 어린 학생이 집안의 생계를 위해서 구두닦이를 시작했다. 소년의 어머니는 하루 종일 목화공장에서 오랜 시간 일을 해야 했다. 그래서 소년은 할머니와 누나 손에 자랐고 아버지는 식구를 버렸다. 소년의 인생도 부모와 비슷하게 될 것 같았다.

그 소년이 워싱턴 의사당 앞에서 구두를 닦고 있었다. 그런데 어느 날, 상원의원 한 사람이 그에게 구두를 닦으러 왔다. 그 의원은 한동안 구두닦이 소년을 물끄러미 바라보고 있었다. 상원의원이 그 소년에게 나이를 물었다. 열두 살이라는 소년의 말을 듣고 상원의원이 이렇게 말을 했다.

"나도 너처럼 열두 살 때 구두를 닦았단다. 그러니 너도 열심히 살면 나처럼 상원의원이 될 수 있단다."

"그래요? 저도 훌륭한 사람이 될 수 있을까요?"

아이의 눈이 반짝였다. 상원의원이 던진 이 한마디는 힘든 삶을 살고 있었던 어린 소년에게 엄청난 힘을 주었다. 인생을 비관하고 환경을 부정적으로 바라보며 절망에 빠져 자포자기한 채 살아오던 어린 소년은 그날 그 시각부터 삶이 변하기 시작했다. 소망을 갖게 되었다. 이제는 현실을 비관하지 않게 되었다. 어려움도 극복할 수 있는 힘이 생기기 시작했다. 소년은 날마다 이렇게 고백했다.

"나도 훌륭한 사람이 될 거야. 그래 난 할 수 있어. 난 구두닦이가 아니야. 하나님이 날 도우실 거야."

그 어린 소년은 '성공과 승리 언어'를 사용하며, '셀프축복'과 믿음으로 자기를 세웠다. 그리고 긍정적이고 창조적인 꿈을 가지게 되었다. 하나님의 섭리가 그의 인생에 끼어들었다. 총명했지만 가난했던 소년은 미국 상원의 사환으로 뽑혔다. 공부를 해야 자신의 가난을 극복할 수 있으며, 공부만이 자신의 열등감을 해소하는 길임을 뼈저리게 이해했다. 특히 하나님이 '지성의 길'을 원하신다는 것을 깊이 알게 되었다.

그는 '셀프축복'과 자기이해 그리고 하나님의 은혜의 손길을 깨닫고 노력한 결과, 켄터키 의대의 정신과 교수와 침례교 신학대학의 치유상담 교수를 겸임하는 등 세계적인 학자가 되었다. 그가 바로 신학자요 의사이며 상담가인 웨인 오츠(Wayne E. Oates) 박사다. 그는 자서전 『자유에의 투쟁』에서 이렇게 말했다.

"가난에서 자유로워지는 데는 대단히 엄격한 투쟁이 필요하다. 내게 있어서 교육은 하나님이 주신 자유에의 길이었다. 하나님은 인간의 지성이 배고픔이나 끔찍한 가난 그리고 훈련부족으로 소홀해지는 것을 원하지 않는다."

그는 어렸을 때 겪은 극심한 고통과 그 후의 지적인 능력의 습득으로 인해 누구보다 뛰어나게 지성과 함께 다른 사람의 고통을 공감하는 동정심을 갖게 됐다. 그는 가난과 아버지의 상실, 형제들의 분노, 극심한 통증에 시달렸다. 이 같은 경험은 다른 사람과 구분되는 대단히 놀라운 능력을 갖게 했다. 그것은 다른 사람들과 '공감하는 능력'이다.

우리가 사과 씨 속의 사과를 헤아릴 수 없듯이 말의 위력, 믿음의 깊이와 하나님의 은혜도 헤아릴 수 없다. 지금 선택한 말이 미래를 만들어간다. 격려 한마디가 힘이 되어, 웨인 오츠 박사는 자기를 '셀프축복'했고, '나도 훌륭한 사람이 될 수 있다. 하나님이 은혜를 주신다.'는 말대로 구두닦기 인생에서, 세계적인 학자로 변화된 '101% 인생'이 된 것이다.

"하나님 저를 지켜 주세요"
감사와 찬양을 말하기

다윗은 위기의 환경, 원수의 공격 가운데서 하나님이 자신을 보호하고 있음을 항상 고백했다.

하나님이여 나를 보호하소서. 내가 주께 피하나이다(시편 16:1)

주는 나의 은신처이오니 환난에서 나를 보호하시고 구원의 노래로 나를 에우시리이다(시편 32:7)

주의 의는 하나님의 산들과 같고 주의 판단은 큰 바다와 일반이라 여호와여 주는 사람과 짐승을 보호하시나이다(시편 36:6)

이러한 고백은 하나님의 보호하심을 받은 후에 한 것이 아니라 항상 보호하신다는 믿음의 고백이었다. 그리고 다윗은 말로 하나님을 높이면서 보호를 고백했다. 보호는 하나님의 축복이며 우리를 향한 의무다. 다윗은 사울과 압살롬에게 쫓기면서도 하나님께서 그들의 손에 붙이지 않고 항상 피할 길을 주신 것에 감사했고, 블레셋과의 싸움에서 항상 이기게 하시는 하나님을 찬양했다.

보호하심을 간구하는 것도 '성공과 승리의 언어'가 된다. 하나님의 '보호하심'은 내 선택이 아니라 하나님의 주권이기 때문이다. 이 말은 '내 성공의 주권자가 하나님이시다'라는 말이다. 하나님의 간섭과 인도 없이 이루는 승리와 성공은 크리스천에게는 저주가 될 수 있다. 자기 스스로 이루었다는 교만이 틈탈 수 있기 때문이다. 모든 영광을 하나님께 올려드릴 수 있는 마음과 믿음이야 말로 보석이다.

수년 전, 어느 여름날이었다. 나는 어느 지방 기도원에서 열린 청년 수련회에 강사로 가게 되었다. 달리는 차 안에서, '설교할 때 성령님께서 학생들의 마음을 열어 주셔서 은혜로운 자리가 되게 하소서'라고 찬양하며 기도했다. 호남고속도로에 들어선 얼마 후였다. 갑자기 바퀴가 쿵쿵거리면서 핸들이 좌우로 흔들렸다. 마음 속에서 안전운전을 위해 기도해야겠다는 생각이 들었다. 하나님께 간절히 보호를 구하는 기도를 드렸다. 그런데 감사기도가 풍성히 나왔다.

"하나님, 감사합니다. 저를 지켜주시고 보호해 주세요. 감사합니다. 감사합니다. 찬양합니다."

핸들은 여전히 심하게 흔들렸다. 속도를 시속 80킬로미터로 줄였다. 그러자 떨림 현상이 없어졌다. 그래서 다시 속도를 높였다. 그러나 시속 100킬로미터가 되면 여지없이 핸들이 흔들렸다.

나는 핸들을 꽉 잡고 다시 기도했다. 은혜의 자리에 가는 길에 보호해 주시고, 축복해 달라고 말씀드렸다. 하나님을 찬양하며, 감사로 하나님의 보호하심을 간구했다. 그리고 1차선에서 2차선으로 차선을 바꾸고, 80킬로미터로 속도를 줄였다. 1차선에서 100킬로미터로 달릴 때, 내 차 바로 옆에 2차선에는 냉동탑차가 달리고 있었다. 내가 속도를 줄이고 2차선으로 바꿔 냉동탑차 뒤를 따라갔다.

잠시 후, 그 차가 갑자기 1차선을 덮치면서 미끄러지듯 넘어졌다. 중앙분리대를 들이박더니 멈춰 섰다. 아찔한 순간이었다. 내가 만약 1차선에서 100킬로미터로 달렸다면, 내 차를 덮쳤을 타이밍이었다. 나는 놀라서 급하게 갓길에 차를 세우고 감사의 기도를 드렸다.

"하나님! 감사합니다. 보호해 주셔서 감사합니다. 할렐루야!"

그리고 넘어진 차를 바라보았다 넘어진 차에 매달려 있는 사람과 눈이 마주쳤다. 나는 반사적으로 기도했다.

"하나님! 저 사람을 살려 주세요."

그리고 급히 사고 신고를 했다. 응급차와 도로 정비차가 와서 수습하는 것을 보고 마음을 편히 가졌다. 마음을 추스르고 다시 운전을 했다. 이번에는 속도가 100킬로미터에 이르러도 차의 이상 반응이 일어나지 않았다. 하나님께서 절체절명의 순간에 미리 나에게 사인을 보내셨고, 보호해 주셨던 것이다. 나는 그렇게 죽음의 자리에서 벗어났고, '101% 인생'을 살 수 있는, 또 다른 힘을 얻게 되었다.

그 사건을 겪고 내가 깨달은 것은 하나님께 말(기도)로써 보호를 구해야 한다는 점이었다. 하나님께서 나에게 조심하라는 표징만 보내신 것이 아니라, 내가 보호를 구하기를 원하셨다. 예수님께서도 주님이 가르쳐 주신 기도 가운데 '악에서 지켜 달라'는 고백을 원하시지 않았는가? 하나님께서 알아서 지켜주시기도 하지만, 때론 우리의 보호하심을 간구하는 고백을 받기 원하신다. 이유는 하나님께 '감사와 찬양을 올려드리고, 하나님이 보호해 주셨다는 것을 우리가 깨닫기를 원하시기 때문이다. 깨닫는 것이 은혜다. 감사와 찬양은 '성공과 승리의 언어'다.

"나는 더 이상 실패자가 아니다"

성공 자화상 말하기

다윗은 어린 시절 부정적인 자화상을 만들 수 있는 환경임에도 불구하고 긍정적인 자화상을 만들었다. 즉 자신은 부족하지만 하나님을 자신의 힘으로 삼았다.

> 나를 강한 원수와 미워하는 자에게서 건지셨음이여, 저희는 나보다 힘센 연고로다. 저희가 나의 재앙의 날에 내게 이르렀으나 여호와께서 나의 의지가 되셨도다(사무엘하 22:18)

잠언 6장 2절과 마태복음 18장 18절은 이렇게 말씀하고 있다.

> 네 입의 말로 네가 얽혔으며 네 입의 말로 인하여 잡히게 되었느니라(잠언 6:2)

> 진실로 너희에게 이르노니 무엇이든지 너희가 땅에서 매면 하늘에서도 매일 것이요 무엇이든지 땅에서 풀면 하늘에서도 풀리리라(마태복음 17:18)

스스로의 말로 표현하는 입술의 고백으로, 나를 묶고, 풀 수가 있는 것이다. 인생이 실타래처럼 헝클어져 있고 난감할 때, '셀프축복'으로 나를 세우고, 자아상을 바꾸는 입술의 강력한 고백은 인생 길의 환경과 운명을 바꾸는 능력이 된다. '101% 인생'을 만드는 기초석이 된다.

적극적 사고 훈련가인 지그 지글러(Zig Ziglar) 박사가 뉴욕의 지하도를 들어가려는데 거지가 연필을 팔고 있었다. 지글러도 다른 사람들처럼 1달러를 주고 연필을 받지 않았다. 그런데 지나쳐 가다가 다시 되돌아와서 거지에게 말했다.

"아까 준 1달러 대가로 연필을 주세요."

거지가 연필을 주자 지그 지글러 박사가 이렇게 말했다.

"당신 직업도 나와 같은 사업가요. 당신은 더 이상 거지가 아닙니다."

거지는 지글러 박사의 이 말 한마디에 인생이 달라졌다. '나는 길거리에서 돈 1달러를 받고 연필 한 자루씩 주는 거지가 아니야. 나도 사업가구나'라고 생각했다. 그 말에 거지는 자화상이 달라졌고 새 힘과 용기를 얻었다. 그는 그날 집으로 돌아가면서도 '셀프축복'으로 자신의 운명과 환경을 바꾸는 말을 되새기듯이 했다.

"나는 거지가 아니라 사업가다."

"나는 사업가다. 연필 파는 사업가다."

지글러 박사의 말 한마디가 거지 속에 큰 변화를 일으켰고, 생각과 말'이 디자인 되었다. 그 사람은 훗날 큰 사업가가 되었다. 그리고 지그 지글러 박사를 찾아왔다.

"당신의 말 한마디가 나를 변화시켰습니다. 다른 사람은 연필도 안 받고 돈 1달러만 주고 가기 때문에 나는 늘 거지 자화상을 가지고 있었는데 당신은 연필을 받아 가면서 '당신도 나와 똑같은 사업가'라고 말해 주어서 내 인생이 이렇게 바뀌었습니다."

이처럼 성공 자화상은 '승리와 성공의 언어'가 만드는 것이다. 우리 인생길에 '생각과 말'이 디자인되어, '승리와 성공 언어'가 습관화된다면, 분명 변화가 나타난다. 말대로 결과가 나타난다. 그렇게 '101% 인생'으로 거듭나는 것이다

"나에게도 장점이 있을 거야"

하나님의 눈으로 자기 보기

입술에서 나오는 말이 사람의 운명을 변화시키는 것이다. '승리와 성공의 말'을 하는 사람은 그렇게 살게 되고, '패배와 실패, 절망의 말'을 하는 사람은 그 또한 그렇게 살게 된다. 인간은 말하는 존재다. 그런데 그 말은 단순한 소리가 아니라 창조력을 가지는 힘이다. 그래서 말을 골라서 해야 하는 것이다.

'도미노 피자'의 창업주인 타미에 대한 이야기다. 타미는 고아원에서 소년 시절을 보내는 불운한 환경에 있었다. 중학생이 될 무렵, 학교에서 여러 번 사고를 치는 바람에 퇴학처분을 받았다. 고개를 숙이고 교문을 나서던 타미는 자신을 사랑으로 지도해주시던 선생님의 말씀이 떠올랐다.

"모두가 너를 버려도 하나님은 절대로 너를 버리시지 않는다. 그러니 낙망하지 말고 큰 별을 따도록 노력해보아라."

그 선생님은 고아요, 문제아였던 타미에게 희망을 심어주었다. 타미는 선생님의 말씀을 기억하면서 새롭게 용기를 내어 피자가게에 취직했다. 타미는 "나에게도 장점이 있을 거야"라고 되뇌며, 밀가루 반죽법을 부지런히 배웠다. 얼마나 열심히 배웠던지 피자 한 판을 십 일초 만에 반죽할 수 있는 선수가 되었다. 자기의 재능과 은사를 발견한 것이다. 결국 그는 성공한 기업인이 되었다. 전 세계 피자 체인점 랭킹 2위로 뛰어오른 '도미노 피자'의 창업주가 된 것이다. 도미노 피자의 창업주 토마스 모나건(Thomas Monaghan)의 이야기다. 어렸을 때 그의 애칭은 타미였다.

타미는 자신의 불행했던 과거와 어려운 현실을 부정적인 입술로 고백하지 않고, 하나님을 신뢰하면서 '셀프축복'으로 자기를 세웠다. 생애를 하나님께 맡기고, '생각과 말'을 디자인해 긍정적이고 적극적이며 생산적인 믿음을 가졌다. 그 결과, 주신 재능과 은사를 따라 멋지게 '101% 인생'으로 성공한 것이다.

하나님을 찾고 신뢰하는 믿음에는 상이 따른다.

그것은 하나님의 약속이다. 성경은 이렇게 교훈하고 있다.

믿음이 없이는 하나님을 기쁘시게 하지 못하나니 하나님께 나아가는 자는 반드시 그가 계신 것과 또한 그가 자기를 찾는 자들에게 상 주시는 이심을 믿어야 할지니라 (히브리서 11:6)

그런데 반대로 자신의 부정적인 입술의 고백처럼 사라져간 사람이 있다. 미국이 낳은 세계적인 소설가 어니스트 헤밍웨이(Ernest Hemingway)는 경건한 기독교 가정에서 태어났다. 그의 아버지는 의사로 평생 동안 선교의 꿈을 버리지 않았고, 어머니는 신앙심이 깊어 그를 믿음으로 키우려고 애를 썼다. 그러나 헤밍웨이는 성장한 후 신앙에서 벗어나, 급기야 하나님 없이 마음대로 살다가 자신의 삶을 자살로 마감했다.

헤밍웨이는 『노인과 바다』로 1954년 노벨 문학상을 받았다. 그리고 명예와 인기를 얻었지만 삶은 결코 평탄치 않았다. 세 번이나 결혼에 실패하고 아프리카 여행 중 두 번이나 비행기 추락 사고로 다쳤지만 하나님의 부르심을 깨닫지 못했다. 그는 재치 있고 쾌활한 반면 성미가 급하고 호탕하고 이기적이었다. 또한 개방적이고 쾌락적이며 술을 많이 마시고 사생활이 복잡했다. 그리고 세상의 성공에도 불구하고 항상 불안과 우울증에 시달리다가 정신병원에서 전기 쇼크 치료를 두 번이나 받았다. 결국 1961년 엽총으로 머리를 쏘아 자살하고 말았다.

헤밍웨이가 생의 마지막 무렵에 남긴 글에 자신의 심정을 이렇게 나타내고 있다.

"나는 전지약이 다 떨어지고 코드를 꽂으려 해도 꽂을 전원이 없어서 불이 들어오지 않는 라디오의 진공관처럼 외로움의 공허함 속에 살고 있다. 나는 필라멘트가 끊어진 텅 빈 전구처럼 공허하다."

헤밍웨이는 말로 '셀프저주'를 한 것이다. 헤밍웨이는 부정적인 자화상을 가지고 있었다. 그의 부정적인 생각과 말은 살아 움직였다. 그의 인생을 부정적이고 공허하게 디자인했다. 그는 진공관이 터지듯이 자신의 운명을 말에 걸었다. 자기를 죽이는 말을 했다. 자신을 죽이는 말처럼, 필라멘트가 끊어진 전구처럼, 외로움과 공허함 아래에서 자살로 생을 마감한 것이다.

승리하고 싶은 사람은 '자기를 죽이는 말'을 버리고

"할 수 있다. 하면 된다."

"나는 행복하고 기쁘다."

"우울증은 사라질지어다."

"나는 성공자다."

이런 '승리와 성공의 언어'를 사용해야 한다. 자기 입술의 말이 스스로를 이끌어가기 때문이다. 자기를 향한 부정적인 말, 즉 '셀프 저주'는 자기를 죽이고 앞길을 막는 큰 바위가 된다.

어떤 상황 앞에서도, 누가 뭐라고 해도 거기에 좌우되지 말고, '셀프축복'으로 자기를 세울 때 말대로 삶과 인생이 디자인되어, '101% 인생'으로 다시 태어나는 것이다. 성경은 이렇게 교훈하고 있다.

네 입의 말로 네가 얽혔으며 네 입의 말로 인하여 잡히게 되었느니라(잠언 6:2)

말은 이처럼 살아 있다. 우리 자신을 묶을 수 있는 힘이다. 그래서 먼저, 자기를 축복하고 세워주어야 한다. 자기를 인정하고 축복하며 세워주지 못하면 다른 사람도 세워줄 수 없다.

'셀프축복'으로 마음껏, 힘을 다해, 강하고 담대하게 자기를 세우라. 자기를 사랑하고, 인정하고. 변화된 '101% 인생'이 될 수 있다고 믿으라. 믿은 대로, 생각하고 말하는 대로, 당신의 인생이 '분명히' 만들어진다. 파이팅!!!

환경을 이기는 말을 위한 걸음마
1. 지금 시들고 희망이 없어도 희망을 말한다. - "밀물은 온다."
2. 성공 자화상을 말한다. - "나는 성공한다."
3. 부정적인 저주를 물리친다. - "저주는 나와 상관이 없다."

'생각과 말'을 '평생감사'로
디자인하라

사울에게 쫓기던 다윗의 마음을 알 것 같았다.
그러나 나는 범사에 감사했고, 감사하고 있다.
'생각과 말'을 감사로 계속 디자인하고 있는 것이다.
101% 인생으로 더 굳게 서기 위해 감사하는 것이다.

'생각과 말'의 선택이 얼마나 중요한지, 나는 사람들 속에서 보고, 경험한 일이 많다. 사람들, 특히 크리스천들은 하나님 앞에 섰을 때 말에 대해 심문을 받게 된다. 무익한 말이라도 심판을 받게 된다. 우리의 '생각과 말'을 그분은 관찰하신다. 성경을 통해 하나님은 이렇게 말씀하신다.

"내가 너희에게 이르노니 사람이 무슨 무익한 말을 하든지 심판 날에 이에 대하여 심문을 받으리니 네 말로 의롭다 함을 받고 네 말로 정죄함을 받으리라"(마태복음 12:36 - 37)

하나님은 우주보다 크신 분이시지만, 우리의 작은 소리를 감찰하신다. 사람의 말은 어떤 면에서 무익한 것이 없다. '무익한 말'이라도 하나님 앞에서는 심판의 대상이 되고, '의롭다 함'과 '정죄함'을 결정한다는 것은 '중요한 것'이라는 역설이다. 그것은 무익한 말도 유익하다는 교훈이다. 놀랍고 두려운 말씀이다. 말은 생각에서 나온다. '생각과 말'을 얼마나 조심스럽게 만들고, 아름답게 디자인해야 하는지를 하나님은 가르치신다.

'광야학교'에서 삶과 목회를 배우다

내가 목사 안수를 앞에 둔 때의 일이다. 신학대학원 과정을 마치고, 3년째 되는 해에 필기시험과 설교시험을 거쳐 목사 안수를 받게 되는데, 나는 교회신문사 편집책임자로 사역하면서 때를 기다렸고, 드디어 때가 되었다. 그해, 나는 전체 안수자를 대표해 시험과 행정, 회비를 관리하고, 목사안수 전 과정을 진행할 대표로 선출되었다.

그런데 얼마 후, 나에게 공문 하나가 도착했다. 내가 만 3년의 기간에 몇 달이 모자라 안수를 받을 수 없다는 통보였다. '만 3년'이라는 것은 날짜를 계산해 3년을 채워야 한다는 의미다. 이전까지 그렇게 적용된 적은 한 번도 없었고, 그렇게 적용되어 안수를 받지 못한 사람은 아무도 없었다. 그해, 나로 인해 피해를 입은 사람은 몇 사람뿐이다. 누군가의 잘못된 '생각과 말'이 만든 농간이었다. 지방회 규정까지 바꿔가며 '만 3년'이라는 문구를 새롭게 바꿔 넣었다. '만 3년'은 나를 향한 공격무기였다. 총회에 문의했더니 지방회의 잘못이라고 말해주었다. 그렇지만 나는 지방회의 허락이 없어, 그해 목사안수를 받지 못했다. 지방회장과 총무는 '갑'이었고, 나는 '을'이었다.

두 명의 그 선배 목회자들에게 서운했다. 두 선배 목사들을 나는 좋아했고, 마음과 행동으로 섬기던 사람들이기에 서운했다. 실무 행정을 맡은 그 목사에게 더 서운했지만, 어쩔 수 없었다. 다른 지방회로 옮겨서라도 목사안수를 받도록 해주었어야 옳은 일이었다. 나는 그 당시 그것을 알지 못했다.

그러던 중 목회를 더 배우고, 경험하고 싶어 기득권과 좋은 자리를 내려놓고 지방 도시 개척교회로 자원해 내려갔다. 지방교회로 내려가면서 목사 안수를 받을 수도 있었지만, 목회를 더 깊고 넓게 배우기 위해 밑에서부터 다시 시작하기로 마음먹었다. 그래서 나는 그곳에서 3년의 시간을 전도사로 더 생활했다. 거의 전 부서의 장을 맡아 목회를 경험했다. 그러니까 신학대학원 졸업 후 6년 만에 목사안수를 받았다. 그렇게 지나온 시간은 '광야학교'에서 삶과 목회를 배운 행복한 시간이었다.

"하나님은 아시잖아요"

지방에 내려가 있을 때, 나를 목사안수 받지 못하도록 공문을 만든 그 실무행정 목사의 의도를 알게 되었다. 전화를 걸어 설명해준 그 목사의 지인도 흥분하며 말을 전했다. 그 선배 목사가 나를 경쟁자로 생각하고, 내가 웃어른을 모시고 가깝게 지낸다는 것이 견제 이유였다. 나는 이해할 수 없었다.

그날, 기도원에 올라갔다. 하나님 앞에 깊게 기도드렸다. 마음에 하나님의 음성이 들렸다. "목사끼리 다투면 누가 좋아하겠느냐?" 나는 하나님 음성 앞에 순종했다. 그를 축복하고, 용서하고, 하나님 앞에 내려놓기로 결단했다. 감사하고 또 감사했다. 감사할 수 없을 때 드리는 감사가 진짜 아니겠는가. 어려움과 억울함이 마음의 불평을 만들 수도 있지만, 나는 감사로 녹여버렸다. '생각과 말'을 감사로 디자인했다.

그러나 온전한 용서는 쉽지 않았다. 그 당사자는 어엿이 어느 자리에서 누림을 가지고 살아가고 있었기 때문이다. 십자가를 붙잡고 드린 나의 기도는 "하나님은 아시잖아요."라는 푸념 섞인 고백이었다.

그 후, 다시 서울에 올라와 옛 자리로 복귀하려고 했지만, 환경이 만들어지지 못했다. 목사안수를 방해했던 그 목사의 지인이 또 전해준 말은 이랬다. 목사 안수를 방해했던 것처럼 옛 자리로 복귀할까봐 견제하고, 세상표현으로 물 먹이기 위해 내 밑에서 직원으로 일했던 후배를 급히 세웠다는 것이다. 그 일에는 후배 직원과 친했던 다른 여직원이 자기의 유익을 위해, 그 목사와 차를 같이 타고 다니면서 거짓말로 부추겼다는 구체적인 상황까지 전해주었다. 그리고 그의 견제는 앞으로도 계속될 것이라는 말이었다. 사울에게 쫓기던 다윗의 마음을 알 것 같았다. 그러나 사울을 공격하지 않은 다윗처럼, 나도 역공의 기회를 내려놓았다.

그들의 '생각과 말'에는 어떤 것이 있을까. 무익한 말도 심판하시는 하나님을 모르는 그들이 불쌍해졌다. 십자가 사랑을 묵상하고 무릎으로 나아가면서 그들을 용서할 수 있었다. 나는 범사에 감사했고, 지금도 감사하고 있다. '생각과 말'을 감사로 계속 디자인해 '101% 인생'으로 더 굳게 서기 위해서다. '하나님은 아시니, 더더욱 감사로 나아가야 한다'고 오늘도 다짐한다.

성경이 답이며, 해법이다

그렇게 십여 년이 넘게 흐른 후, 존경하던 또 다른 선배 목회자를 우연히 만나게 되었다. 나를 어렵게 한 행정실무 목사의 상사였다. 그분은 평소 나와 가족, 특히 우리 딸들을 그렇게 예뻐해 주셨던 분이셨다. 나는 왜 그런 공문을 보냈는지 궁금했다.

"목사님! 그때, 왜 그러셨어요?"

그분은 미소와 함께 미안한 마음을 가지셨는지 작은 소리로 말했다.

"그때는 그럴 수밖에 없었어. 미안해."

그분은 분명 회개한 분이셨다. 잘못을 아시고 인정해 주신 그 목사님께 고마운 마음이 생겼다. 천성이 착하신 분이시다. 곁에서 잘

못 말한 것을 시행하신 것뿐이다.

그런데 다윗을 향한 사울처럼 나를 향해 날선 검을 세웠던 그 행정실무 목사의 옛 모습이 아직도 그의 속에 살아있다는 것을 또 알게 되었다. 십 수 년이 넘게 흐른 아직도, 은밀하게 다른 사람을 앞장세워 나를 견제하고, 미리 길을 막아 놓는다는 그 목사 지인의 제보(?)였다. 나는 웃음이 나왔다. 그 목사는 나에게 사울이 되어 있었다.

이제는 내 기도가 달라졌다. 축복보다는 그가 회개하고 하나님 뜻 앞에 바로 서게 해달라는 것이다. 예수님 심장을 얻어서, 그의 '생각과 말'이 예수님 닮도록 해달라는 기도다. 그의 영혼이 불쌍해졌다.

하나님은 장님도 귀머거리도, 벙어리도 아니시다. 하나님은 아시니 일을 행하실 것이라 믿는다. 언제나 진실이 승리한다. 마음의 중심을 보시고, 무익한 말도 심판하시는 하나님의 성품을 알기에 인내한다. 하나님이 성경으로 말씀하셨다.

악을 행하는 자들 때문에 불평하지 말며 불의를 행하는 자들을 시기하지 말지어다. 그들은 풀과 같이 속히 베임을 당할 것이며 푸른 채소 같이 쇠잔할 것임이로다. 여호와를 의뢰하고 선을 행하라 땅에 머무는 동안 그의 성실을 먹을거리로 삼을지어다. 또 여호와를 기뻐하라 그가 네 마음의 소원을 네게 이루어 주시리로다. 네 길을 여호와께 맡기라 그를 의지하면 그가 이루시고, 네

의를 빛 같이 나타내시며 네 공의를 정오의 빛 같이 하시리로다. 여호와 앞에 잠잠하고 참고 기다리라 자기 길이 형통하며 악한 꾀를 이루는 자 때문에 불평하지 말지어다. 분을 그치고 노를 버리며 불평하지 말라 오히려 악을 만들 뿐이라. 진실로 악을 행하는 자들은 끊어질 것이나 여호와를 소망하는 자들은 땅을 차지하리로다. (시편 37:1-9)

하나님은 좋으신 분이시다. 범사에 감사하고 또 감사하며, 합력해 선을 이루시는 하나님을 바라본다. 마음이 꿀꿀해 스승 목사님과 전화통화를 했다. 세상 돌아가는 이야기도 하고, 한국교회 이야기와 목회자의 자세에 대한 이야기를 했다. 통화시간이 꽤 지나갔지만 목사님은 친절하고 다정하게 품어주시면서 마음에 새겨 넣을 중요한 한마디를 하셨다.

"나 목사님! 진정한 목회는 '성공'이 아니라, '순종'이야."

그리고 위로의 권면과 함께, 시편 71편을 읽으라 하신다. 감사하다. 행복하다. 역시, 성경이 답이며 해법이다.

나를 더욱 창대하게 하시고 돌이키사 나를 위로하소서. 나의 하나님이여 내가 또 비파로 주를 찬양하며 주의 성실을 찬양하리이다. 이스라엘의 거룩하신 주여 내가 수금으로 주를 찬양하리이다. 내가 주를 찬양할 때에 나의 입술이 기뻐 외치며 주께서 속량하신 내 영혼이 즐거워하리이다. 나의 혀도 종일토록 주의 의를

작은 소리로 읊조리오리니, 나를 모해하려 하던 자들이 수치와 무안을 당함이니이다."(시편 71:21-24)

나는 마음 깊은 곳에서부터 나오는 감사와 은혜를 담아 기도드렸다.

"하나님 감사합니다. 영광 돌립니다. '생각과 말'을 '감사'로 디자인합니다. '평생감사'로 나아가겠습니다. 감사합니다. 하나님 아버지!" 어떤 어려움 속에서도 십자가를 생각하고 예수님의 삶을 기억하며살게 하소서. 지혜와 명철을 주시고, 예수님의 심장을 주셔서 마태복음 25장의 말씀처럼 현실 속에서 만나는 예수님을 섬기며 살게 하소서. 그리고 다윗처럼 하나님 마음에 합한 자로 살아가게 도와주셔서, 하 나님께 큰 영광 돌리는 도구로 사용 받게 하소서."

'평생감사'로 살아가기 위한 걸음마
1. 작은 일에 감사하는 습관을 만든다.
2. 합력해 선을 이루신다는 하나님의 약속을 받아드린다.
3. 하루 3가지씩 감사 제목을 찾는 습관을 만든다.

성경 안에서 '하나님의 뜻' 찾아야…
성경이 답이다.

하나님은 살아계시고, 우주보다 크시며,
우리의 심장보다 가까이 계신다.
그리고 모든 것을 아시며, 모든 것을 주장하시며,
모든 것을 판단하시는 심판자이시다.

천국은 아무나 가는 것이 아니다. 하늘에 계신 아버지의 뜻대로 행하는 자라야 천국에 들어갈 수 있다. 천국은 아버지의 나라요, 사랑의 나라이기 때문이다. 하나님은 살아계시고, 우주보다 크시며, 우리의 심장보다 가까이 계신다. 그리고 모든 것을 아시며, 모든 것을 주장하시며, 모든 것을 판단하시는 심판자이시다.

나더러, 주여 주여 하는 자마다 천국에 다 들어갈 것이 아니요, 다만 하늘에 계신 내 아버지의 뜻대로 행하는 자라야 들어가리라. 그날에 많은 사람이 나더러 주여 주여 우리가 주의 이름으로 선지자 노릇하며, 주의 이름으로 귀신을 쫓아내며 주의 이름으로 많은 권능을 행치 아니하였나이까 하리니. 그때에 내가 저희에게 밝히 말하되 내가 너희를 도무지 알지 못하니 불법을 행하는 자들아 내게서 떠나가라 하리라(마태복음 7:21 – 23)

두렵고 떨리는 말씀이다. 이 말씀은 신앙과 사역에서 행함과 믿음 행위를 위한 '생각과 말'이 하나님을 '중심'에 모시고 만들어지고 선택되지 않으면 무익하다는 말이다. '주여, 주여~' 부르며 하나님을 찾았고, 선지자 노릇하고, 귀신도 쫓아내며 다른 권능도 행했다고 강조하는 많은 자들에게 하나님은 불법을 행했다고 책망하셨다. 불법의 근거는 '하늘에 계신 아버지의 뜻대로 행하지 않았다'는 것이다.

금송아지 하나님

마태복음 7:21 – 23절 말씀을 역으로 해석해 보자. 먼저, '하늘에 계신'을 말씀하신 것은, 하늘에 계시지 않은 하나님을 섬길 것을 염려하신 것이다. 이스라엘 백성들이 금송아지를 만들어 놓고 금송아지를 여호와 하나님이라 부르며 예배하고, 섬겼던 것과 같은 의미다. 이스라엘은 하나님에 대한 존재를 잊은 것이 아니라, 하나님은 살아계시고 함께 하신다고 생각하고 예배하고 있었지만, 행위의 선택은 불법이었다. 그리고 바알을 섬기면서도 하나님을 불렀다. 다시 말해, 이스라엘은 하나님의 존재를 잊은 것도, 믿음을 잃어버린 것이 아니었다. 마음 중심에서 하나님을 잃었고, 믿음이 변질되고 잘못된 것이었다.

오늘날에는 '주여, 주여'를 부르면서 하나님을 찾지만, 금송아지를 섬기듯 마음속에서는 '돈은 나의 목자시니…', '나의 힘이 되신 명예여! 내가 명예를 사랑하나이다', '권세여! 도우소서'를 간직하고 사는 신앙행태를 경고한다. 믿음이 없는 것이 아니라, 믿음의 대상이 잘못된 것이다. 조각되어 만들어진 우상만이 우상이 아니다. 마음 속 우상이 더 위험하다. 우상은 하늘의 하나님보다 최우선에 두고 의지하는 것을 말한다. 하늘에 계신 하나님만이 진정한 여호와시며, 하나님만이 창조주요, 주권자요, 우주 만물의 주인이시다.

신앙과 믿음, 양심은 상식 안에 있다

'아버지의 뜻대로 행하는 자라야'고 하신 것은 '주여, 주여'를 부르면서 아버지의 뜻이 아닌, 자신의 뜻이나 어떤 때는 사단의 뜻대로 행하면서, 두려움 없이 행동하고 하나님의 뜻이라고 자기최면을 거는 가짜 믿음을 가진 악한 사람들의 행동을 경고하신 것이다.

가짜 믿음을 가진 사람들은, 사람 사이를 이간하고 모함하며, 거짓을 지어내고 견제하기 위해 술수를 쓴다. 그리고 하나님을 찾고 하나님이 살아계시다 말하지만 정작 하나님을 믿지 않는 악한 사람들이다. 살아계신 하나님이 모든 것을 보시고, 들으시고, 속마음까지도 아신다는 것을 믿는다면, 어떻게 그런 악한 행동과 생각, 말을 할 수 있을까. 거짓말을 지어 사람을 모함하고 앞길을 막고, 관계를 이간할 수 있다는 말인가. 하나님을 만나지 못한 사람이기 때문일 것이다.

사랑하고 섬기며, 남을 위해 희생하고 다른 사람을 세워주고, 범사에 감사하며 진실로 만들어진 '생각과 말'이 하나님의 뜻이다. 모함, 질투, 이간, 거짓말은 당연히 하나님의 뜻이 아닌 사단의 뜻, 육신의 뜻이다. 이처럼 신앙과 믿음, 양심은 상식 안에 있다.

'양심과 상식'이 선과 악, 하나님의 마음과 사단의 마음을 분별한다. 다시 말하면 아버지의 뜻대로 행하는 것의 일반적인 기초석은 '양심과 상식'이라는 말이다. 40일 금식기도를 해야 분별되는 것이 아니다. 신앙양심과 상식 앞에 하나님의 뜻의 99%가 분별된다. 그래서 성경을 바탕으로 예민하고 민감하게 만들어진 신앙양심과 상식으로 디자인된 '생각과 말'은 거룩한 능력이 된다.

진정한 목회는 '성공'이 아니라, '순종'이다

불법을 말씀하시면서 '그날에 많은 사람이'라고 하신 것은 마지막 때에 우리가 생각하는 것보다 적은 무리가 천국에 들어갈 것을 암시하신다. 그날이 가까워 올수록 하나님의 뜻을 따라 행하는 자가 적어지고, 주여, 주여 부르며 '선지자 노릇'을 했다는 것을 강조하는 자는 많아진다는 것이다. 목회자들에게 경종을 울리는 말씀이다.

그런데 선지자 '노릇'이라는 것을 강조하셨다. 국어사전에서 '노릇'은 '그 직업, 직책을 낮잡아 이르는 말'이라고 되어 있다. 풀어 말하면, 목사가 직업이요, 직책으로 생각하고 행동하는 사람들이 많아진다는 말이다.

목회자들을 향한 경고등이다. 선지자 노릇, 목사 노릇, 선지자 직업, 목사 직업으로 살지 말고, '목사답게', '선지자답게' 사역하고 하늘나라 대사로 살라는 경고다. 목회자는 성공을 향해 달려가지 말고, 순종을 향해 달려가야 한다. 목회가 큰 교회 건축, 성도 수, 스펙 등 세상의 가치관으로 판단되어서는 안 된다. 하나님 앞에 얼마나 순종으로 반응했고, 하나님의 뜻을 따라 살았느냐가 가치판단의 기준이어야 한다.

대도시 대형교회 목사와 섬마을 작은 교회 목사, 누가 성공한 사람인가? 세상은 대도시 대형교회 목사를 꼽는다. 그러나 하나님은 둘 다 칭찬하신다. 자기 몫을 다했기 때문이다. 목회에는 성공과 실패가 없다. 순종과 불순종, 하나님의 뜻과 세상의 방법만 있을 뿐이다. 진정한 목회는 '성공'이 아니라, '순종'이다.

"순종이 제사보다 낫다"(사무엘상 15:22)는 말씀이 순종의 가치와 중요성을 가르친다.

권능의 주체는 하나님이시다

나아가 그날에는 '주의 이름으로 귀신을 쫓아내며, 주의 이름으로 많은 권능을 행했다'고 강조하는 사람들이 많다는 것이다. 이것은 복음보다 귀신 쫓는 행위나 권능이 더 크게 강조되어, 복음의 본질이 퇴색된 것을 말한다. 귀신이 쫓겨나가고, 능력이 나타나는 것은 복음전파를 위한 한부분이지 전체는 아니다. 축사와 능력행함만으로 복음을 대처하려는 것은 위험하다.

그리고 능력의 근원은 성령님이시지, 목회자나 부흥사가 아니다. 그런데 마치 자신에게서 나오는 능력인 것처럼 착각해, "(내가) 권능을 행했습니다."라고 말했다는 것 또한, 불법이라는 말이다. 권능의 주체는 하나님이시다. 인간은 도구일 뿐이다. '내가'가 아니라, '하나님께서'여야 한다. 권능을 내가 행한 것이 아니라, 권능을 하나님이 나타내 주신 것이다.

그리고 다른 불법은 '너희가 거저 받았으니, 거저 주라'는 명령을 어기고, 받은 은사를 이용하여 자신의 욕심을 채웠다는 것이다. 성경은 말씀하고 있다.

병든 자를 고치며 죽은 자를 살리며 문둥이를 깨끗하게 하며 귀신을 쫓아내되, 너희가 거저 받았으니 거저 주어라 (마태복음 10:8)

은사를 행하는 사역자들이 일부지만, 간혹 시험에 빠지는 주된 원인은 바로 물질의 탐욕이다. 성경은 '돈을 사랑함이 일만 악의 뿌리'(참조: 디모데전서 6:10)라고 경고하고 있다. 돈 자체가 나쁜 것이 아니라, 돈을 사랑하는 것이 문제다.

그런데 불법을 행했다고 책망 받은 자들이 강조한 것은 '주의 이름으로' 행했다는 것이다. 하나님은 불법을 행하는 자들을 통해서 고통당하고 근심하는 하나님의 자녀들을 도우신 것이다. 하나님은 자녀들의 아픔을 먼저 보시고, 사랑으로 치유하시길 원하시기 때문이다.

불법을 행하는 자들은 하나님의 자녀들의 아픔보다, 나타나는 '능력현상'에만 관심을 가진 사람들이다. 그리고 '사랑 마음'을 멀리 보내버리고, 하나님 형상을 닮았고 그리스도의 피값으로 산 '사람의 귀함'을 잊어버린 사람들이다. 더 나아가 복음의 본질을 변질시킨 사람들이다.

'복음'은 승리를 알리는 '기쁜 소식'이다

'복음'은 사랑이요, 희생이다. 하나님이 세상을 사랑하셔서 독생자를 주신 것이다. '복음'이란 말은, 헬라어 '유'와 '앙겔리아'의 합성어 '유앙겔리온'인데, 이 말은 '좋은 소식' 혹은 '기쁜 소식'이라는 뜻이다. 그리고 '기쁜 소식을 전해주는 사람'이란 의미도 있다. '복음'은 '하나님이 인간을 위하여 어떤 좋은 일을 하시기 시작했다는 반가운 소식'의 의미를 내포하는데, 그것이 행복한 생각과 말의 고백으로 표현된다.

페르시아는 B.C. 538년에 제국인 바벨론을 정복하고 세계 최고 제국의 권좌에 오른다. 페르시아는 지배영역을 더욱 넓히기 위해 먼 나라까지 자주 원정을 나갔다. 백만 대군을 이끌고 아시아지역을 벗어나 마게도니아, 현재의 유럽까지 진출한다. 그 원정에서 그리스를 만나는데, 당시 그리스는 규모가 작은 나라였기 때문에 페르시아 대군을 대항하기에는 역부족이었다. 그리스 남자들은 가족을 지키기 위해 페르시아와 대항하여 싸우다가 죽기로 최종 결정하고, 모두 전쟁터로 나가 맞섰다. 그리스가 페르시아를 대항하여 이길 가능성은 전혀 없었다. 페르시아에 의한 그리스의 종말은 시간 문제였다. 그리스 사람들은 삶을 포기하고 무서운 죽음의 종말을 기다려야 했다.

그러나 페르시아의 침략에 맞선 그리스는 강했다. 전쟁이 시작된 지 한 달이 넘었을 시점이었다. 그리스 백성들이 매일 불안과 두려움과 함께 마음을 졸이고 있던 어느 날, 멀리 전쟁터 쪽에서 깃발을 들고 비틀거리며 달려오는 병사의 모습이 보였다. 불안한 마음으로 다가오는 그 군인을 지켜보았다.

42킬로가 넘는 거리에서 달려온 그 병사는 죽을힘을 다해 비틀거리며 다가와 힘없이 쓰러졌다. 그 병사는 "승리는 우리에게…" 외마디를 말하고, 그대로 숨을 거두었다. 전쟁의 승리 소식을 들은 사람들이 '유앙겔리온' 하며 외치기 시작하였다. 그리고 승리의 기쁜 소식을 다른 사람들에게 알리면서 큰 소리로 '유앙겔리온'을 외치며 기쁨을 알렸다. 이때의 전쟁을 역사에서는 '필로폰네소스' 전쟁이라 한다. 그 후 그리스 왕 알렉산더가 B.C 331년에 페르시아를 정복하고 세계제국을 만들었다.

'유앙겔리온'. 이 단어는 그리스인들이 그때, 전쟁의 그 기쁜 소식을 전해준 그 병사를 생각하며 사용했던 새로 만들어진 단어였다. 초대교회에서는 그리스도의 복음의 기쁨이 너무나 크고, 위대하고, 신비하고, 귀하기 때문에 세상의 일반적인 기쁨과 구별하기 위하여, 약 350년 전 한때 그리스인들이 즐겨 사용하였던 '유앙겔리온'이라는 단어를 도입하여 사용했던 것이다.

성경이 말하는 하나님의 뜻

성경에서 말하는 온전한 하나님 아버지의 뜻은 무엇일까? 하나님의 뜻은 그분의 의지를 말한다. 성경은 로마서 12장 2절에서 이렇게 말씀하신다.

> 너희는 이 세대를 본받지 말고 오직 마음을 새롭게 함으로 변화를 받아 하나님의 선하시고 기뻐하시고 온전하신 뜻이 무엇인지 분별하도록 하라(로마서 12:2)

분별하라는 것은 하나님 아버지의 뜻이 아닌 것들이 하나님의 뜻처럼 변장해 다가온다는 반증이다. 분별은 열쇠다. 마음을 새롭게 하고 변화를 받아야 분별이 가능하다. 그리고 이 세대를 본받지 말고, 하나님 나라의 능력으로 살아갈 때, 그분의 기쁜 뜻을 알게 된다.

첫째, 예수님을 구주로 믿고 사는 것이 가장 중요한 하나님의 뜻이다.

예수님을 바로 알고 믿어야 한다. 아들을 보고 믿는 자가 영생을 얻는다. 나타나는 현상에서 복음의 본질을 찾지 말고, 예수님을 바로 알고 믿는 것에서 찾아야 한다.

내 아버지의 뜻은 아들을 보고 믿는 자마다 영생을 얻는 이것이니 마지막 날에 내가 이를 다시 살리리라 하시니라(요한복음 6:40)

영생을 얻는 것이 크리스천의 가장 근본적인 '목적 있는 삶'이다. 예수님이 십자가 죽음으로 우리의 죄를 대신 담당하셨다는 것을 믿고, 고백하는 것이 중요하다. 그리고 그 구원의 복음은 예수님처럼 살아가는 삶을 포함한다. 예수님께서 하늘에서 이루어진 아버지의 뜻이 땅에서 이루어 달라고 기도하시며 사셨던 것처럼, 우리도 그렇게 살아야 한다.

둘째, 거룩한 삶이 하나님의 뜻이다.

음란과 색욕을 쫓아 살지 말고, 거룩함과 존귀함을 가지라는 말이다. 하나님이 거룩한 존재이기 때문에 더더욱 하나님의 자녀로 살아가는 크리스천들은 거룩해야 한다.

하나님의 뜻은 이것이니 너희의 거룩함이라 곧 음란을 버리고, 각각 거룩함과 존귀함으로 자기의 아내 대할 줄을 알고, 하나님을 모르는 이방인과 같이 색욕을 따르지 말고, 이 일에 분수를 넘어서 형제를 해하지 말라(데살로니가전서 4:3-6)

영·혼·육의 거룩하고 존귀한 삶은 믿음의 덕이 세워져, 불신자들에게 강력한 선교의 도구가 될 수 있다. 하나님과 사람 앞에 거룩함과 존귀함은 삶의 보석이다. 그러나 자신의 의지만으로 거룩하게 살 수 없다. 하나님의 영으로 충만해야 한다.

셋째, 항상 기뻐하고 기도하며 범사에 감사하는 것이 하나님의 뜻이다.

항상 기뻐하고 감사하며 기도해야 응답이 있다는 말이다. 삶을 그렇게 살라는 것이다. 이 또한 아버지의 뜻을 따라 사셨던, 예수님을 닮아가는 삶이다.

항상 기뻐하라, 쉬지 말고 기도하라, 범사에 감사하라 이것이 그리스도 예수 안에서 너희를 향하신 하나님의 뜻이니라(데살로니가전서 5:18)

여기서 '항상', '쉬지 말고', '범사'라는 수식어에 갈등하는 사람들이 있다. 그렇게 살 수 있기 때문에 그렇게 하라는 권면이다. 믿음으로 사는 삶을 말하는 것이다. 믿음은 차원을 넘어서게 한다.

넷째, 말씀대로 사는 삶이 하나님의 뜻이다.

하늘나라의 가족은 '하나님의 말씀을 듣고 행하는 사람들'(누가복음 8:21)이라는 것이다. 가족의 개념이 '피'가 아니라, '아버지의 뜻'에 있다는 것을 가르친다.

누구든지 하늘에 계신 내 아버지의 뜻대로 하는 자가 내 형제요 자매요 어머니이니라 하시더라(마태복음 12:50)

하나님의 말씀이 삶의 나침반이 되고, 이정표가 되며, 삶의 모든 영역에 적용되는 삶의 표준이 되어야 한다. 그리고 그렇게 아버지의 뜻을 따라 사는 사람들과 교제하며 가족으로 살아가야 한다.

다섯째, 선을 행함으로 고난 받는 삶이 하나님의 뜻이다.

우리가 선을 행하며 낙심하지 말고 포기하지 않고 때에 이르면 거두게 되고(갈라디아서6:9), 예수님과 함께 영광을 받기 위하여 고난도 함께 받아야 한다(로마서 8:17). 그리고 현재의 고난은 장차 우리에게 나타날 영광과 비교할 수 없다.(로마서 8:18).

선을 행함으로 고난 받는 것이 하나님의 뜻일진대 악을 행함으로

고난 받는 것보다 나으니라(베드로전서 3:17)

고난은 아픔을 동반하지만, 예수님의 삶 속에 포함된 것이기에 우리에게도 적용되는 것이다. 하나님 안에서 선을 행함으로 받는 고난은 하늘의 뜻을 이루는 길이다. 고난을 넘어 부활의 영광이 있기 때문이다.

여섯째, 전도하는 삶이 하나님의 뜻이다

잃은 자, 택함 받은 사람을 찾는 것이 하나님의 뜻이다. 하나님은 택함 받은 자녀들이 한명이라도 낙오되지 않고 영광을 위해 살아가길 원하신다.

이와 같이 이 작은 자 중의 하나라도 잃는 것은 하늘에 계신 너희 아버지의 뜻이 아니니라(마태복음 18:14)

십자가 복음을 전하고, 하늘나라를 소개하는 사역이야말로 하나님의 마음에 기쁨을 전해드리는 우리의 헌신이며 사명이다. 하나님의 마음은 사람을 존귀하게 여기는 사랑으로 가득 채워져 있으시다. 하나님은 사람에게 관심을 가지시기 때문이다.

하나님은 우리를 만세 전부터 택하셨고, 우리의 삶을 기획하시고 디자인하신 분이시다. 하나님 자신의 형상을 따라 창조된 인간이야 말로 우주 최고의 작품이다. 그만큼 인간을 바라보시고 생각하시는 하나님의 마음은 남다르다.

'이 땅'의 성적표(?)가 천국을 선택한다

'주여, 주여' 하는 주님을 부르며 하나님의 일을 하지만 아버지의 뜻을 알고 행한 자와 뜻을 벗어나 '주여, 주여'를 부른 사람의 결과는 이 끝에서 저 끝이다. 천국은 이미, 이 땅에서 정해지는 것이다. "예수 천당, 불신 지옥"이라고 외치며, 복음을 전하는 것도 중요하다. 그러나 그것만을 전하면 '이원론'이 될 수 있다. '천국과 지옥' 사이에 있는 '이 땅'이 중요하다. 왜냐하면 '이 땅'의 성적표(?)가 천국에 들어가는 자와 그렇지 못한 자를 나누기 때문이다. '이 땅'에서 하나님의 뜻을 행해야 하고, 구원은 육신을 입고 있는 '이 땅'에서만 이루는 길이다.

'이원론'은 초대교회의 이단으로 분류되는 '영지주의'(Gnosticism)의 기본 사상이다. 이원론은 기독교 사상이 아니다. 이원론은 '어떤 문제를 생각할 때, 두 개의 상반되는 별개의 것의 대립을 근본적으로 인정하고 있는 것'을 말한다. 다시 말하면 존재하는 실제를 두개의 근본적인 카테고리로 나누려는 생각이라 할 수 있다.

남병두는 '영지주의'를 이렇게 설명했다.

영지주의자들은 '영과 정신'은 선하고 '육과 물질'은 악하다는 극단적 이원론에 근거하여 구약의 창조주 하나님을 물질을 만든 저급한 신으로 보았다. 그들은 구약과 신약의 단절성을 과도하게 강조하였고, '그리스도의 인성'에 타격을 줄 만큼 '신성'을 강조하였다. '선한 그리스도의 영이 악한 인간의 육을 입었다'는 사실을 받아들이기를 꺼려하였기 때문에, 그들이 설명하는 기독론은 '가현설'(假現說)로 이해된다.

그리스도가 입은 육신은 그렇게 보였을 뿐이지 실제로 인간의 육신을 입은 것이 아니라는 것이다. 그들은 육을 영의 감옥으로 이해하였기 때문에, 영을 가두고 있는 육을 제어하고 영을 육으로부터 해방시키는 방법으로 과도한 금욕주의를 적용하였다.

또 그들은 구원에 이르게 하는 비밀한 지식을 추구하였으며, 예수님은 그 지식을 매개하는 중재자로 생각하였다. 구원의 방법으로서 지식을 중시하는 것은 영지주의에 희랍철학의 영향이 감지되는 부분이다. 영지주의는 결코 통일된 운동이 아니었으며, 지역과 지도자들에 따라서 다양한 양상을 띠는 종교적 혼합주의의 특징을 다분히 보여주었다. (참조: 남병두, 『기독교의 교파』살림지식총서, 2006, 살림출판사)

삶 속에서 하나님의 뜻을 찾는 걸음마

1. 하나님은 좋으시고 선하신 분이라는 사실을 믿는다.
2. 사람을 유익하게 하는 일을 선택한다.
3. 성경을 매일 3장씩 읽는다.

"에너지 넘치고 힘 있는 책, 고마워요. 응원합니다."

'생각과 말'이 인생을 바꾸는 도구라는 주제에 동감합니다. 교육자인 나는 더욱 공감됩니다. 교육현장의 기초가 '생각과 말'이기 때문입니다. 호주에서 한국어를 가르치는 학교가 늘어가고 있습니다. 언어는 문화의 핵심입니다. 이 책을 통해 '생각과 말'의 힘이 세상 속에 널리 알려지기를 바랍니다. 친구야, 파이팅!

_강수환(호주 시드니한국교육원 원장)

다윗은 목동, 군대장관, 왕으로 전쟁터에서 살아 온 군인이었지만, 찬양하는 사람이었습니다. 다윗의 아름다운 시편은 찬양입니다. 나도 찬양하는 의사로서 항상 다윗을 본받고자 합니다. 하나님 마음에 합한 자로 살아온 다윗의 '생각과 말'을 배우려 노력합니다. 이 책은 길을 가르쳐주었습니다. 나관호 목사님! 응원합니다.

_고영배(교하 하나의원 원장)

다윗은 우리 신앙과 인생의 가장 중요한 모델이라고 생각합니다. 다윗의 삶을 보면 '영광과 고난'이 합력해 선을 이룬 발자취입니다. 거인 골리앗을 이긴 장면을 생각하면 에너지가 넘치고 힘이 납니다. 그런 다윗에게서 인생을 바꾸고 변화시키는 '생각과 말'의 법칙을 찾아내신 선배님 고맙습니다. 형님! 기도하며 응원합니다.

_김병철(화곡순복음교회 담임목사)

나는 다윗의 시편을 좋아합니다. 시편 속에는 하나님을 세밀하고 진실하게 찬양하는 고백이 있어서입니다. 다윗의 그런 고백은 하나님께 사로잡힌 '생각과 말'에서 나온 보석입니다. 다윗처럼 사로잡혀 살고 싶습니다. '생각과 말'을 하나님의 손 위에 올려놓고 싶습니다. 귀한 책, 감사합니다. 친구야! 축복한다. 응원해.

_김동수(평택대학교 교수)

'생각과 말'이 디자인된다는 표현이 좋습니다. 디자인은 단순한 변화가 아니라, 아름답고 짜임새 있고, 실용적 개념을 포함합니다. 방송 작가인 나에게는 더더욱 생각과 말이 얼마나 중요한지 삶으로 체험하고 있습니다. 분명, '생각과 말'은 인생을 바꾸는 열쇠입니다. 이런 책이 나와서 참 좋습니다. 나관호 목사님! 응원해요.

_서지원(방송작가)

다윗은 나의 리더십 모델입니다. 시편을 묵상하며 힘을 얻습니다. 다윗은 하나님을 사랑하고, 백성을 사랑한 리더였습니다. 의사인 나에게 '하나님 사랑'과 '사람 사랑'은 영원한 명제입니다. 사랑으로 생각과 말을 디자인해 더욱 섬기는 의사가 되기를 소망합니다. 이 책은 소망의 책입니다. 친구야! 기도할게. 힘내!

_여인환(의사, 미국 로마린다대학교 교수)

다윗이 거인 골리앗을 이긴 현실에 앞서, '생각과 말'의 싸움에서의 승리하라는 저자의 통찰력이 돋보입니다. 그리고 인생을 바꾸는 방법을 성경에서 찾았다는 점에서도 참 좋습니다. 아나운서인 나에게는 '생각과 말'이라는 단어 자체가 주는 친근감 때문에, 더욱 마음에 와 닿는 책입니다. 나의 '생각과 말'로 목사님을 응원합니다.

_유영미(SBS 아나운서)

보이지 않는 '생각과 말'이 현실이 되는 것을 봅니다. 기업을 인수, 합병하는 일을 돕고 있는 나는 사람을 만나, 대화와 협상을 하면서 '생각과 말'의 힘을 알게 됩니다. 생각하고 말하는 대로 결과물이 나오기 때문입니다. 따뜻하고 행복한 글, 좋은 책, 힘 있는 강의와 상담으로 사람들을 돕고 있는 친구를 응원합니다.

_유용선(한국M&A거래소 상무)

하나님은 말씀이십니다. 생각으로 설계하시고, 말씀을 선포해 우주 만물을 만드셨습니다. 하나님의 '생각과 말'은 창조 역사의 도구였습니다. 이 책이 말하는 '생각과 말'은 하나님 형상을 닮은 우리의 '생각과 말'도 창조력을 가진다는 말입니다. 그 창조력으로 삶과 인생을 바꾸라고 가르칩니다. 탁월한 책입니다. 친구야! 애썼다.

_이도형(한양대학교 교수)

'생각과 말'을 도구로 사람들의 인생과 신앙을 성장시킬 길을 만들어준 탁월한 책입니다. 일반인이 읽어도 이해되는 크로스오버 (Crossover) 자기계발서라고 생각됩니다. 일반인들도 다윗과 골리앗에 대한 이야기를 알고 있기에, 크리스천을 넘어 비신자에게도 영향을 미칠 힘 있는 책이라고 생각됩니다. 친구야! 힘내.

_이동우(국방과학연구소 책임연구원)

치과 의사인 나에게 '생각과 말'은 힘이며 치료도구입니다. 치료전 어떻게 치료할 것인가 생각하고, 특히 치과치료 시 얼굴을 소독천으로 덮으면 시야가 가려져 환자들이 두려움을 가지는데, 이때 부드러운 목소리의 한마디는 큰 치료효과를 가져옵니다. 이 책을 통해 '생각과 말'의 힘이 알려지기를 바랍니다. 친구야, 파이팅!

_이시혁(엘치과 원장)

다윗과 골리앗의 싸움에서 찾은 생각과 말의 법칙이 흥미롭습니다. 삶과 인생의 진보를 위한 법칙을 성경에서 찾아냈다는 것이 참 좋습니다. 목사인 나에게 성경은 모든 것인데, 무엇이든 성경 속에서 답을 찾으려는 나의 신앙관을 다시 생각하게 해줘서 좋습니다. 세상의 빛과 소금이 되는 책이 되길 소망합니다. 친구야! 파이팅!

_이윤석(길교회 담임목사)

사진을 찍으면 있는 그대로 나옵니다. 그런데 보정하고 다듬으면 더 나은 모습이 됩니다. 마찬가지로 '생각과 말'이 디자인되면 인생이 더 나은 모습으로 바뀐다는 것을 배웁니다. 이 책은 골리앗 같은 도전 앞에서 다윗처럼 이기는 인생이 되기 위해서 긍정적인 생각과 승리하는 말을 하라고 가르칩니다. 친구야! 좋은 책, 감사해.

_이정철(현대제일의원 원장)

항상 긍정적인 생각과 아름다운 말을 하려고 노력합니다. 그런데 국내·외를 오고가며 회사 일을 하면서 사람들과의 접촉점 속에서 스트레스를 받다보면, 부정적인 요소들이 내 마음과 생각에 태클을 걸어올 때가 있습니다. 그래서 이 책에서 제시하는 다윗의 생각과 말의 법칙을 적용하고 싶습니다. 친구야! 응원해. 수고했어.

_장지수(동아건설)

다윗과 골리앗의 싸움을 '생각과 말'의 대결로 본 창의적인 생각에서 나온 책입니다. 인생길에서 골리앗 같은 문제를 만났을 때 적용하면 승리로 이끌어줄 힘 있는 책입니다. 저자가 죽음 앞에서 성경과 만난 '생각과 말'로 승리했다는 체험이 가슴 설레게 합니다. 능력의 책입니다. 목사님! 좋은 일 많을 겁니다. 응원해요.

_전정회(신영통경희한의원 원장)

'생각과 말'은 힘입니다. 인생을 바꿀 수 있는 도구라 생각합니다. 나관호 목사님의 『생각과 말을 디자인하면, 인생이 101% 바뀐다』를 통해 많은 사람들의 삶과 인생이 바뀌고 변화되어, 행복하고 에너지 넘치는 삶을 사시길 소망합니다. 특히, 마음과 육체가 아픈 환자들에게 이 책을 권합니다. 그리고 목사님! 응원합니다.

_이건훈(세계로요양병원 가정의학과장)

'생각과 말'을 디자인한다는 개념이 참 좋습니다. 목사인 나에게 '생각과 말'은 사역의 도구입니다. '생각과 말'은 하나님이 인간에게 주신 특별한 선물입니다. 사람이 생각하고 말할 수 있기에 하나님과 교제할 수 있는 것입니다. 믿음의 친구인 저자가 '생각과 말'을 주제로 저술한 책은 특별한 의미를 가집니다. 목사님! 응원해요.

_전형철(여의도순복음교회 목사)

다윗과 골리앗 이야기는 일반인들도 잘 알고 있습니다. 이 책이 신앙인만을 위한 책이 아니라, 인생을 주제로 다루고 있으니 일반인들에게 소개되었으면 좋겠네요. 우리 삶에서 가장 중요한 '생각과 말'을 디자인해 인생을 바꾸라는 권고가 교사인 나에게 더욱 와닿고, 지금 시대에 너무 잘 맞습니다. 목사님! 수고하셨어요.

_정영미(전주기전여자고등학교 교사)

사람과 동물이 구별되는 것이 '생각과 말'입니다. '생각과 말'은 하나님의 형상을 닮은 우리에게 주어진 선물입니다. 그 선물로 하나님을 만나고, 찬양할 수 있다는 것은 귀한 은혜입니다. 이 책이 하나님을 찬양하며, 사람을 돕고 있어 너무 좋습니다. 어수선한 세상 속에 빛이 되는 책이 되길 기도합니다. 목사님! 응원합니다.

_정윤모(담안선교회 감사)

아빠! 사랑해요. 수고하셨어요. 다윗이 골리앗을 이긴 '생각과 말의 법칙' 배울게요. 아름답고 좋은 말, 긍정적이고 창조적인 생각을 가지고 살게요. 아빠가 좋은 책 많이 쓰시도록 기도할게요. 아빠도 지혜로운 생각과 말을 책에 담아 주세요. 다윗처럼 이기는 인생 되시길 기도해요. 아빠! 파이팅!

_예나와 예린이(UT:텍사스 대학교 어스틴)